# 高等法律职业教育系列教材
## 审定委员会

高等法律职业教育系列教材

# 社会工作概论

SHEHUI GONGZUO GAILUN

主　编○贺　静　李国英

副主编○梁蔓馥　梁欣妍

撰稿人○贺　静　李国英　梁蔓馥　梁欣妍

　　　　王贤芬　郑　玥　胡　倩

中国政法大学出版社

2022·北京

　　高等法律职业化教育已成为社会的广泛共识。2008 年，由中央政法委等 15 部委联合启动的全国政法干警招录体制改革试点工作，更成为中国法律职业化教育发展的里程碑。这也必将带来高等法律职业教育人才培养机制的深层次变革。顺应时代法治发展需要，培养高素质、技能型的法律职业人才，是高等法律职业教育亟待破解的重大实践课题。

　　目前，受高等职业教育大趋势的牵引、拉动，我国高等法律职业教育开始了教育观念和人才培养模式的重塑。改革传统的理论灌输型学科教学模式，吸收、内化"校企合作、工学结合"的高等职业教育办学理念，从办学"基因"——专业建设、课程设置上"颠覆"教学模式："校警合作"办专业，以"工作过程导向"为基点，设计开发课程，探索出了富有成效的法律职业化教学之路。为积累教学经验、深化教学改革、凝塑教育成果，我们着手推出"基于工作过程导向系统化"的法律职业系列教材。

　　《国家中长期教育改革和发展规划纲要（2010～2020 年）》明确指出，高等教育要注重知行统一，坚持教育教学与生产劳动、社会实践相结合。该系列教材的一个重要出发点就是尝试为高等法律职业教育在"知"与"行"之间搭建平台，努力对法律教育如何职业化这一教育课题进行研究、破解。在编排形式上，打破了传统篇、章、节的体例，以司法行政工作的法律应用过程为学习单元设计体例，以职业岗位的真实任务为基础，突出职业核心技能的培养；在内容设计上，改变传统历史、原则、概念的理论型解读，采取"教、学、练、训"一体化的编写模式。以案例等导出问题，根据内容设计相应的情境训练，将相关原理与实操训练有机地结合，围绕关键知识点引入相关实例，归纳总结理论，分析判断解决问题的途径，充分展现法律职业活动的演进过程和应用法律的流程。

法律的生命不在于逻辑，而在于实践。法律职业化教育之舟只有驶入法律实践的海洋当中，才能激发出勃勃生机。在以高等职业教育实践性教学改革为平台进行法律职业化教育改革的路径探索过程中，有一个不容忽视的现实问题：高等职业教育人才培养模式主要适用于机械工程制造等以"物"作为工作对象的职业领域，而法律职业教育主要针对的是司法机关、行政机关等以"人"作为工作对象的职业领域，这就要求在法律职业教育中对高等职业教育人才培养模式进行"辩证"地吸纳与深化，而不是简单、盲目地照搬照抄。我们所培养的人才不应是"无生命"的执法机器，而是有法律智慧、正义良知、训练有素的有生命的法律职业人员。但愿这套系列教材能为我国高等法律职业化教育改革作出有益的探索，为法律职业人才的培养提供宝贵的经验、借鉴。

2016 年 6 月

前　言
Foreword

　　社会工作作为社会创新治理体系建设的组成部分，它的重要地位已经逐步得到广泛认识。目前我国有四百多所高校开设了社会工作专业，从事社会工作服务的相关机构达到一万多个，社会工作在我国得到快速发展。同时社会工作又是一个应用性极强的课程，强调课程教学与工作岗位的密切联结。

　　作为社会工作的教师，编者在多年的教学工作中，深刻感觉到目前社会工作专业的教材不少，但符合高职学生教育特点的教材并不多见。高职教育在理论教学上，以"必需""够用"为原则，在培养目标上是为社会培养应用型人才。为了回应这一需求，结合社会工作专业人才培养目标，我们在教材编排上打破传统的课程"章、节"概念，形成不同知识模块，每个模块细化为若干项目，按实际工作岗位任务流程顺序编排教学情境，制定相应教学任务。"学习目标"为教学双方明确了本项目的知识、能力和素质目标。在每一个任务开始，都有案例作为"任务导入"，便于识别任务。"任务链接"将知识点与教学任务相关联，以通俗的语言阐述，便于学生深入理解理论知识，做到知识的够用。在编写过程中，我们还加入了"拓展阅读"的部分，拓展教师和学生的思维视野。

　　根据课程性质、设计思路与课程目标，本教材分四个模块，每个模块下设若干项目，共计十九个项目。模块一为社会工作导论，涵盖社会工作的基本概念、要素、起源与发展以及社会工作的价值和伦理。模块二着重介绍了社会工作的相关理论，是社会工作中教育的重要组成部分。模块三从个案工作、小组工作、社区工作及社会工作行政等社会工作方法的角度讲授社会工作的过程。模块四为社会工作实务，分别从儿童、青少年、老年、残疾人等七个领域，介绍社会工作的理论与方法在不同实务领域的应用。

本书由贺静、李国英担任主编，梁蔓馥、梁欣妍担任副主编，王贤芬、郑玥、胡倩为撰稿人。具体协作及分工如下：

贺静：全书统稿、整理与修改，撰写模块一（项目一、二、三、四）；

李国英：全书审稿，撰写模块四（项目二）；

梁蔓馥：撰写模块二（项目一、二、三），模块三（项目一、三）；

梁欣妍：撰写模块三（项目四、五），模块四（项目三、四）；

王贤芬：撰写模块四（项目一、六、七）；

郑玥：撰写模块三（项目二）；

胡倩：撰写模块四（项目五）。

本教材在立项、编写过程中，得到了广东司法警官职业学院领导的大力支持，也离不开中国政法大学出版社的密切配合，在此表示诚挚感谢！同时感谢广州市番禺区正阳社会工作服务中心和福州闽侯县小伙伴青少年事务服务中心提供教学素材。由于学识有限，教材编写中可能存在不足之处，欢迎广大读者和专家对教材提出批评和建议。

编　者

2022 年 9 月 15 日于广州

# 模 块 一

# 社会工作导论

## 项目一　什么是社会工作

### 学习目标

**知识目标：**

1. 了解社会工作的内涵；

2. 了解社会工作的目标。

**能力目标：**

1. 明确社会工作与其他相关学科的关系；

2. 掌握社会工作的功能与分类。

**素质目标：**

理解社会工作在解决社会问题方面的重要作用。

### 任务一　社会工作的内涵与构成

### 任务导入

#### 50万元压岁钱做慈善[1]

为帮助贫困同学，上海3名中小学生捐出了自己积攒10余年的50万元压岁钱，用于设立上海市慈善基金会"青春之光爱心专项基金"。目前，该基金已确认首批将资助特困学生和特殊儿童共30名。

3名捐赠学生分别是来自上海市世界外国语中学的魏琮泰、杨行，以及来自上海市

---

　　〔1〕　资料来源：http：//finance. sina. com. cn/china/20141108/211020768007. shtml，有改动，2021 年 12 月 30 日访问。

世界外国语小学的魏启泰。10 月 31 日，他们来到上海市慈善基金会，共同捐出了 50 万元压岁钱。而现年 14 岁的"00 后"魏琮泰也由此成为上海最年轻的慈善专项基金主任。

魏琮泰在接受记者采访时说，捐钱最初是父母的意思，但自己和弟弟魏启泰都非常赞同。"以前不知道怎么帮助那些有困难的同学，今后会在父母和基金会老师帮助下寻找需要帮助的孩子，去探望他们、关心他们，要做一个有爱心的人。"

两兄弟的爸爸、专项基金副主任魏宝龙是一位企业家，他表示，孩子正逐步进入青春期，这一阶段是人生观、价值观形成的关键时期。"现在许多孩子在优越的校园环境、家庭环境中长大。但我们不希望他们养尊处优，对人自私，对社会冷漠，而是要保有爱心，时刻不忘社会上需要帮助的人。"杨行的妈妈吴蓉认为，孩子善心的养成得益于家庭和学校两方面的教育。"国家遇到自然灾害时，我们会鼓励孩子捐衣服、捐书。从小学开始，世界外国语学校也会举行各类慈善公益活动，让孩子从小受到慈善熏陶。"

据了解，该专项基金将用于资助特困家庭的中小学生和自闭症患儿，以及患有视、听等障碍的特殊儿童。目前，已确认 15 位特困学生和 15 位特殊儿童将首批得到资助。

### 📝 任务识别

1. 怎样看待 14 岁少年的慈善行为？
2. 助人的最终目标是什么？

### 📝 任务链接

## 一、人类需要与社会工作

人类需要一般指人类生存发展的必要条件。随着社会发展，人类进入了高度文明的现代社会。然而，贫困、疾病、死亡、不幸、灾难、苦痛，依然出现在当今我们生活的世界中，人类的需要还远未得到满足。人类需要未得到满足就称为需要不足，这种需要不足就是社会工作的出发点。通过描述需要不足的现状，剖析其原因，形成干预思路，这些都是社会工作的重要内容。

美国人本主义心理学家马斯洛（A. H. Maslow）认为，人类有生理、安全、归属和爱、尊重和自我实现等五种需要，某些需要比其他需要更基本，只有低层次需要满足后，高层次的需要才可以满足。

社会工作中的人类需要具有"基本""必要"或"紧急"的本质，旨在弥补弱势人士在发展过程中面临的短缺，提供经济市场中需求没有满足的部分。人类需要及其满足是社会工作的核心。

人类需求及其满足界定了社会工作的目标和主体，是社会工作的核心，是研究社会行政、福利服务、计划和资源分配的基础。

### 二、社会工作的定义

关于"社会工作是什么"的问题是社会工作的一个基本问题，也是认识社会工作的一个首要问题。从 19 世纪末有专职的社会工作者开始，人们就一直在思考。学术界和社会工作业界也试图给出一个标准答案。但是，由于不同国家历史、文化以及政治、经济、社会发展的差异，也由于社会工作专业化和职业化程度的差异，各界对社会工作的定义一直没有统一。这也反映了社会工作作为一个专业还不够成熟的现状。联合国在 1947 年开始进行各国社会工作教育概况调查时，33 个国家所提供的定义便至少有 33 种。将这些定义进行大致的归类，可以分为三类：[1]

第一类是将社会工作看成一种个人的慈善事业，认为社会工作是社会中的中上阶层人士出于人道主义或宗教信仰，对社会上贫苦及不幸的社会成员进行的慈善施舍。

第二类是把社会工作看成由政府或私人社团所举办的、以解决各种因经济困难所导致的问题为目的的有组织的活动，包括对社会上失业、贫困、疾病、老年、身心残障、精神疾患人群及孤儿等群体的各种经济方面的扶助与救济，由政府及民间举办的各种有组织的及包括科学调查的活动，以及对贫穷的预防与对待助者的重建。

第三类是把社会工作看成一种由政府或私人团体所举办的专业服务，认为社会工作是不分性别、年龄与贫富的，以协助任何个人发挥最高潜能、使其获得最美满与最有意义生活目的的专业。

这三类定义实际上反映了社会工作的三个不同的历史发展阶段。

第一类定义所反映的社会工作是前专业状态下的社会工作。所谓前专业状态，是指作为一种慈善事业的社会工作还只是一种简单的物质救助行为，在所有的从事慈善救助的人士和团体之间还没有形成一个共同的理念，没有统一的行为规范，在工作方法上也是个人化的、经验性的。救助者给予受助者的只是物质上的和表面性的帮助。对于受助者来说，所得到的救助并不能从根本上解决他们所面临的问题，所得到的救济物资也只能暂时缓解他们所面临的困难。所以，从根本上来说，在这类定义下的社会工作还不能称为专业，只能称为事业。其背后可能会有共同的社会理念，却没有共同的专业理念，救助者从事社会救助的目的也不尽相同。

第二类定义反映的是一种处于初步专业化状态下的社会工作。其表现是社会救助工作已经成为一种有组织、有系统的，包含了科学成分的社会救助事业。它对受助者的帮助不再基于简单的经验性判断，而以科学调查为依据，对受助者进行系统的帮助。救助的目标不仅限于一时的物质救济，而开始注重对可能产生的问题进行预防和对受助者生活的环境进行改造，以使受助者不依赖于社会的帮助，能够自救。

---

[1]　李增禄主编：《社会工作概论》，巨流图书出版公司 2002 年版，第 12～13 页。

第三类定义对社会工作所作的界定反映的是已经达到较高的专业化水平的社会工作。首先它将社会工作的服务对象界定为全体社会成员，服务的目标也不限于对受助者社会关系的调整，更注重以专业的技巧解决受助人个体在更深层次上的问题；其次，社会工作作为现代社会中一种不可缺少的社会调节机制，还着眼于解决整个社会所面临的问题，着眼于从社会整体的层面来解决社会问题。目前西方社会等所认同的社会工作一般是在这种意义上来界定的。

总结不同学者对社会工作这一概念的界定，都离不开以下要素：一是社会工作的主体，即专业社会工作者；二是社会工作的对象，即社会中需要未被满足的人士；三是理念及方法，即专业价值观与专业方法；四是目标，即帮助有需要的人解决困难，促进人类福祉。

综上，我们可以把社会工作定义为：遵循助人自助价值观的社会工作者，运用专业理念和方法，为社会中有需要的个人、群体及社区开展的旨在解决困难、促进发展、增进人类福祉的服务活动。

### 三、社会工作的目标

社会工作的目标包括两个层面，分别是个人层面和社会层面。

（一）个人层面的目标

1. 解救危难。当个人面对的是危及生命的事件时，社会工作者会遵循生命第一原则为其寻找资源、解除危难，并且给与心理支持，比如帮助极度贫困者、有自杀倾向者、因破产及家庭关系破裂而精神崩溃者、吸毒成瘾者等。

2. 缓解困难。有些人遇到一些困难，虽然未达到危及生命的程度，但明显影响到了个人生活。每个人在生活中都会遇到困难，包括物质上、精神上以及人与环境关系上的困难，一些人遇到困难会找家人、朋友、单位求助；另一些人遇到困难是不希望他人知道的，尤其当面对一些专业问题时，需要寻求专业人士帮忙，比如青少年网络成瘾问题、困难家庭就业问题、空巢老人养老问题等。

3. 促进发展。社会工作尊重人，认为人是有潜力的，并把挖掘个人自身潜能、解决个人困难、增进个人福祉作为目标，比如增强个人就业技能、帮助青少年提升沟通能力、提升社区归属感等。

（二）社会层面的目标

1. 解决社会问题。社会工作者相信，个人问题产生的原因不仅来自于自身，也来自于社会。社会资源有限、社会资源分配不均以及社会制度不健全造成了社会问题，从而使个人陷入困难中。因此，解决个体问题本身就是在解决社会矛盾和社会问题。

2. 促进社会公正。我国正处于经济中高速发展时期，社会两极分化日趋严重，各个社会阶层之间的固化逐渐突出，社会成员尤其是社会弱势群体陷入困境中。而社会工作的基本价值观就是追求社会公正，对不公平社会现象进行干预，为困难者提供帮助，从而推动社会制度的变革。

## 任务二　社会工作的性质与功能

### 任务导入

周氏一家 5 人，包括周大及儿子周某某、92 岁高龄老母亲、周二及现任妻子，共同居住在 50 多平的两室一厅。周大有低额退休金，但儿子周某某长期不务正业，且有吸毒及偷盗等恶习，周围居民都对其有些畏惧，担心自身安全。周二因与前妻离异、无房居住、无收入而搬回母亲家，与现任妻子和大哥、侄儿、母亲共同居住在狭小的房间里，周二对母亲的房子一直虎视眈眈。家中常因住房、贫困以及吸毒等问题发生矛盾，吵架甚至打架。

社区工作人员为 92 岁老太太制订了慰问计划，每年生日、重大节日都送去慰问品，让全家感受社区对其的关怀；将周二列入失业帮扶人员名单之中，力争为他介绍合适的工作，帮其申请廉租房住房补贴；通过跟踪教育、组织志愿者活动等帮助周某某戒毒；邀请周家全家参与社区"孝善行"活动。周家在社区工作人员的帮助下，家庭成员之间的关系相比以往有了很大的改善。

### 任务识别

社区工作人员的社会工作体现了哪些功能？

### 任务链接

#### 一、社会工作的学科性质

社会工作是以科学知识为基础的应用性社会科学。作为人类认识自然和社会规律的科学，依据其研究对象和研究方法可以分为自然科学和社会科学，后者是广义的关于社会的学问。在社会科学中，有些学科比较偏重于理论研究，有些则偏重于实践研究，即将理论与实际结合起来解决现实问题。社会工作属于后者，它是以科学的理论与知识为基础，以解决实际问题为目的的学科。社会工作有自己的价值追求，而且这种追求甚至带有某种理想化的色彩，比如它强烈地追求社会公平、弘扬人道主义等。但是，社会工作要以解决现实问题为目标，必须带有明显的应用性。

社会工作作为一种应用性学科并不是不重视理论，相反，它是以坚实的理论作为自身工作基础的，是借鉴了相关学科的丰富知识的。但是，社会工作又不是仅以理论为目的的学科。在社会工作中，就最终目的而言，理论是为实践服务的。当然，没有好的理论就不会有自觉的、好的实践效果，因此，在社会工作中理论与实践是互相促进和相互为用的。在很多情况下，社会服务实践是接受理论指导的，而实施服务的过程也是检验和发展理论并使其进一步支持服务实践的过程。这同以理论研究和知识发展为主的其他社会科学学科有明显差异。社会工作本身也是复杂的，它既包括在政策层面的运作，也包括具体的服务。即使在每一种具体的服务中，社会工作也会遇到理论问题和技术（方法）问题。所以，社会工作没有理论，就没有自觉的社会福利服务的实践。如果只局限于实践而不进行理论总结，则不会有社会服务的提高。[1]

### 二、社会工作的功能

#### （一）预防问题的功能

社会工作采取积极、主动的态度对待社会问题，运用大量卓有成效的预测和控制手段，可以预防各种社会问题的产生。在社会工作的实践中，预防功能表现在不同的层面上。它既可以预防个人之间、个人与团体之间以及团体之间可能出现的社会问题，也可以预防社区组织中时常发生的社会病态。如通过充分利用社区资源，建立各种青少年活动基地，为他们的健康成长提供良好的条件，可以预防和减少青少年的犯罪。

社会工作者广泛分布于社会生活各个领域，他们不仅具体解决社会问题，而且是社会问题的发现者、预防者。他们最直接、最基层、最全面、最具体、最真实地接触社会，也最能首先发现各种社会问题的苗头，从而提前采取措施加以控制、防范，或协同有关部门加以应对，把问题扼杀在萌芽状态乃至根本杜绝问题的发生。

#### （二）恢复重建的功能

恢复重建的功能可以被简单地归纳为解决问题。社会问题的出现是由于社会系统不能正常发挥其功能，因此必须针对社会病态的成因采取有效的措施进行干预，使受助者恢复和重建良好的社会功能。恢复重建同样表现在不同的层面上，在微观层面上是指对个人、团体的直接服务，以帮助他们恢复、重建社会功能，重组社会系统的互动关系。具体地说，是由社会工作者与案主建立专业关系，全面了解案主的情况，找到其问题的症结所在，然后社会工作者对症下药，根据不同的问题设计干预方案，为案主提供直接服务，以求缓解并最终解决问题。同时，社会工作者还有责任帮助案主以健康的心态投身到新的生活中去，复原或再组与社会环境的关系，恢复常态的社会生活。在中观或宏观层面上，就是解决社会问题。例如，用社区发展的方法帮助贫困地区的农民摆脱贫困，政府一方面在政策和资金方面予以扶持，另一方面组织农民学习科技知识、开发适用的农业项目，做到精准扶贫，从根本上改变贫困面貌。通过社会工作的实施，可以减少导致社会功能失常的各种不利因素，使社会从无序状态走向

---

〔1〕 王思斌主编：《社会工作导论》，高等教育出版社 2004 年版，第 10 页。

有序状态。

（三）配置资源的功能

社会工作配置资源的功能有两个方面的含义：

1. 社会工作设置本身就是一种社会资源，它通过机构的设置、人员的配置、社会政策的制定、社会服务的计划与实施等一整套健全、完善的制度体系，调节个人与个人、个人与群体、个人与社会的关系。

2. 社会工作调节社会资源的分配，使之得到充分利用，特别是为困难人群、社会弱者所用。这具体又可细分为两个方面：一是社会工作者通过自己的工作协调社会现有的各种资源，为社会弱者所用。现代社会一般都建立了针对社会弱者的社会福利制度。在发达国家，这种制度已经非常完善，但也比较复杂，不同的制度针对不同的社会弱者。社会工作者可以针对案主所面临的困难的性质和状况，向他们提供可利用的福利资源的信息，并具体帮助他们了解申请社会救助的方式。如通过向特困者介绍如何申请和领取困难救济，使其从社会中获得必需的生存资源。二是社会工作者积极为社会弱者争取资源，以改变他们的生存状况。社会资源的分配往往是有利于社会强者的，这在初次分配中是不可避免的，但应通过再分配使之趋于相对合理，以保护社会弱者的生存权利、利益。社会工作者应当通过自己的工作，促使国家和政府积极修正、调整社会政策，完善社会福利制度，使之有利于社会弱者；应当积极动员来自社会的、社区的、民间组织的、慈善机构的、富裕阶层的各种力量，增加物质、资金和设施的投入，帮助弱势群体克服困难。

（四）稳定社会的功能

社会稳定是社会结构各组成部分之间关系的相对固定状态。这是社会正常运行和协调发展的基础与前提。当相当数量的社会成员的正当需要不能得到满足时，有可能导致社会的动荡与混乱，从而威胁社会的稳定。我国已进入改革发展的关键时期，经济体制深刻变革，社会结构深刻变动，利益格局深刻调整，思想观念深刻变化。这种空前的社会变革，给我国的发展与进步带来巨大的活力，也必然带来这样那样的矛盾和问题。

社会工作常常扮演社会关系的协调者及疏导者的角色，其在化解社会矛盾方面起着不可忽视的作用。社会工作在稳定社会方面所产生的意义，是社会工作能够不断发展的原因之一。社会工作者通过自己的努力，对社会上的贫、弱者施以援助，化解各阶层之间的矛盾特别是贫富矛盾，这不仅给人们的正常生活创造了条件，同时也起到了稳定社会的作用。

（五）促进发展的功能

社会工作不但有利于社会问题的预防和解决，而且有利于促进人的发展和社会进步。人的发展既表现为物质生活水平的提高，也表现为精神生活水平的提高，以及在更深和更高层次上，人的潜能的发挥和自我实现。社会工作可以通过教育使人们理解当前社会的特征，认识新的变迁中的社会环境，从而调节自己的心态和行为，跟上新形势、适应新生活。同时，社会工作还可以采用科学方法，开发社会资源，促进社会成员潜能的发挥。在社会生活中，社会工作尤其注意保护社会弱者，社会工作者总是千方百计地寻求、发现和开发社会资源，以运用于受助者的发展。社会工作还在大量调查研究的基础上，推进社会福利制度的完善，以提高整个社会的生活质量，促进社会的全面进步。

## 任务三　社会工作的类型与相关概念辨析

**任务导入**

### 《贝弗里奇报告》——福利国家的开端

对英国福利国家制度的建构起基础性作用的，应属 1942 年由威廉·贝弗里奇（William Beveridge）爵士起草的《社会保险与相关服务报告书》，又称《贝弗里奇报告》。1941 年 6 月，英国政府为了向人民展示一幅战后的社会生活新蓝图，鼓舞他们坚持战斗、战胜法西斯，委托贝弗里奇就战后要实行的社会福利计划提出具体建议和改革方案。贝弗里奇和他的同事们用了 18 个月的时间，根据对全国社会保险状况的调查，征求了民间社团和企业（如商会、工会、保险公司、消费合作社以及费边社）的意见，拟订了由贝弗里奇署名的报告，并于 1942 年 11 月送交政府，供改革社会保险与相关服务制度参考。这就是不但对英国，而且对西方各国战后建立社会福利制度都产生了巨大影响的著名的《贝弗里奇报告》，贝弗里奇本人也因此获得了"福利国家之父"的称号。

《贝弗里奇报告》在社会保险计划中针对全体公民的九种不同情形，提出了涵盖社会救助、社会保险和社会福利的全方位的完整的社会保障规划。这种覆盖所有公民的社会保险计划使福利国家思想从人们的理想转变成为一种具体可行的社会行动方案。《贝弗里奇报告》提出了构建福利国家社会保险计划的六项原则：一是基本社会待遇标准统一；二是缴费率统一；三是行政管理职责统一；四是待遇标准适当；五是广泛保障；六是分门别类，适合不同人群。这六项原则集中表达了福利国家思想的社会保障政策主张。概括起来，福利国家思想的政策主张主要为：一是社会保障应以保障居民拥有维持基本生活所需要的生活资料为出发点；二是社会保障应惠及全体居民。

《贝弗里奇报告》发表后，立刻在英国引起了轰动，在短时间内销售了 65 万册之多。英国首相丘吉尔据此在 1943 年的一次广播演说中表示，在战胜法西斯德国后，英国将建立一整套"从摇篮到坟墓"的福利制度。第二次世界大战结束后，英国工党政府以《贝弗里奇报告》为蓝本建立了"福利国家"。之后，西方国家纷纷仿效，使社会保障制度在资本主义世界得以向普及化、全民化的方向发展。

**任务识别**

1. 《贝弗里奇报告》产生的背景是什么?
2. 社会福利和社会工作有什么样的关系?

**任务链接**

### 一、社会工作的类型

社会工作的分类（种类及范围），依照不同标准有不同的划分，其中较重要的分类有下列几种:

（一）依据工作方法分类

所谓传统的、主要的或基本的三大社会工作方法为:个案工作，即以个人或个别家庭为对象的工作;小组工作，即以一种人、团体或社团为对象的工作;社区工作，即以一种人共同生活的地区或社区为对象的工作。有些人主张除上述三种工作方法外，应另加三项而成为六种主要的工作方法，即社会行政，社会工作研究，社会运动、社会行动或社会改革。最近有些人认为辅导或咨询、社会工作督导、家庭治疗、社会设计或方案评估等都是一种社会工作的方法或技术。

（二）依据社会问题性质分类

解决社会问题是社会工作最基本的功能，为解决某一种社会问题就有某一种社会工作。因此我们可以说有什么社会问题，就有什么社会工作。通常被社会工作界关注的社会问题有:贫穷问题、失业问题、疾病问题、婚姻与家庭问题、儿童问题、老年问题、身心残障问题、吸毒问题、酗酒问题、犯罪问题、劳工问题、种族歧视问题等。

（三）依据工作对象分类

若以社会工作的对象来分类则可分为:儿童社会工作、青少年社会工作、妇女社会工作、老人社会工作、贫民救助工作、伤残重建工作、劳工社会工作、学生辅导工作等。

（四）依据工作方式分类

以工作方式分类可分为:家庭式、社区或社会式以及机构式三种。此种分类法与各国习惯所称的院内救济（indoor relief）与院外救济（outdoor relief）分类法颇为相似。家庭式与社区式可归为院外救济式，而机构式则属于院内救济式。家庭式社会工作有儿童寄养、儿童家庭补助及家事服务等。社区或社会式工作即在社区里设置各种社区或社会服务中心，如儿童福利站、老人活动中心等。至于机构式的院内救济，则如各式的儿童保育院（孤儿院）、老人院（仁爱之家）、伤残重建院、精神病疗养院等。各种工作方式都各有其利弊，各种方式的采用需视工作的性质与国家的社会经济情况而定。大体言之，近代社会工作发展的趋势是，除实施工作必须具备专门设备或专门技术、与工作对象必须实行隔离外，大多以不采用机构式为原则。

（五）依据服务方式分类

社会工作按服务的方式可分为：直接服务或初级服务与间接服务或次级服务两类。直接服务或初级服务指社会工作者直接面对案主或服务受益人，在一些直接接触过程中，达成服务的功效，如个案工作、团体工作以及各种治疗、辅导、咨询等，此类社会工作又称为微观社会工作。间接服务或次级服务指社会工作者不直接面对案主，即不直接接触服务受益人，而以间接的方式提供服务或达成服务的功能，如社会立法、社会福利行政、社会工作研究、社会工作督导、社区组织与社区发展、方案设计与方案评估等，此类社会工作又称为宏观社会工作。有人认为社区组织与社区发展工作应属于直接服务的范畴；有人认为它介乎直接服务与间接服务之间。

## 二、相关概念辨析

在世界各国的发展历程上，我们总会看到一个共同现象，就是社会问题的出现及政府与民间社团对困难的应对。社会保障、社会福利、社会服务及社会工作几个名词常被一并使用，因为它们都针对同一类事物，只是在使用的层次及具体措施上有所区别而已。

（一）社会保障

社会保障是现代国家以政府为主体，通过立法等强制手段对国民收入进行分配和再分配来形成社会消费基金，并借此对基本生活发生困难的社会成员给予物质上的帮助，以保证社会安定、增进社会福利的一系列有组织的措施、设施和事业的总称。社会保障是社会成员应享有的基本权利，是国家应履行的确保社会成员生活权利的一项职责。它应包括以下六个方面的含义：①社会保障的责任主体是国家，社会保障需要由国家或政府统一管理；②社会保障基金来源于政府财政、社会组织和个人；③社会保障是国民收入分配与再分配的一种形式；④社会保障的目标是为社会成员的基本生活权利提供安全保障，以确保其不因特定事件的发生而陷入生存困境；⑤社会保障是在全社会（全国）范围内实行的统一保障制度；⑥社会保障是一种由国家强制实行的保障制度。它与社会工作的区别是，社会保障是一套制度性规定，而社会工作则是依据这些制度性规定而实施的具体服务。

（二）社会救助

社会救助是指国家与社会通过立法形式，对包括贫困者和不幸者在内的社会弱势群体提供最低水平的物质援助，以便增强他们社会生存能力的生活保障政策。它包括灾害救助、贫困救助和其他扶助措施。它是政府的当然责任，采取的是非供款制和无偿救助制，其目标是帮助社会弱势群体摆脱生存危机，维护社会稳定。

（三）社会保险

社会保险是指国家与社会通过立法形式，在劳动者因年老、疾病、伤残、失业、死亡或其他原因而丧失劳动能力时，提供给其一定的资金和物质帮助的生活保障政策。它包括养老保险、医疗保险、失业保险、生育保险、伤残保险等。它遵循受益人权利与义务相结合的原则，采取的是受益人和社会、国家共同供款和强制实施的方式，目标是解除劳动者的后顾之忧，规避社会风险，维护社会安全。

（四）社会福利

社会福利是指国家和社会通过立法，借助社会化的福利设施和有关福利津贴，以改善和提高全体社会成员的物质生活和精神生活的社会政策。它同样强调国家的主体责任，包括制定法律法规、监督管理、拨款补贴等具体职责。其目标是保障生活、改善和提高生活质量，以此维护社会稳定、促进社会发展。社会福利包括某一国家的"政策"和其所持的社会大众的"理念"。这种政策和理念旨在提高社会上每一个人的生活素质和能力，包括衣、食、住、行、育、乐和潜能发展等方面。因此一个国家的社会福利是要由政府和民间共同努力和合作维护的。而这种社会福利的政策和理念的实现，必须通过社会服务的活动才能逐步达成。

（五）社会服务

社会服务是一种以提供劳务的形式来满足社会需求的社会活动，有狭义和广义之分。狭义的社会服务指根据某一国家的社会福利政策和民间的社会福利理念，采取各种方案、活动、项目及程序，直接为改善和发展社会成员生活福利而提供的服务，如衣、食、住、行等方面的生活福利服务。这些社会服务的程序需要依据社会工作专业的知识、伦理、方法及技巧始能确保其功效。广义的社会服务包括生活福利性服务、生产性服务和社会性服务。其中，生产性服务指直接为物质生产提供的服务，如原辅材料运输、能源供应、信息传递、科技咨询、劳动力培训等。社会性服务指为整个社会正常运行与协调发展提供的服务，如公用事业、文教卫生事业、社会保障和社会管理等。社会服务依照服务性质，可以分为物质性服务和精神性服务。物质性服务包括加工性服务和活动性服务。加工性服务不同程度地改变着物质的形态，并带来价值增加和利润创造，实际上是一种以劳务形式存在的加工业。活动性服务也是一种生产性劳动，但它创造的价值不具有物质的外壳，而是体现在活动中，产品同生产行为不能分离。精神性服务，指为人们提供某种精神享受的服务，按经营性质可以分为义务性服务和经营性服务两种。社会服务依照服务的程度，又可以分为基本性服务、发展性服务和享受性服务。基本性服务，主要指生产、生活和社会运行所必需的服务，如公用事业、商业和部分生活服务业；发展性服务，主要指为人类和社会发展所提供的服务，如文化教育、科学研究等；享受性服务，主要指为社会成员提供物质和精神享受的服务，如提供高档耐用消费品、文化娱乐、旅游等。

# 项目二　社会工作的起源与发展

## 学习目标

**知识目标：**

1. 了解西方社会工作的产生和发展脉络；

2. 了解社会工作在中国的产生与发展。

**能力目标：**

1. 理解社会工作的产生与社会思想的关系；

2. 理解社会工作的产生与社会环境的关系。

**素质目标：**

明确经济全球化与后现代社会思潮对于社会工作的影响。

### 任务一　西方社会工作的产生和发展

## 任务导入

#### 《伊丽莎白济贫法》的历史背景

1601 年，英国历史上最伟大的君王之一的伊丽莎白一世颁布了一部法律，它就是《伊丽莎白济贫法》。当时的英国正处于封建社会向资本主义社会转变的时期，社会问题层出不穷，贫困问题更是急剧恶化，这部法律就是针对这些问题出台的。

都铎王朝后期是英国从封建时代转变为资本主义时代的过渡时期，由农业为主的封建社会向以工业为主的资本主义社会转变。资本主义生产方式的出现与发展是以农村经济关系的变革来展现的，农业革命、价格革命、宗教改革、商业扩张、对外战争、饥荒和歉收等问题错综复杂、相互交织，开始引发社会冲突，对社会秩序的稳定产生严重威胁，贫困问题急剧恶化，从而导致了整个社会的动荡与不安。具体表现在以下方面：

1. 农业革命。圈地运动导致大批农民背井离乡、四处流动；工业处于萌芽阶段，吸收劳动力的能力有限，庞大的贫困失业大军引发的流民问题、贫困问题、犯罪问题，威胁着统治阶级的安全。

2. 价格革命。农业歉收、圈地运动、人口增长造成了长时期的通货膨胀，导致农产品、食品、工业品价格上涨；由于机器的使用，雇主减少雇工人数、压低雇佣价格，绝大多数的工人再次流落街头，社会持续贫困化。

3. 宗教改革。宗教改革导致修道院解散，原来由教会承担的各种救济和社会福利消失，加剧了下层群体贫困化，引发社会动荡，原来由教会承担的救济责任不得不向政府转移。

4. 对外战争。16 世纪，受理性思潮的影响，社会普遍认为，贫穷是可耻的，贫穷的存在导致了大量的社会问题，是犯罪、疾病、瘟疫的万恶之源，贫穷是由人们的懒惰造成的。而英法战争（玫瑰战争）导致经济衰败，民不聊生，加剧贫困社会对贫穷观念的转变。中世纪基督教提倡爱上帝、爱邻人，贫穷不是下等人，穷人才是圣徒。

### 任务识别

1. 哪些原因为英国社会工作的萌芽创造了条件？
2. 社会工作与社会福利有什么关系？

### 任务链接

### 一、西方社会工作产生的历史背景

（一）思想背景

1. 古希腊、古罗马的福利思想。早在古希腊时期，人们认为，幸福是与别人共享财富得来的，富人要想感到幸福、获得别人的赞美，就应该提供一些财富给穷人。这种独特的幸福观表明，幸福在于与他人一起分享财富，而不在于由个人单独所有，这就为人们之间的互助以及富人帮助穷人提供了思想依据。在古罗马时期，人们强调一种宗教的责任观，认为富人帮助穷人解除痛苦并不是可有可无的，而是一种责任，并且认为富人在帮助穷人时只有使穷人不失去尊严，才能更显出富人的尊贵，否则富人也没有什么尊贵可言。无疑，这种思想影响着富人对穷人的帮助，影响着人们对帮助他人的看法。在希伯来时期，人们主张正义，认为应该公平地享有财富。圣托马斯·阿奎那认为，公正即大同与分配，也即强调公正既要考虑到个人的贡献，又要考虑到公平。这对后来社会工作中强调社会公平产生了重要影响。

2. 基督教的博爱思想。欧洲是基督教、犹太教流行的国家。教义中关于利他、奉献、救人救世、爱人助人及与人为善的思想有着广泛的影响。许多宗教观念着力宣扬"从善即是曲线利己"。如《圣经》中讲到"当爱你的邻居"，这里的"邻居"是指需要照顾和遇到困难的人，包括陌生人甚至你的敌人，而不仅仅是指你认识的特定的人。这种博爱思想客观上为社会工作的产生创造了有利的社会舆论。一些教士、信徒、达官贵人，依照上帝旨意救贫恤孤，对慈善事业很是关心。教会和慈善组织举办的救济事业也逐步兴起。这些慈善组织绝大部分是人们出资捐助的。在组织、管理、服务上，随着一些热心的信徒被选任为义务工作员，现代社会工作意义上的"志愿工作员"开始出现。

3. 人道主义的价值观。人道主义思想是资本主义社会经济、政治、文化状况的反映，同时，这些思想又影响着资本主义社会的发展。在资本主义社会，人道主义是同弱肉强食、损人利己的思想和行为相对抗的精神武器。欧洲早期的慈善事业深受人道主义思想的影响，欧洲各派社会主义思想也带有强烈的人道主义观念，认为以强凌弱、以少欺众是不合理的，应当加以改变。人道主义的价值观包括：

（1）承认每个人都是一个生物的、心理的与社会的有机体，人的行为可以用科学的方法和智慧加以了解和研究。

（2）承认人生而自由。人是万物的灵长，是社会文化、社会制度的创造者和主人。每个人都应当享有信仰、言论、出版、集会、隐私及其他生活的自由的权利，以达到保护个人、关心个人的目的。

（3）承认人是生而平等的，每个人都享有与其他人同样的生存权利和追求幸福的权利，不管其生活环境、社会地位、种族肤色、宗教信仰、政治派别或行为模式是怎样的。

（4）个人与社会的生存是相互依赖的。人与人组合起来形成社会，个人有责任维护和促进社会的发展；社会整体也应该帮助个人实现其生存权利和追求幸福的权利，有责任维护个人的生存与发展。

（5）每一个人，不论其年龄、社会地位、贫富、文化程度、健康状况、种族、肤色，均享有人的尊严，而且这种尊严必须受到尊重。受社会变迁影响的少数人更应该得到人道的考虑和待遇。

（6）努力消除罪恶，预防社会病态，改变不公平的社会政治制度是人类的责任。人类既有共同的需要，也有各自不同的需要，努力协调这些普遍需要和特殊需要，是人道主义的表现。

（7）每个人都有追求自由平等、自我发展、自我决定以获取幸福的权利。这些权利包括：生存权、健康权、工作权、教育权、居住权、休息权、选举权、参政权以及社会福利和人道服务的权利。

人道主义的这些价值观为社会工作的产生奠定了较为坚实的思想基础，有些后来成为社会工作价值观的直接来源。

（二）时代背景

1. 社会工作产生的经济条件。英国的工业革命，使人类从农业社会向工业社会飞速发展。它不仅解放了生产力，而且改变了产业结构，导致就业人口从农业向工业转移，从而使得以往分散的保障形式已不能适应社会的要求。工人不再享有土地给农民的基本生活保障，工业竞争导致了社会性失业、工业生产过程中产生的突发事故等，这些工业的风险是社会化的，因而也就需要保障的社会化，而保障的社会化则呼唤着执行保障的社会工作的问世。

2. 社会工作产生的政治条件。随着资本主义生产方式的确定，阶级关系发生变化，社会形成两大对立的基本阶级即资产阶级和无产阶级，阶级矛盾日益激化。19 世纪中叶以来，随着西欧资本主义工业化的深入，产业工人迅速增加，工人的劳动条件极为恶劣。为了维持生存，工人阶级不断起来开展斗争。面对工人阶级的不断斗争和大量的社会问题的涌现，资产阶级采取镇压和怀柔两种手段来维护其统治。

随着工人阶级斗争的不断发展，工人阶级斗争的目标逐渐由改善劳动条件扩展到争取政治民主权利。1867 年，英国在第二次选举改革后，部分城市工人获得了选举权；1886 年的《选举法》使 60%的男性公民获得了选举权。工人阶级和广大劳动群众利用他们新获得的政治权利，迫使政府实行改革。保守党、自由党相继提出了各种社会改革方案，承认"财富分配极其不均的罪恶"，承认国家应负责救济贫困。新的社会保障形式开始逐步形成，职业社会工作者开始出现。

**二、西方社会工作的产生**

在人类社会历史的发展中，当今社会工作中的一部分内容首先是以慈善事业的形式出现的。从欧美社会工作的发展来看，英国《伊丽莎白济贫法》、德国汉堡制与爱尔伯福制、慈善组织会社以及睦邻组织运动等，都是早期为社会工作的产生提供了直接前提的重要实践。

**(一) 英国《伊丽莎白济贫法》**

英国是工业革命的发源地，受工业化及城市化的影响，其城市贫困问题亦较为严重。为了解决当时的贫困问题，最先由教会开办了济贫事业。随着贫民的增多，教会财力入不敷出，政府逐渐接办上述工作。伊丽莎白执政以来，颁布了一些济贫法案，其中 1601 年的《伊丽莎白济贫法》最著名。该法案正式承认政府有济贫责任，并建立了初步的救济行政制度与救济工作方法。《伊丽莎白济贫法》具体的规定有：

1. 每教区应向地主征收济贫税。

2. 贫民救济应由地方分区主办，每教区设立监察员若干人，中央政府设立监督人员。

3. 有工作能力的贫民须参加工作，以工作换取救济。教区设有贫民习艺所供男女儿童习艺，教区也义务代为介绍工作，或配给原料与工具，强制生产。

4. 禁止无家可归者及无业游民行乞游荡，设救贫所收容救济，强迫其在救贫所工作。有家者给予家庭补助，使其仍在家居住。

5. 人民有救济其贫穷家人或亲属的义务，贫民不能从家人或亲戚处获得扶养时再由教区救助；且救助对象也限于在该区出生者或最近在该区住满 3 年者。

6. 把贫民分三类：体力健全者须强迫入"感化所"（probation home）或"习艺所"（work house）工作；不能工作者包括患病者、老年人、残废者、精神病患者及需抚育幼小子女的母亲们，令其入"救济院"或施以"院外救济"（outdoor relief）；失依儿童包括孤儿、弃婴等，则设法领养或寄养。

《伊丽莎白济贫法》反映了几方面的信息：一是社会工作在经济发展到一定程度后容易起步；二是社会工作的首要议题是舒缓物质贫困（救济）；三是政府在社会工作中起关键作用；四是社会政策在面对大规模社会问题时作用显著。时至今日，从社会福利视角反思该法中体现的责任、资源和服务方面的内涵及其形成的社会场景，从社会工作角度领悟其中的价值、方法等专业元素，对应对当代社会的议题不无启发。

（二）德国汉堡制与爱尔伯福制

德国也是工业化较早的国家，所遇问题与英国相似。为了解决贫困问题，德国汉堡市于 1788 年开始实行所谓"汉堡制"。该制度由布希（Bush）教授起草，规定该市设一中央办事处，综合管理全市救济业务，全市分若干区，每区设监察员 1 人和赈济员若干人。救济方法为：助人自助；为失业者介绍工作；把贫苦儿童送往职业学校习艺；把患病者送往医院诊治；对沿街乞食者不准施舍，以减少无业游民并不让贫民养成依赖习惯。该制度实施 13 年，取得了一定成效，但后来因为贫民不断增多和救贫人员不足而趋于衰微。

1852 年，德国小城爱尔伯福仿照和改良了汉堡制后提出了"爱尔伯福制"。该制度将全市分 564 段，每段约居民 300 人，其中贫民不得超过 4 人。每段设赈济员 1 人，综合管理济贫工作。求助者必须与赈济员接洽，赈济员要先到求助者家中作家境调查，查明确有需要才给予补助。补助后仍需每两个星期前往调查一次。发给赈济款必须依据法定的最低标准，不许养成贫民的依赖心理。赈济员还负责段内有关贫穷的预防工作（如介绍职业、训练管理游民）。赈济员为荣誉职务，由政府委派地方热心人士担任。全市每 14 段为一赈济区，每区设检察员 1 人，领导区内各段赈济员，并由区内 14 段联合组成一个赈济委员会，每两星期开一次会，由区监察员任会议主席，讨论全区赈济工作并制成报告或提案，提交给由全市各区联合组织组成的中央委员会。中央委员会为全市最高救济机关，总体管理全市济贫所、医院及院外救济事项，两个星期开一次会。

德国的汉堡制和爱尔伯福制的做法有所不同，但是，它们都遵循着助人自助、不让贫民养成依赖心理等原则，并都有相应的济贫事业组织管理架构和程序。这些精神和做法对后来的社会工作制度与方法产生了深远影响。

（三）慈善组织会社

慈善组织会社（Charity Organization Society，COS）于 1869 年出现在英国，1877 年

扩展到美国，形成了一个风行英美的慈善组织会社运动。随着英国工业化的迅猛发展，失业人口日渐增多，加之《伊丽莎白济贫法》的实施并非尽如人意，人们对贫民问题更为关注，各种目标的慈善组织纷纷建立。它们征募捐款，救济贫民。由于这些组织缺乏联系协调，出现了相互冲突和重复浪费等现象。索里（Solly）牧师有感于这种状况，建议成立理事会以协调政府与民间慈善组织的活动。于是，第一个慈善组织会社于 1869 年在伦敦成立。慈善组织会社的目标是把英国尤其伦敦的慈善事业组织起来，使之密切配合，发挥最合理作用。

1. 成立中央的管理与联系机构，并将伦敦划分为若干区，每区成立一个分支机构——志愿委员会，主持救济分配工作。

2. 各区办理区内所有救济机构受理申请救助案件的总登记，另特设询问部，供《伊丽莎白济贫法》监护人、各慈善组织及个别慈善家收集有关申请救助者的资料，使同时向多个机构求助的人员暴露其职业乞丐的本质。

3. 各区派员对所有申请案件进行个别详细调查。

4. 提高救济款物配额，使其能满足申请人的生活需要。

慈善组织会社对社会工作的产生有很大贡献。一方面，它们派友善的访问员访问申请者，以了解其社会背景和确定应采取的措施。它们强调调查后按个别情况对每一案件分别予以处理，这种个别化做法促使了个案工作的产生。另一方面，它们推动各救济机构、慈善组织为解决社区问题，采取协调合作的步骤，也为社区组织工作的产生奠定了基础。

（四）睦邻组织运动

继慈善组织会社后，英美又兴起了睦邻组织运动（settlement movement）。自 1884 年英国在伦敦东区贫民区首创汤恩比馆（Toyn-bee Hall）后，美国也于 1886 年创立了睦邻组织。该运动源于英国维多利亚女皇时代，原因有两个：一是因为当时英国的社会科学研究者和社会工作者力图对社会问题进行实地研究和实际解决；二是发起人有感于产业革命和政治革命虽然促进了工业化和城市化，但同时也造成了贫富分化。他们认为，让一些受过高等教育的人和贫民共同生活，不但可使贫富打成一片，实现政治平等与民主，而且可使贫民获得接受教育和享受文化生活的机会。同时，知识分子与贫民共同生活，可促进对贫困问题的深入了解和合理解决。在上述背景之下，巴尼特（Barnett）牧师于 1884 年在伦敦东区贫民区首创了汤恩比馆。该地区为伦敦最贫困的教区之一，有许多失业者、患病者及住在污秽拥挤住宅里的人。于是，巴尼特发动当时就读于牛津、剑桥大学的学生前往该地服务贫民，与贫民共处，以便实际了解贫民生活情形，研究对策。当时，牛津大学经济学讲师汤恩比（Toynbee）与巴尼特志同道合，与贫民共同生活，为贫民服务，但不幸因肺病而死，年仅 30 岁。巴尼特为纪念亡友的牺牲精神，并号召知识青年为贫民服务以继承汤恩比的遗志，约集友人成立了社区睦邻服务中心，取名"汤恩比馆"，这也就是第一个睦邻组织。睦邻服务中心有几个特点：

1. 设于贫民区，备有宿舍，所有工作人员与贫民共同生活，其口号为"工作者与工作对象相亲相爱"。

2. 没有既定工作计划，视居民实际需要开展工作。

3. 尽量发动当地人力，培养其自动自发和互助合作的精神，为地方服务。

4. 除了使社区睦邻中心成为当地的服务中心外，还尽量设法将本国及外国的文化介绍给当地居民，使之亦成为当地的文化中心。

睦邻组织运动对于社会工作的产生与发展有重要意义。它说明社会工作旨在寻求个人与社会生活的改善，工作方式应从个人与社会双方同时入手；社会工作应随时依据实际需要来安排工作，并应发动、组织或配合社会力量工作；社会工作应以整个社区为工作对象，并以促进全面的社会福利为目的；进行社会工作的方法，不仅可用于个案工作，而且可用于团体工作与社区组织。

《伊丽莎白济贫法》、汉堡制和爱尔伯福制、慈善组织会社和睦邻组织运动，以解决贫困问题为己任，解决社会问题和满足人们需要。从事该工作的既有民间团体，也有政府部门，工作对象主要为贫民。把服务传递给贫民的主要是志愿工作者，该时期的社会工作因此可视为志愿性社会工作。

### 三、专业社会工作的发展

随着社会工作实务的发展、教育的演进以及专业组织的建立，社会工作日益走向专业化。19 世纪末至 20 世纪初，社会工作在西方已进入专业发展的阶段，它表现为社会工作理论和基本方法的形成、社会工作专业培训和教育的发展及社会工作的专业组织的出现。

1917 年，美国学者玛丽·里士满（Mary E. Richmond）发表《社会诊断》一书，试图使社会工作方法成为一套独立的知识体系，此后，她又发表了《什么是社会个案工作》。在这之后，社会个案工作作为一种专业方法被社会工作者普遍接受。到了 20 世纪 30 年代中期，个案工作一直是社会工作界普遍承认的唯一的工作方法。自 20 世纪 20 年代开始，小组工作被纳入社会工作训练课程，小组工作理论的建构也积极开展起来。到 20 世纪 40 年代中期，小组工作作为社会工作的专业方法之一被接受。另外，社区工作作为一种专业工作方法也逐步发展起来。起初它只是一种服务于个案工作的间接方法。后来，社区社会工作者形成了自己的专业团体，并运用自己的专门知识去解决社区中的问题。到 20 世纪 60 年代，社区工作已被正式承认为社会工作专业的一个基本方法。

19 世纪末，社会服务机构开始关心其为贫民和独立人士服务的连续性。改善贫民状况协会和慈善组织会社从其建立之初就对志愿人员进行一些服务训练。1893 年，在英国，济贫院和慈善组织会社建立了一个两年制的"慧善训练"学校，开创了社会工作训练和教育的先河。1898年，美国慈善组织会社举办了为期6个星期的夏季训练课程，自1910年起增至2年。1946年，美国社会工作教育审议会成立，该协会统一了社会工作教育标准，促进了社会工作专业教育的发展，提高了社会工作的专业化水平，特别是社会工作专业教育的制度化，进一步促进了社会工作专业界对专业知识的总结与提炼，从而使专业教育成为社会工作专业的入口。

社会工作专业组织的发展进一步推动社会工作专业化的发展进程。美国于1918年成立了"美国义务社会工作者协会"，于1919年成立了"美国学校社会工作者协会"，后来社区工作者和其他社会工作者也相继成立了自己的专业组织。1956年，在联合了55个国家的专业社会工作人员协会的基础上成立了国际社会工作联盟，这个联盟的成立，使社会工作专业化的进程扩展到世界范围，而专业组织在世界范围的建立更推动了社会工作的专业化进程。

## 任务二 中国社会工作的产生和发展

### 任务导入

#### 《中国慈善发展报告（2019）》发布[1]

2019年7月13日，中国社会科学院社会学研究所及社会科学文献出版社在成都发布《慈善蓝皮书：中国慈善发展报告（2019）》。蓝皮书指出，2018年中国社会捐赠总额预估为1128亿元。

蓝皮书提到，2018年我国慈善事业发展呈现很多亮点。由于《志愿服务条例》正式实施，志愿服务制度化建设全面加强。国家将志愿服务纳入国民经济和社会发展总体规划，为志愿服务带来了巨大的发展机遇。

社区社会组织培育首次成为国家重点政策，政府下文，各地响应。此外，社会组织国际化策略性增强，不但推进联合行动以整合资源、提高效率和影响力，而且突破了跨国合作，开始注重和尝试区域合作，参与走向"促进区域命运共同体"的建设。

行业建设显示出多年累积的效果，在问责和自律，为资源方提供咨询顾问、教育、能力建设和技术支持，研究和知识管理，交流、传播和信息扩散等方面都有新的突破，尤其出现了对中国社会组织经济规模（N-GDP）研究的新方法和新工具。

同时，中国互联网公益创新继续迭代，逐渐走向成熟、理性的新阶段，慈善伦理建设也越来越得到重视。

---

[1] 资料来源：http://gongyi.people.com.cn/n1/2019/0714/c151132-31232864.html，有修改，2021年12月30日访问。

1. 我国慈善事业发展迅速的原因有哪些?
2. 慈善事业与社会工作的关系是什么?

📝 任务链接 ⌐

专业社会工作最初产生于西方,社会工作的本质是助人自助,是从一般性的助人活动中发展起来的,而在我国历史上很早就有社会福利的思想和救贫济困的实践。

## 一、我国古代的社会福利思想

我国的社会福利思想的萌芽可以追溯到古代夏商周时期,先秦诸子的著作中更是高度阐述了我国早期的社会福利思想。在这其中以孔子提出的"大同社会"的理想最具代表性。孔子还主张分配平均,如"丘也闻有国家者,不患寡而患不均,不患贫而患不安。盖均无贫,和无寡,安无倾"(《论语·季氏》)。这些思想在当时的历史条件下,仅是一种超时空的幻想和美好的追求。但不可否认的是,这些美好的理想和有价值的思想对我国后来的社会福利思想及实践产生了深远的影响。从一定意义上说,孔子的大同思想和分配平均的思想可以被看成现代的老人福利、儿童福利、社会救济、医疗保健、婚姻咨询、健康服务、贷款扶贫、就业服务、社会安定等思想在历史上的最初萌芽。

孟子的社会福利思想在《孟子·梁惠王上》中多有阐述,"仁政"是其主张的核心。"未有仁而遗其亲者也,未有义而后其君者也,王亦曰仁义而已矣,何必曰利?""老吾老,以及人之老;幼吾幼,以及人之幼","推恩足以保四海,不推恩无以保妻子。古之人所以大过人者,无他焉,善推其所为而已"。这些记载都集中地体现了孟子的"仁政"思想。孟子还提出社会互助观,"出入相友,守望相助,疾病相扶持,则百姓亲睦"(《孟子·滕文公上》)。这些思想同样对我国后世的社会福利思想及实践产生了重要的影响。

老子主张"无为""寡欲知足";庄子主张"天帝王之德,以天地为宗,以道德为主,以无为为常"。可以说,老、庄的这种反对上"多为"、提倡下"有为"的思想与现代社会提倡"人民参政"和"小政府、大社会"有相通之处。

墨子主张兼爱、非攻。他向往的社会是"天下之人皆相爱,强不抵弱,众不劫寡,富不侮贫,贵不熬贱,诈不欺愚"。墨子还向往康乐、互助的社会。他主张"有力者疾以助人,有财者勉以分人,有道者劝以教人。若此,则饥者得食,寒者得衣,乱者得治,劳者得息"。墨子主张的兼爱、康乐、互助的思想,可以作为现代社会工作的风范。

法家倡导的社会福利思想以管子的"九惠之教"为代表。《管子》中记载:"入国四旬，五行九惠之教，一曰老老，二曰慈幼，三曰恤孤，四曰养疾，五曰合独，六曰问疾，七曰通穷，八曰赈困，九曰接绝。"道家、墨家、法家的社会福利主张对我国后来社会福利思想及实践同样具有一定的影响。

**二、中华人民共和国成立前的社会工作**

（一）现代社会工作教育的萌生与发展

20世纪20年代初期，社会工作在我国作为社会学的一门分支学科或独立学科出现，它标志着我国慈善事业、救济事业向专业的社会工作过渡。随着社会学在中国的出现，与社会工作相关的专业团体相继成立，社会工作教育与培训也逐渐发展起来。社会工作课程最初是在一些高校（如燕京大学、沪江大学）开设的。到30年代初，在全国各高等院校中，已有10余所大学设立了社会学系，至中华人民共和国成立前夕又增加至20余所。这些设有社会学系的院校不仅注重社会学理论，也注重社会工作。当时我国高校的社会工作教育最为鲜明的特点是注重调查实践，即通过参观、访问、实地调查，让学生发现社会问题，学习社会工作方法，锻炼自身的社会工作能力。

（二）乡村建设运动

随着社会工作专业地位在欧美被确立，社会工作不断发展，中国知识分子深受其影响，在20世纪20~30年代发动了在现代中国社会事业发展史上比较有名的"乡村建设运动"。在20年代中期，以晏阳初、陶行知、梁漱溟、李景汉为首的知识分子感慨中国的落后与衰败，力图通过教育和唤起民众来振兴中国，并认为中国的事情应该从农村做起。因此，他们以改良主义的社会教育工作为中心，在农村开展平民教育，进行乡村建设的实验。其中较为著名的有晏阳初的定县平民教育试验区、陶行知的南京晓庄试验乡村师范学校和江苏宝山师范学校、梁漱溟的山东邹平乡村建设研究院等。他们所推行的乡村建设运动，志在复兴中华民族的文化与民族自尊心，开展乡村自救运动以推动社会发展。此外，清河实验、山西村治、浦东公社、赣南建设等，也都是通过改造乡村社区以促进社会变迁。乡村建设运动限于当时的社会历史条件，只能对社会起到修修补补的作用，但是，作为我国现代社区发展和社区服务事业的一个开端，其对专业社会工作的发展有一定的贡献。

（三）国民党统治时期的社会工作

国民党统治时期，在社会工作方面做了一些努力，制定了一些政策或措施，同时也开展了一些社会工作方面的实务工作。尤其在社会行政方面，取得了长足的进步。1927年南京临时国民政府设有内务部，掌管民政事业。到抗日战争时期，社会事业有了较大的发展。1938年，国民党政府成立了赈济委员会，接着在国民党中央委员会内设立社会组织部，该部于1940年改为社会部并隶属于行政院，开始成为民国以来政府设置的最高社会行政管理机构，其职责范围包括社会救济、社会福利、社团组织、社会运动、社会服务、劳工及合作行政等。1942 年，行政院当局颁布了省社会处组织大纲，规定各省政府设社会处，县市设社会科。至此，较为完备的社会行政体系建立了起来。同时，社会政策及立法工作也已展开，1945 年，国民党政府颁布了四大社会政策纲要。这些政策和措施的目的是巩固国民党的统治，维护当时的社会稳定。

### 三、中华人民共和国的社会工作

(一) 改革开放前的社会工作

在社会工作专业教育和实务领域，我国走过了一条曲折的道路。1952 年，高等院校实行院系调整，社会学和社会工作专业被取消，专业人员转而从事其他工作，这两个专业被迫陷入停顿状态。在计划经济体制下，民间性的专业社会服务机构和社会工作实务基本消失。不过，在民政领域由政府主办的各项实际工作不断发展，传统型的社会服务对特定的社会群体发挥了重要的保障作用。中华人民共和国成立初期，开展了一系列大规模的社会改造工作，不仅维护了社会治安，而且解决了旧社会遗留下来的许多社会问题，对于稳定社会秩序、巩固新生政权、恢复国民经济产生了不可低估的积极作用。但这些主要是一些政务性的改造工作，而非专业意义上的社会工作。

(二) 改革开放以来的社会工作

1978 年党的十一届三中全会以后，党在思想战线上恢复了实事求是的优良传统，从而为专业社会工作的恢复奠定了思想基础。1979 年，社会学在我国得到恢复与重建，有关社会工作的课程也陆续在社会学系中开设。尤其值得一提的是费孝通教授于 1981 年指导和主持编写的《社会学概论》专设"社会工作"一章，开了我国恢复和重建专业社会工作的先声，专业社会工作逐步跨入发展的新时期。

根据《中国社会工作发展报告 (1998~2008)》，改革开放后，社会工作自 1988 年正式开始恢复和重建以来，历经专业社会工作的恢复和拓展、社会工作实务和职业化探索、推进社会工作制度和体制建设等主要发展阶段，社会工作专业化、职业化取得了长足的发展，积累了本土化的初步经验，为全面建成小康社会和社会主义现代化建设做出了重要贡献。我国专业社会工作的恢复和发展，以 1987 年民政部召开"社会工作教育发展论证会"为起点，以 1988 年国家教委批准在北京大学社会学系设立社会工作与管理专业为标志。此后，中国人民大学、吉林大学等也建立了同样的专业。北京大学于 1989 年开始招收首批社会工作与管理专业本科生和该专业方向的硕士研究生。中断了 30 多年的社会工作教育开始恢复，社会工作专业在各个高等院校得到了较快发展。经过多年的努力，高等院校的社会工作专业初步形成了大专、本科、硕士研究生三个办学层次。

对专业社会工作实务的探索，以 1997 年上海市率先开展社会工作实务试验为起点；专业社会工作职业化的探索和初步规范，以 2004 年劳动和社会保障部颁布的《社会工作者国家职业标准（试行）》、2006 年人事部和民政部颁布的《社会工作者职业水平评价暂行规定》和《助理社会工作师、社会工作师职业水平考试实施办法》为标志。这期间，社会工作实务在各领域广泛开展，主要有社区社会工作、学校社会工作、老年社会工作、医务社会工作、家庭社会工作、救助管理社会工作、优抚安置社会工作、民族宗教社会工作、农村社会工作等实务。

推进我国社会工作制度和体制建设以中共十六届六中全会提出加强社会建设、完善社会管理、建设宏大的社会工作人才队伍的任务为标志，党的十六届六中全会作出的《中共中央关于构建社会主义和谐社会若干重大问题的决定》指出，要建设宏大的社会工作人才队伍。造就一支结构合理、素质优良的社会工作人才队伍，是构建社会主义和谐社会的迫切需要。建立健全以培养、评价、使用、激励为主要内容的政策措施和制度保障，确定职业规范和从业标准，加强专业培训，提高社会工作人员职业素质和专业水平。制定人才培养规划，加快高等院校社会工作人才培养体系建设，抓紧培养大批社会工作急需的各类专门人才。充实公共服务和社会管理部门，配备社会工作专门人员，完善社会工作岗位设置，通过多种渠道吸纳社会工作人才，提高专业化社会服务水平。这对社会工作制度建设作出了战略部署，并强有力地推动了我国社会工作专业化、职业化的发展。

（三）当前中国的社会工作的发展趋势

中国社会工作的未来发展离不开经济全球化与后现代主义社会思潮，面临着与其他国家尤其是西方国家不尽相同的挑战与任务。有学者提出中国社会工作未来发展的着眼点是"本土化与创新"。在市场经济条件下，社会团体和社区的行为能力将会增强，但纯粹市场化的社会服务提供机制又有许多弊病。中国在从计划经济体系向市场经济体制转变中，社会福利和社会服务事业要走到何种程度，如何更有效地实现政府、社会团体与社区互助系统的良好结合，这既是一项实践任务，也是一个需要理性思考的问题。

我们应该在较成功和有特色的领域进行挖掘和总结。城市社区服务和农村扶贫可视为两个重要切入点。这两个项目都吸纳了政府、群众团体和社区广泛参与，从而在服务提供渠道方面有代表性。这两类服务普遍开展于中国城乡，成为规模宏大、具有广泛社会性的项目。这两类服务都取得了相当可观的成绩，具备进行研究的基础和条件。因此，对从内容到服务提供上都有中国特色的社会项目应下大力气研究，力求有所突破，发掘传统社会工作的价值。一般认为，社会工作的理论和方法都产生于西方。实际上，中国对社会工作也有贡献，20 世纪 30 年代的华北平民教育运动和乡村建设运动即为突出例证。当社区工作在西方尚未被广泛关注时，晏阳初等知识分子倡导并推进的乡村建设和发展运动已有目的、有计划、有措施地开展起来，后因种种原因虽被终止而不得其果，但毕竟留下了有益经验，更不用说这种运动后来被移往国外并得到国际认可。华北平民教育运动和乡村建设运动有丰富的经验、教训可以总结，这对社会工作仍不失参考价值。社会工作的历史表明，社会工作是不断完善的专业和职业。领悟西方专业社会工作的发展规律，把握中国传统助人手段的本土特色，是中国社会工作理论界和实务界的共同责任。

📖 拓展阅读

## 各国保障制度的建立与社会工作发展

随着资本主义工业化产生的社会问题日趋严重，那些局部性、地方性、临时性的救济措施已不敷应用。为了稳定资本主义社会秩序，西方国家政府在所提供的系统的社会福利的基础上，创立了全国性的社会保障制度，为现代社会工作奠定了制度基础。

历史上，最早建立社会保障制度的国家是德国。1883 年，德国首相俾斯麦审时度势，改严厉为温和手段，创立强制劳工保险制度，并从 1883 年的疾病保险发展到 1884 年的职业灾害保险以及 1889 年的残疾与老年保险。采取危险分担的保险原则，集合工人、事业主以及政府的财力，劳动者在遇有疾病、伤害、老残、死亡时，支付保险给付，以应付事故的需要，给劳动者以保障。这一制度实施以来，工人情绪趋于稳定，生活逐渐改善，社会渐趋安定。此后，德国又在这一制度的基础上采取了一系列新的社会保障措施。

继德国之后，英国也开始建立了社会保障制度。英国于 1911 年通过了《国民保险法案》，设立疾病与失业保险。1925 年通过《寡妇、孤儿及老年补助年金法案》。1934 年通过了《失业法案》，扩大和加强了社会保险的项目与内容。1942 年，英国发表了《贝弗里奇报告》，该报告书为一划时代的社会改革文献，对英国乃至西方现代社会保障制度的建立产生了极为深远的影响。到 1948 年，《国民保险法》《工业灾害保险法》《国民健康服务法》《儿童家庭补助法》《国民扶助法》等在英国相继制定并生效，初步完成了"从摇篮到坟墓"的社会福利体系，成为一个实施体系最完备的、全国性的社会保障制度的国家。与此同时，社会工作也成为一门独立的职业，以此来推行社会保障体系的实施。

美国自 1929 年纽约股票交易所破产所引起经济大恐慌之后，失业人数骤增，政府救济费用日渐沉重。1933 年罗斯福就任美国总统后，推行所谓"新政"，开始由政府负责办理全国性的社会救济与福利事业，改变了过去美国救济事业只应由地方和私人办理的旧传统，先后设立了各种联邦救济行政机构，采取了联邦救济的各项措施，促使民众更加需要一个"全国性计划"的观念的滋生，为美国社会安全制度的发展铺了一条新路。1933 年 12 月颁布实行《联邦紧急救济法案》，此举改变了美国救济事业应由地方办理的传统观念，认为此种社会救济及福利事业应以全国人民为对象，政府应负责办理普及全国的社会福利行政。此后，美国于 1953 年制定了历史上著名的《社会保障法案》，从而在美国正式建立了全面的社会保障制度。20 世纪 60 年代中叶，林顿·约翰逊总统运用"新政"的意识形态，采取了一系列扩大福利救济的措施。

在此期间，世界上的许多国家开始引进和创建社会保障制度，到 1979 年止，已有 134 个国家在不同程度上建立了社会保障制度。西方国家社会保障制度的发展说明，现代社会逐渐趋向重视维护民众福利的进步观念，政府进一步承担起了其对民众的责任。同时促使了社会工作的出现，并逐步扩大了社会工作的范围，使社会工作成为一种由政府或私人社团举办的广泛性的社会服务。

# 项目三 社会工作的要素与过程

## 学习目标

**知识目标：**

1. 掌握社会工作者及其角色；
2. 理解案主面临的主要问题。

**能力目标：**

掌握社会工作服务的一般步骤。

**素质目标：**

深刻领会社会工作者的职业特征。

### 任务一 社会工作的主体——社会工作者

## 任务导入

思考一下，下面几种情况是不是社会工作？为什么？

1. 某地地震，得到消息后，小陈带着水、饼干等物资来到灾区捐助；
2. 路过天桥，小明看到路边乞丐很可怜，于是给他捐钱；
3. 朋友家婆媳矛盾严重，朋友觉得小王比较有经验，请他去协调自己的家庭关系；
4. 居委会工作人员小李给社区服刑人员开展法律知识教育活动。

## 任务识别

1. 社会工作者的特征是什么？
2. 社会工作者在专业服务中承担怎样的角色？

## 任务链接

社会工作者是指受雇于公、私社会福利机构或设施而从事社会服务的人。通常，社会工作者自称是专业的助人者，因而不同于一般从事社会服务的志愿者。以社会工作为职业生涯的人在社会中形成了一个特定的社会群体——社会工作者群体。他们通过专业活动共同发挥着社会作用，以一个整体获得社会的承认，取得共同的利益。他们在实践中遵守着共同的规范，因此形成了他们共同职业的特征。

### 一、社会工作者的定义及其特征

一般而言，社会工作者是指受过社会工作专门知识指导和技能训练的从事相关社会服务的实际工作与教学、研究工作的人员。狭义的理解只是那些受过专门训练的实务人员；广义的理解则应包括相关教学、研究人员。社会工作者是从事专业性助人活动的职业群体。这是社会工作专业的本质特征在社会工作者身上的体现。社会工作专业的宗旨是为有需要的人提供帮助，是通过社会工作者的努力而实现的。通过社会工作者的实际行动，帮助服务对象恢复和提升社会功能，解决问题，满足需要，并进而获得自我实现。

#### （一）社会工作者的定义

国际社会工作界普遍认为社会工作者是从事专业社会工作的人员，他们是遵循社会工作的价值理念和专业伦理，运用社会工作专业方法从事社会服务的专业人员。一般认可的社会工作者应符合如下标准：持有社会工作执业证照；具有社会工作专业教育背景；受社会工作道德伦理和职业守则制约；从属于社会工作专业组织或协会；以社会工作作为职业。[1]

#### （二）社会工作者的特征

社会工作作为一个专业和职业，对它的从业者有着特定的要求。这种特定要求社会工作从业者在长时间的社会工作实践中逐渐转变为社会工作者的职业特征。这是一个自然的过程，同时也是社会工作作为一个专业对从业者的基本要求。一个成熟的社会工作者必须完成将专业的外在要求转变为个人内在动机的过程。社会工作者作为一个群体区别于其他职业群体的特征主要表现为以下两点：

1. 社会工作者是助人者。这是社会工作专业的本质特征在社会工作者身上的表现。社会工作专业是一个助人的专业，专业的宗旨就是为有需要的人提供帮助。这里如何理解"助人"的实质，对于认识作为助人者的社会工作是至关重要的。社会工作者与案主在互动中形成的助人关系，是两个个体共同解决其中一人的困境，使有困扰的个体能增强能力，克服生活中的困难，或更有效地作出决定，以促进成长。专业的助人关系不像朋友关系中的私人感情介入，没有相互的袒露，这样能使受助者了解自己、看清自己，也能使案主更为自己的改变负责——给自己建议、计划并实行。

---

[1] 李迎生主编：《社会工作概论》，中国人民大学出版社2004年版，第22页。

因此，助人的实质是通过社会工作者的帮助使受助者能够自助。这就要求社会工作者为受助者所提供的帮助，无论是物质的帮助，还是非物质的帮助，都必须保证受助者的主体性不受侵犯，并使受助者通过自己的主体性活动达到自我实现。社会工作者没有权力将帮助强加于受助者，除非在危机情况下，社会工作者可以采取"危机介入"模式直接介入。否则尽管其所提供的帮助是有益于受助者的，也不可强行介入。另外，社会工作者在助人过程中不能使受助者对其所提供的帮助产生依赖，更不能企图对受助者进行控制和操纵，否则也同样是对受助者主体性的侵犯，这都是与社会工作专业的宗旨相违背的。这种要求的实现，需要社会工作者掌握专业理论、知识和技能。因为受助者对帮助的需求并没有统一的标准，更不存在现成的测量工具，只能凭借社会工作者的判断能力来确定应向受助者提供什么样的帮助、何时提供帮助。

2. 个人价值与专业价值的统一性。社会工作专业是一个强调价值观的专业，它要求社会工作者认同并遵守社会工作的价值准则。在我国表现为全心全意为受助者服务的思想，不以助人牟取私利为目的。专业价值是实现社会工作专业目标的根本保证。所以，各个国家和地区的社会工作者协会都制定了约束会员专业行为的伦理守则。专业伦理守则对于社会工作者来说是一种带强制性的要求，它不仅要求所有的社会工作者无一例外地恪守，而且应该内化为每一个社会工作者的专业理念。

社会工作者的专业特征要求每一个社会工作者都应实现个人价值与专业价值的统一。所谓个人价值与专业价值的统一，并不是要用专业价值完全取代个人价值，或者不允许社会工作者保留个人价值。这个统一是要求社会工作者的个人价值体系与社会工作的价值体系不应该存在根本性的冲突。

社会工作者的特征是作为一个专业群体所表现出来的属性，同时也是社会工作专业对社会工作者行为倾向的规定，是对社会工作者与受助者之间关系的规定。对于社会工作者来说，这是一个外在要求与内在特征相互转化的过程。外在要求可以逐步转化为内在特征，内在特征又在社会工作实践中外化为符合要求的专业行为。

**二、社会工作者的角色**

一个人承担某种社会角色，并按这一角色所要求的行为规范去活动称为角色扮演。角色扮演的前提是了解社会对自己所要扮演的角色的要求与期望，接受该角色规范所规定的基本权利和义务。角色扮演是否成功取决于人们在承担角色时是否意识到自己所负的责任，社会和他人对自己的行为期待以及实践这种角色状态的程度。因此，角色扮演是一种社会行动，也是一种社会互动。角色扮演的过程包含了当事人对角色规范的理解，对情境的定义或解释以及作出反应的复杂过程。林万亿认为："社会工作者的角色不是单一的，而是由一组完成社会工作目标所需的行为所期待而组成的，这组角色表现了社会对社会工作的期待，以及社会工作本身的知识、技能、伦理道德。一位合格的社会工作人员须经由完整的教育体制与督导训练而养成，社会工作人员的角色行为及其和谐的表现在于社会工作员自我与社会工作活动的协调融合上。"[1]通常对社会工作者角色的期待会因社会工作机构与社会工作目标的不同而有差异。

社会工作者角色扮演的过程就是在具体的助人情境中去表现角色规范所要求的行动取向、行动策略以及具体的行动。结合中国社会工作发展的现状，社会工作是由社会工作者与受助者合作而进行的复杂的助人过程。在这一过程中，社会工作者要运用多种专业技巧帮助受助者正确地对待困难，努力克服困难，同时又要去争取资源，切实帮助受助者走出困境。此外，社会工作者还要设法在制度上预防同类事件的发生。因此，社会工作者由于实际工作情形的差异而承担着多重角色。社会工作者经常扮演的角色主要包括：[2]

（一）实现者

实现者帮助案主实现以下功能：明确表达案主的需要，准确界定案主的问题，探讨解决问题的策略，选择并实施介入策略，提升案主有效解决自己问题的能力。在为个人、小组和家庭服务的时候，社会工作者经常需要扮演实现者的角色，在社区工作中也常常需要扮演这一角色，特别是在帮助社区居民组织起来进行自助的时候。

（二）经纪人

经纪人的作用是把那些需要接受服务而又不知道到哪里去寻找资源的案主与其所需的资源联系起来。例如，可以介绍一位经常受丈夫虐待的妇女去"被虐待妇女服务中心"。在西方国家（如美国），即使是一个中等规模的社区也有多达200~300家社会服务组织的机构，所以即使是专业社会工作者也不一定能全部掌握这些组织机构的情况。

（三）倡导者

当案主需要某种服务，而现存的社会制度、社会机构不能（甚至反对）提供这种服务的时候，社会工作者就可以扮演倡导者的角色。倡导者收集有关信息，论证案主的需要与要求的合理性，对现存制度和机构的政策提出批评和改进意见。倡导者的目的不是嘲讽和非难现存的基本制度或政策，而是希望改变其中一些不合理的成分。

（四）赋权者

社会工作的一项主要目的是赋权——通过改变案主的境况，帮助个人、家庭、群体、组织和社区增强其经济、社会和政治的力量与影响。赋权者致力于提高案主的以下能力：①理解自己生活的环境；②作出恰当的选择；③承受所作选择可能带来的结果；④通过呼吁和有组织的活动改善自己的生活环境。赋权者还致力于在不同的群体之间公平地分配资源与权利，而这正是社会工作的鲜明特色，自从发起睦邻运动开始，

---

〔1〕 徐震、林万亿：《当代社会工作》，五南图书出版公司1990年版，第18~19页。
〔2〕 林万亿：《当代社会工作理论与方法》，五南图书出版公司2002年版，第50~53页。

就一直贯穿于社会工作实务之中。

### （五）行动者

行动者寻求对社会制度的改良，其工作目标通常是把权利和资源分配给弱势群体。"行动者"关注社会不公正、社会压迫与经济剥削等现象。其工作策略通常包括斗争、对抗和谈判（例如，组织接受福利救济的人集体要求改善社会福利服务，提高社会福利费用），其目的是改善社会环境以更好地满足案主的需要。社会行动的方式包括调查社会事实、分析社会需要、社会工作研究、传播有关信息、组织各种行动。社会行动所针对的问题可以是社区性的，也可以是地区性的，甚至是全国性的。

### （六）调停者

调停者在冲突双方之间活动，调解争执、化解分歧，促使双方达成一致的认识。社会工作者可以运用其独特的价值取向与技能，化解多种类型的矛盾与冲突，例如，离婚的夫妻、吵架的邻居、劳资冲突、屋主与房客之间的冲突、学生家长与学校之间的冲突等。"调停者"保持中立的立场，不偏向冲突双方中的任何一方。"调停者"一定要清楚矛盾双方的立场，并帮助矛盾双方明确各自的立场与观点，消除误会。

### （七）谈判者

谈判者把冲突各方召集在一起，就存在争议的问题进行协商，促使冲突双方最终达成一致的协议。与调停者相似，谈判者必须找到一个双方都能接受的条件。不同的是，调停者保持中立的立场，而谈判者通常代表一方或与一方联盟同另一方谈判。

### （八）教育者

教育者的活动包括向案主传授有关的信息和技能。例如，向年轻的父母传授做父母的技能；向年轻人传授寻找工作的技能；向处在困难中的人传授控制抑郁或愤怒的技能等。要成为一个有效的教育者，社会工作者首先必须掌握广博的知识，其次，还要掌握教育的基本技能与方法，使案主乐于并易于接受所传授的内容。

## 任务二 社会工作的服务对象

**任务导入**

赵某，年幼时父母离异，跟父亲和姐姐一起生活，不再与母亲来往。赵某小学时特别调皮，经常惹事，父亲脾气暴躁，常对他拳脚相加。赵某与父亲的关系一直很紧张，和姐姐则比较亲近。2004 年，赵某因严重犯罪被判有期徒刑 15 年。服刑期间，赵某因表现良好多次被减刑，2015 年底假释回家，按规定接受社区矫正。

回家后，赵某与父亲同住。父亲靠退休金生活，经济比较紧张，对赵某给家庭造成的影响耿耿于怀，常常冷嘲热讽。姐姐在大型超市当理货员，工作十分辛苦，家里经济条件不好，但还是非常关心弟弟，常常送些生活用品并帮忙洗洗涮涮。赵某觉得姐姐生活不容易，不愿给姐姐添麻烦。目前，赵某没有固定工作，仍单身一人。看着昔日的同学、朋友都已成家立业，他也很想做点事情，可是做生意没本钱、找工作没技能。在屡屡碰壁后，赵某牢骚满腹，情绪很不稳定，在接受社区矫正初期非常抵触。社会工作者安排他定期参加社区公益劳动，但赵某经常迟到。

### 任务识别

1. 赵某目前面临哪些问题？
2. 如何重建赵某的社会支持网络？

### 任务链接

#### 一、什么是社会弱势群体

社会弱势群体是社会工作的主要对象。社会弱势群体，也叫社会脆弱群体、社会弱者群体（social vulnerable groups）。它主要是一个用来分析现代社会经济利益和社会权力分配不公平、社会结构不协调、不合理的概念。它是社会学、政治学、社会政策和社会工作等领域中的一个核心概念。在中外思想史上，关于社会弱势群体的思想，虽然早已有之，但它是在 20 世纪才成为社会科学的核心概念。社会学关于社会问题的研究、社会学的分支学科、社会工作和社会福利的发展和普及，是推动社会弱势群体概念进入社会科学主流的主要因素。

关于什么是社会弱势群体，学术界有多种说法。广义的弱势群体是指那些不但实际经济收入偏低，而且由于各种条件的限制，其未来发展也相当有困难的人群。狭义的弱势群体是指凭借自身力量难以维持一般生活标准的生活有困难群体。无论是广义还是狭义的社会群体，其共同特征是：①有明确的成员关系；②有持续的相互交往；③有一致的群体意识和规范；④有一致行动的能力。社会弱势群体是指那些由于某些障碍及缺乏经济、政治和社会机会而在社会上处在不利地位的人群。

总之，正如社会科学中许多重要概念都存在众说纷纭的现象一样，关于弱势群体的概念也是仁者见仁、智者见智。社会弱势群体是在社会中所处的较差的社会地位和获取社会资源较差的社会机会和境遇，因而需要借助外在力量的支持等因素来定义的。因此，我们将弱势群体界定为那些依靠自身的力量或能力无法保障个人及其家庭成员最基本的生活水准，需要国家和社会给予支持和帮助的社会群体。

#### 二、社会弱势群体的特征

社会弱势群体具有如下特征：

1. 社会弱势群体一般来说是其个人及家庭生活达不到社会认可的最基本标准的有

困难的群体。弱势群体内部其实也是相当复杂的，现代国家对不同的弱势群体成员一般采用不同的社会支持政策。就我国实际来说，针对下岗、失业人员与针对城市救济对象就采用不同的政策，针对前者，一般是通过社会支持使他们维持"基本生活"，这是相对于在职人员而言的；而针对后者，则是通过救济使他们能够维持"最低生活"，它所依据的是当地的"最低生活保障线"，即"贫困线"。

2. 社会弱势群体依赖自己的力量无法改变目前的弱势地位。这些人之所以陷入困境，无论是出于什么样的原因，不管是个人的还是社会的原因，都是他们依靠自己的力量无法改变的，尽管他们并非不想改变上述困境。有些困境是个人原因造成的，例如身体和自身素质；有些是社会原因造成的，例如制度变革、技术发展等；有些是个人和社会原因共同造成的，例如我国转型期部分群体的下岗、失业。在资本主义发展的早期，社会强调自由竞争，"适者生存"，人们更多地将弱势群体的贫困处境归咎于个人原因，社会对弱势群体采取放任不管的态度。这种状况后来发生了重大转变，人们更多地从社会的角度来考察他们形成的原因，因为，在一种公正的社会体制下，尽管弱势群体依然存在，但不会构成严重的社会问题。

3. 要改变弱势群体的生存状况，需要国家和社会力量给予帮助或支持，也就是说，弱势群体是一些需要他人帮助、支持甚至救助的群体。外力的帮助和支持是改善、改变他们的状况的主要力量。当然，现代意义的社会支持不是一种被动的帮助或施予；它强调借助外力的支持，同时通过与弱势群体成员自身的力量的结合，提升社会弱者的能力，增加他们社会参与的机会，从而达到改变他们弱势处境的目的。这便是现代社会工作所强调的"助人自助"的理念的具体体现。

## 任务三　社会工作的实施过程

### 任务导入

在一次社区宣传活动中，社会工作者第一次接触服务对象王阿姨，发现她泪流满面，情绪起伏很大。在对社区老人进行调查家访时，了解到王阿姨的大致情况如下：67 岁，江西人，居住在 A 社区，前两年丧偶，丈夫生前对王阿姨有着无微不至的关怀和照顾。现今王阿姨独自居住，无经济来源，生活基本上靠子女的救助和自己省吃俭用，有三女一子，子女皆因有自己工作和家庭而无暇照顾丧偶后的王阿姨；但有一 20 多岁的外孙女偶尔会过来看望王阿姨，并鼓励她积极参加社区活动；一孙女在社区对面的小学上学，周一至周五中午会来王阿姨家里就餐。王阿姨对居住在江西、现年 90 多岁的老母亲的生活现状比较担心，但不知如何解决。王阿姨以前性格开朗，喜欢跟社区朋友打扑克牌，打羽毛球，唱五六十年代的老歌。

社工小李在接触到这一个案后，分析了王阿姨面临的问题，主要体现在情绪方面：

独居无伴，因丧偶而带来的孤独感和伤心，产生空虚、寂寞、焦虑、忧郁等负面情绪，不时因各种不顺事情而伤感，情绪不稳，不知道解决自己情绪问题的方法，从而不能适应丧偶后的家庭环境。于是小李打算采用社会支持理论和心理社会治疗模式来解决王阿姨的个案。

在与王阿姨接触和讨论过程中，他们共同制定了两方面目标：一是倾诉和宣泄负面情绪，认识情绪、面对现实，通过面谈，服务对象对自身的情绪得到一定的认知，情绪管理能力得到提高；二是以社会支持理论的观点，结合各项社会资源，充分运用服务对象身边可以利用的资源和环境支持，协助其重建社区支持网络。

在具体服务的过程中，社工小李通过日常生活的接触建立良好关系，促进专业服务形成。社会工作者确定服务对象需要帮助后，立即进行家访，了解个人情绪问题及日常生活情况，同时协助解决家庭小事。同时协调服务对象重建良好的人际关系。社会工作者与服务对象在五次的家访中，一直鼓励其主动与家人联系，特别是与儿子电话沟通、同经常过来探访自己的外甥女交谈日常生活往事、与社区邻里主动交流，经过与家人、社区居民的互动，王阿姨的不良情绪得到了理解和宣泄。社工还利用红十字志愿者协会在社区开展志愿服务活动的资源，向协会申请志愿者为服务对象提供探访、陪聊、水电维修等服务，从而增强王阿姨的社会支持系统，让其感受到社会的关怀和支持，减轻孤独感。社会工作者积极推荐其参加社区的各项活动，特别是打牌、羽毛球、唱歌等，并且发现服务对象在活动的过程中表现出满足和喜悦。每次参加活动后，社会工作者都会主动找王阿姨了解活动情况，王阿姨都愉悦地谈论自己的感受。随着服务对象情绪的渐渐好转，参加的活动项目越来越多，其和社区的老年人也建立了友好关系，朋友越来越多。

在个案结束时，社工小李与王阿姨共同回顾了个案的整个过程。社会工作者对服务对象的积极参与进行赞赏和鼓励，并引导其对以后出现类似问题该如何解决进行探讨，以真正做到"助人自助"。社会工作者通过几次案例重现、事件假设及情绪形成原因的分析，协助王阿姨回顾整个服务过程，促使王阿姨主动面对并愿意解决自己的问题，增强了自信心。

### 任务识别

1. 社工小李在对王阿姨的服务过程经历了哪些步骤？
2. 社工采用怎样的方法对王阿姨进行服务？

### 任务链接

社会工作实施的一般过程包括接案、预估、计划、介入、评估、结案与跟进六个阶段。

## 一、接案

接案就是社会工作者与潜在案主沟通信息，并初步达成工作协议。接案需要设立专门接待人员，做好充分的心理准备，设想好可能场景及其应变策略，并在时间、场地、环境、面谈纲要等方面有所安排。一般而言，接待人员与潜在案主沟通时要了解对方的心理状态、动机、主要问题、原因及其对问题的看法，也要了解其生活状况、家庭背景及个人特质，并采用适当方式做好记录。社会工作者可以根据所了解的初步资料及本机构特点进行筛选，决定接受或转介。

## 二、预估

预估就是整合已搜集的初步资料和工作者搜集的进一步资料，决定问题的性质、原因、程度及牵涉其中的个性和情形的过程。在接案完成以后，社会工作者最好通过家访、观察、访谈等技术，深入了解案主的经济、家庭及互动关系、成长历程、社会适应力、可用资源及当前问题等客观、全面、深入的资料。整合各类资料，发现潜在案主的具体问题和需要，把握其核心问题和根本需要。然后，根据"人在情境中"的原理，剖析其原因机制及其后果，为提出介入思路提供参考。

## 三、计划

计划就是根据对案主问题和需要的综合把握，设立工作目标，构思候选方案和决定实施方案，并与案主达成工作协议。社会工作者以预估为基础，确定是注重任务目标（即解决具体问题）还是体现过程目标（即培养案主能力），或者是两者兼具。达成目标的模型有许多，因此社会工作者必须分析各种模型的预期成本、困难、效果及不同利益团体的反应，根据行政、管理、财务和时间的可能性和职业操守，形成核心目标，并在此基础上制订不同层面的、具体、可测、有效、适当的目标，再配套各种完整的专门性操作计划。实际、可行、具体、弹性和整体应该成为制订计划的指导原则。然后，工作者需要与案主达成口头或书面的协议，协定工作目标、行动计划、互动规范及服务双方的职责。

## 四、介入

介入就是运用专业知识、技巧和方法，推进工作计划和适时适地地修正工作方向，从而达成工作目标。社会工作者可以协助案主抒发和调节情绪，澄清其不恰当认知和看法，修正其偏差行为，促进环境改善。社会工作者需要恰当应变计划外事件，根据当时当地情况及时调整技术；也要协助案主学习解决问题、满足需要、发现和整合内外资源的能力。

### 五、评估

评估有广义和狭义两种，前者贯穿于整个服务过程，后者是在服务开始后对服务执行情况和最终结果进行评价。服务执行情况的评估涉及诸多方面，最好由社会工作者自己执行。具体可以通过工作记录、接触案主及其他手段，了解与案主的接触情况、阶段性目标实现情况、出现的新问题、案主的感受、资源情况与工作方法的恰当程度等，为及时修订工作手段打下基础。最终结果的评价需要比较服务前后服务对象的变化，判断目标达成和案主改进程度，并将这些变化与服务投入进行比较。

### 六、结案与跟进

结案就是双方根据工作协议和工作计划逐步结束工作关系，是案主在没有专业人员帮助下开始自己的新生活。社会工作目标基本达成、社会工作者离开或者案主希望结束，是开始结案的重要时间信号。结案任务包括进行回顾、整理和评估，检查工作目标完成情况，工作双方彼此回馈，讨论案主未来适应方式，处理分离情绪和未终事宜，运用仪式结束工作，说明可能进行的跟进服务安排，必要时进行转介等。工作者接受回馈是本阶段的重要内容。工作者通过回馈强化案主的良好转变，鼓励案主表达情感要适当，鼓励案主表达未来计划，同时妥善控制处理工作者自己的分离情绪。

跟进是社会工作实务过程中不可分割的一部分，是在结案后对案主进行后续跟踪和联络，了解其进展情况及服务需要，以评价服务的真正效果。

上述过程是社会工作实务的一般步骤，并不表明在任何情况下都须严守上述次序完成工作实务程序。如，在紧急情况下，社会工作者可以直接进入介入阶段，先行舒缓和解决紧急问题，然后在把握全面信息的基础上完成其他工作。具体的社会工作项目需要社会工作者参考上述过程架构，利用自己的知识和能力背景，展示工作智慧。

# 项目四　社会工作价值与伦理

#### 学习目标

**知识目标：**
1. 理解社会工作价值观作用；
2. 了解社会工作面临的伦理困境。

**能力目标：**
1. 掌握社会工作价值观的内涵；
2. 学会运用社会工作伦理守则去处理实际问题。

**素质目标：**

将社会工作价值观和伦理进行内化。

## 任务一　社会工作的价值观

📝 任务导入

### 汪洋中的一条船

讨论：汪洋大海中一艘船要沉没，这时只有一艘救生艇，并且只能救其中四个人。

1. 受重伤的机械工；
2. 儿时有受性侵犯的妓女；
3. 有暴力倾向的黑人；
4. 80 岁的老医生；
5. 患有传染病的 6 岁女孩；
6. 女孩的母亲，与发报员有婚外情；
7. 受轻伤的发报员；
8. 12 岁的智障男孩。

📝 任务识别

1. 这八个人中你会救哪四个人？为什么？
2. 请澄清自己的个人价值观。

📝 任务链接

社会工作之所以被称为助人自助的专业，与其哲学基础、价值观和专业伦理紧密相关。社会工作不但受哲学的影响，而且受价值观的影响。在社会工作的发展过程中，已成其专业价值观。这些价值观一方面对社会工作发挥重要影响，另一方面也使社会工作在实践中遭遇价值冲突。

### 一、相关概念的界定

#### （一）价值

价值一词源于拉丁文"Valere"，其含义是"有力的、超越的"。价值是哲学的重要组成部分，是人们对善恶美丑的判断。价值观是价值的系统化，是概括性的、对期望事物带有感情色彩、有历史起源与经验基础、被一个群体共同认定的行为规范。

哲学意义上的价值是指一事物对主体的积极意义，即一事物所具有的能够满足主体需要的属性和功能。它涵盖了各个不同领域事物的价值，具有高度的概括性和普遍性，这一概念应把握以下两点：其一，哲学上的价值与具体领域事物的价值的关系。哲学上的价值是指主体需要与事物属性之间的特定关系，即事物对主体的积极意义。哲学上的价值与具体领域事物的价值是一般与个别的关系。在日常生活中，不同的东西具有不同价值。粮食、水果等食物具有满足人们营养需要的属性；衣物、房屋等具有满足人们穿、住需要的属性；书籍、艺术等具有满足人们精神需要的属性。可见，事物各有自己的价值，而这些具体的价值又可以概括为几个领域，如经济价值、道德价值、审美价值等，这是具体事物、具体领域的价值。而哲学世界观领域的价值，是在具体价值的基础上概括和抽象出来的，它比具体领域事物的价值更广泛、更抽象。这些具体领域的事物之所以有价值，是因为这些领域的事物的属性能够满足人的需要，这一点是共同点。其二，价值是事物对主体的积极意义，这里的"事物"，既包括物质产品，如衣服、粮食、房子、车等，又包括精神产品。物质产品能够满足人们衣、食、住、行等方面的需要；音乐、电影、图书等精神产品满足人们精神生活的需要，它们具有各自的属性。它们对主体的积极意义，就是哲学上的价值。例如，西红柿生长在野外，没有与人发生关系时，并不具有价值，后来人们现了它能观赏和食用，它才具有价值。

（二）价值观

人们在认识各种具体事物的价值的基础上，会形成对事物价值的总的看法和根本观点，这就是价值观。理解这一概念应把握以下两点：其一，价值观作为一种社会意识，是在一定的社会存在基础上产生的，并随着社会存在的变化而变化。其二，价值观作为一种社会意识，对社会存在具有重大的反作用，对人们的行为具有重要的驱动、制约和导向作用。

价值观会受历史、社会、文化和区位等条件的影响，反映出社会重要部分所持的社会偏好或标准。在个人主义占主导的西方国家里，价值观的核心是个人，社会意识各层次的构建则围绕该核心而展开，例如"个性比共性更重要"就是美国社会公认的价值观；而在东方文化尤其在中国文化中，价值观的核心则是群体，"先集体后个人"是东方价值观的典型代表。

**二、社会工作的价值观**

社会工作不但建立在一套价值之上，而且本身就是一个利他主义的专业，社会工作实务本身就是一个道德实践过程。

（一）社会工作价值观的发展

早期的社会工作实践与宗教有着千丝万缕的联系。古埃及的《死亡之书》包含七个怜悯法令，即对饥者、渴者、裸者、囚犯、陌生人、病人和垂死的人的救济和帮助。

基督教扩大了早期的社会工作实践范围，包含在 12 个领域里从事慈善工作，即照顾寡妇、孤儿、病人、穷人、残疾、囚犯、俘虏、奴隶、难民，埋葬死亡穷人，提供就业服务和为需要者提供饮食。显而易见，早期社会工作实践在一定程度上把救助看作一种施舍，是对受助者的怜悯，它承认和容许受助者的羞耻感及不平等的意识。较为正式的社会工作始于工业化和城市化的社会进程。正式社会工作包括慈善组织会社、睦邻运动和设施发展。此时的社会工作在价值观念上抛弃了救助过程中的尊卑意识，而是对需要者出于同情和怜悯。它承认人们之间互相帮助，是平等的。20 世纪以后，社会工作作为一门专业开始发展。这时社会工作中的宗教价值逐渐让位于以科学和知识为基础的专业价值，人本身无条件地被放到社会工作专业的中心位置来考虑。帮助人，不再是出于一种宗教上的义务，而是一种人道主义义务。社会工作完全被放到人与人的关系的天平上来检验。

（二）当代社会工作的专业价值观

根据国际社会工作专业价值的普遍性原则，结合中国社会和文化的实际情况，我们认为，社会工作的专业价值应包括敬业、接纳、案主自决、个别化和尊敬人。

1. 敬业。敬业是社会工作者对社会工作专业和实践的根本态度，是社会工作专业价值的基础。敬业也是一种人生态度，是安身立命的根本。社会工作专业的敬业，不仅涉及该专业的性质、信誉和科学精神，而且涉及社会工作者对案主、机构和社会的关系原则。有了敬业精神，社会工作的其他专业价值就会由此衍生出来。

2. 接纳。在关于接纳的讨论中，有人认为它与非评判的态度是一样的。其实，接纳远不止于此。它不仅拒绝判断，而且积极地追求理解。作为一个积极的动词，接纳意味着接受、相信和尊重。但是这并不意味着我们总是要同意其他人的价值或我们要放弃自己的价值去支持另外某一个人的价值。对于社会工作者来说，接纳在实践上有时是困难的。英国社会工作教育中央指导委员会的一项研究指出，接纳也许是付诸实践的最困难的社会工作原则之一，并且它是引起最痛苦的道德困境的一个原则。当服务对象的行为违反一般道德，或当他的价值观与社会工作者的价值相左时，接纳方面的问题便会产生。拒绝接待或在接待中用社会工作者本身的明确的道德判断或价值判断来标定服务对象都是违反接纳原则的。

3. 案主自决。自决即自我决定。在社会工作中，自决更多的是针对社会工作者而言的。由于其地位关系，社会工作者很容易替服务对象作决定，犯越俎代庖的错误。自决就是提醒社会工作者要尊重服务对象的自我选择和自我决定的权利。鉴于在自决理解上的严重分歧，案主的自决必须有两个前提：一是案主绝对清醒，有自决的意志和能力；二是自决的方向和后果对案主绝对无害。在这两个前提下，尊重案主的自决权，就是尊重案主的自由人权。不具备上述两个前提条件，社会工作者则要为案主负起一定的责任，即在表面上违背了自决原则。

4. 个别化。个别化是一种分别逐一对待的理念和方法。它体现了传统的社会工作价值，把每一个人看作唯一的、不同的实体，应该受到不同的对待，体现了对个人的尊重。个别化处理体现在方方面面。首先，社会工作者要了解每个案主的特点，主要是心理特点。确定"这一个人"与"那一个人"的不同之点，然后有针对性地进行思想工作。其次，在生活（包括饮食起居）活动和学习方面也要有相应的措施。比如在起居上要尊重每一个人的隐私权，尽可能地满足每一个人保留其隐私的需要。

5. 尊敬人。在社会工作文献中，"尊敬人"有时被当作社会的高级价值，有时被当作社会工作的专业价值。作为社会的高级价值，它认为在世界上没有什么东西能比人更宝贵和值得崇尚的了，每一个人都是值得被尊敬的。作为社会工作的专业价值，它并不是孤独的，对许多专业和对大部分文化与社会而言，它是共同的。社会工作的三种价值，即个别化、自决和接纳都是和尊敬人有关的，事实上它们都是从尊敬人这个基本价值推导出来的。

### 三、社会工作价值观的功能

社会工作价值观在实务中具有重要作用，这些作用体现在如下四个方面。

（一）社会工作使命的本质

社会工作专业的创始者和从业者都深信，社会工作的基本目标是帮助生活遭遇困难的人。社会工作并非纯技术性的，而是有价值基础的，旨在通过各类服务来协助弱势人群。社会工作的价值并非随机或易变的规范，也非外在社会价值观的反映，而是对集体责任的思考，隐含了社会工作者在社会中的角色。

（二）社会工作者与案主、同事和社会的关系

社会工作者的价值观影响到与案主、同事、社会成员的关系，有些社会工作者会选择他们认定的受害者给予帮助，有些社会工作者选择对犯罪者进行帮助，有些社会工作者选择为低收入家庭服务，有些社会工作者则选择为富有家庭服务。这些选择都会受到社会工作者价值观的影响。

（三）社会工作者服务方法的选择

社会工作价值观也影响服务方法的选择。有些社会工作者偏好对行为偏差的青少年运用当面对质的技巧；另有些社会工作者则批评当面对质技巧缺乏人性化的考量，而偏好强调案主自我决定权及治疗关系的建立。

（四）实务工作中伦理两难的解决

社会工作价值观会影响如何解决专业责任与义务发生冲突时的伦理两难。伦理两难通常涉及价值冲突。例如，社会工作者一方面要尊重案主自决，另一方面又要遵守虐待儿童须通报的法规。社会工作者的最终决定是基于其对社会工作价值本质的信念，

尤其是有关特定专业责任与义务何种优先的考虑。

正是由于社会工作价值观在实践中的重要作用，社会工作者应了解个人价值观在其与案主接触过程中所扮演的角色。社会工作者如果在实务工作中无法察觉自己的价值观在起作用，则容易在没有察觉的情况下，将其价值观强加在案主身上，致使助人过程产生偏差，侵犯案主的自决权，也会造成案主内在的罪恶感，甚至拒绝继续接受服务或治疗，这会影响到社会工作者的工作效果，从而无法达到服务目的。

**四、社会工作中常见的价值观冲突**

社会工作者在实务中常会遭遇价值悖论。由于社会工作是一门艺术，因而社会工作者必须根据价值而不是知识来决策。这表明，社会工作者使用的改变技术常常建立在理论和价值之上，而不是在干预技术之上。罗肖泉和尹保华在《社会工作实践中的伦理议题》[1] 一文中，从社会价值观、专业价值观和个人价值观三个维度把社会工作的价值冲突概括如下。

（一）社会价值观与专业价值观的冲突

专业价值观是对社会价值观的反映，两者应当是一致的，专业价值观与社会价值观是不相悖的，只是在重点、优先次序上或诠释上可能会有很大的不同。因此，社会工作的特殊伦理决定了专业核心价值观必然与社会价值观存在冲突。它对弱势群体利益、社会正义给予高度关注，要求为他人福利无私奉献、勇于承担社会责任，而这显然与一些人信奉的为追求效率而牺牲弱势群体利益、为追求个人利益而牺牲他人利益、只讲个人权利而不承担社会责任的社会价值观存在矛盾。这种矛盾对社会工作专业发展产生过巨大冲击。例如，在专业化过程中，社会工作实践就一度偏离了道德使命的轨道，而一味奉行管理主义的经济效益至上理论或技术主义的单纯精神治疗理论。从 19 世纪 60 年代开始兴起的"激进社会工作"理论对管理主义和技术主义的批评，代表了社会工作专业对道德使命的再一次自觉意识。应当说，社会工作专业价值观与社会价值观之间的冲突，反映了应然与实然的矛盾，体现出社会工作专业的道德理想性特征。

（二）专业价值观内部的冲突

由于社会工作价值观涉及方方面面，复杂的实务情况必然在价值观中有所反映。社会工作专业又处于社会环境之中，社会各个方面对其价值要求存在差异，而这种差异反映到社会工作价值观中，由此导致了社会工作价值观本身的冲突。即使在社会工作核心价值观中，这种冲突也是存在的，《美国社会工作者协会伦理守则》就将社会工作的核心价值观概括为六个方面，即服务、社会正义、个人尊严与价值、人际关系的

---

〔1〕 罗肖泉、尹保华："社会工作实践中的伦理议题"，载《学术论坛》2003 年第 3 期。

重要性、廉政、能力。其中，个人尊严与价值既要求尊重案主的隐私权，又要求能保护第三方不受伤害，当案主的秘密涉及对第三方的危害时，社会工作者就面临着如何选择的问题。

（三）专业价值观与个人价值观之间的矛盾

社会工作者是社会工作伦理责任的焦点，社会工作者的价值观应与专业价值一致，但这种一致并非自然形成的。社会工作者除了受专业价值观的影响外，还受到社会环境和文化背景的影响，这有可能使其个人价值观与专业价值观产生冲突。例如，案主自决是专业价值观的重要内容，但对注重情感关系的中国社会的专业工作者来说，对案主完全保持中立和情感疏离是不太容易做得到的，积极干预甚至包办代替似乎更符合中国传统。

（四）社会工作者个人价值观与案主价值观的冲突

社会工作的重要方面是双方以各自的价值观为尺度对对方言行进行评估，如果两者价值观不一致，进一步协作就会受到影响。例如，社会工作者不赞成同性恋，而案主是同性恋者，社会工作者能理解和同情其境遇并呼吁他人尊重其选择吗？社会工作者和案主的价值观冲突在实际工作中也屡见不鲜，文化、教育、环境、民族、性别、年龄等方面的差异是造成价值观冲突的主要原因，因而需要加以解决。

## 任务二　社会工作的职业伦理

### 任务导入

小周是一位学校社会工作者，目前正在对一位重点中学高三女学生小玲进行个案服务。小玲在学校的表现属于中上。两个月前，小玲在车站遇到了一个在发廊做"初级工"的男孩，并深深地爱上了他。之后小玲开始逃学并常半夜回家。小玲的老师和家长非常担心，加强了管束，却使她更为叛逆。

在高考前两个月，小玲决定不参加高考，马上开始工作，并打算从家中搬出与男朋友同住。小玲的男朋友告诉社会工作者他非常喜欢小玲，对小玲的计划没太多意见，他觉得现在相处的方式很快乐。他没有感到改变的迫切需要，但如果小玲坚持的话，他不介意同她住在一起。

### 任务识别

1. 案例中影响案主自决的因素有哪些？
2. 如何解决社会工作者面临的伦理困境？

✎ **任务链接**

社会工作的专业伦理是社会工作哲学及价值观的具体化。价值观与伦理不同的是，价值观关注的是好的、想要拥有的东西，伦理关注的则是对的、正确的东西，伦理从价值观中推导而来，必须与价值观协调一致。而社会工作者在实务中同样会遭遇到伦理困境，因而需要妥善加以解决。

## 一、伦理与专业伦理

伦理，即人类道德的原理，是一种规范人类思考、言行与社会关系的道德理想标准，目的是使人类社会能够达到真、善、美的境界。伦理与道德相比，道德主要在于辨认个人内心行为之善恶，而伦理则侧重于辨认个人外在行为之对错。伦理也是一种价值观，但是伦理与价值还是略有不同的，价值是一般社会大众期望、喜欢做某种特定事物的意念或理由。而伦理主要是指人伦关系，即人与人之间相互对待的道德准则，它给社会成员提供了行为评判的标准。何谓伦理，并没有一定之规。李增禄认为，伦理是一种对相关行为的标准和期望，而且能够对有关个人或团体规范其责任。徐震认为，伦理与道德有重叠之处，均指个人行为是否符合社会规范。但它们也有不同之处，即道德是指个人的品德与私德，是个人意志的选择，而伦理则涉及其行为对他人的影响，已进入社会秩序的范围。综上所述，伦理是人们的行为标准和准则，对人们的行为具有制约作用。

迪尔凯姆（Durkheim）将伦理分为两大类，第一类是对所有人的伦理，它界定全体社会成员的行为，调节全体社会成员之间的关系。第二类是对特定的社会团体的伦理，它主要规范团体成员行为。社会工作专业伦理就是属于对特定的社会团体的伦理，它主要是规范社会工作者群体的助人服务行为。

伦理又可分为个人伦理和专业伦理。个人伦理是指个人对其群体相对的与相互的关系，以德行为中心，并随社会发展而细分为家庭伦理、社区伦理、环境伦理等。专业伦理是指专业团体对其案主的专业关系与服务关系，以责任为中心，又可分为企业伦理、科技伦理、行政伦理、助人伦理等。社会工作伦理属于专业伦理，社会工作者通过其团体的讨论与共识，以集体自律的方式，订立专业守则或公约，要求全体成员共同遵守。具体来讲，专业伦理有三种功能：一是可以成为该专业的指针，使该专业的人员言行及治疗行为有所规范；二是使专业人员在完成工作时能凭借其伦理守则来维护专业原则；三是可以提供一种标准，来评判专业的实施有无瑕疵。

## 二、社会工作的专业伦理

社会工作的专业伦理是社会工作依其哲学信念和价值取向发展而成的一套伦理实施原则，是引导与规范社会工作活动的依据。社会工作伦理的制度化、操作化就形成了社会工作专业伦理守则，它是社会工作者在助人活动中要自觉遵循的行为准则。关于社会工作专业伦理守则对社会工作及社会工作者的意义和功能，总结众多学者的观点，主要有以下三个方面：①引导约束功能。社会工作伦理守则对社会工作者在助人活动中应该做什么、不应该做什么作了详细的规定，它的目的在于把社会工作者的活动引向正确的方向，约束其不致于走向错误的方向。②评价监督功能。《美国社会工作者协会伦理守则》规定了社会工作者的行为标准。这个标准的建立，一方面可使社会工作者、案主以及其他人根据此标准来评价工作者服务活动的质量与效果。另一方面，这个标准的建立，同时是对社会工作者行为举止的监督，当工作者的行为举止偏离了伦理守则的要求时，案主或者他人有权提出建议，甚至批评、控告。③区分认同功能。社会工作伦理守则是专门为社会工作者及助人活动而制定的。它作为一种符号，就是把社会工作者及活动与其他人及活动区别开来，通过此种区分建立社会工作者的专业形象和社会工作的专业地位。同时，这种区分能使社会工作者内部建立起群体认同感，维护专业认同。

根据《美国社会工作者协会伦理守则》，社会工作的专业伦理包括如下六个方面：

**（一）对案主的伦理守则**

对案主的伦理守则包括：持守对案主福祉的承诺；尊重案主自决权；尊重案主知情同意的权利；服务必须符合自己专业能力，否则必须谨慎；具备应对多元文化的能力；应对过程避免利益冲突；尊重案主隐私权并遵守保密之原则；尊重案主取得记录的权利和遵守相关原则；避免与案主的性关系；肢体接触应有所规范；不得性骚扰，不得使用诽谤性语言；确保服务付费的公平合理；采取合理步骤协助缺乏决定能力的案主；努力确保服务中断之后的持续服务；持守服务终止的原则。

**（二）对同事的伦理守则**

对同事的伦理守则包括：尊重同事；持守同事共有资料的保密责任；数据处理须谨慎；妥善处理同事间跨专业的合作和争议；向同事提供必要的咨询；持守服务转介的原则；避免和同事有性关系以影响案主权益；不对同事性骚扰；协助同事处理个人问题以免影响、干预案主。

**（三）在实务机构中的伦理守则**

在实务机构中的伦理守则包括：提供符合能力的咨询和督导；负教育和训练责任；公平审慎地进行绩效评估；个案记录须正确、讲时效、重保密和妥善储存；设立确实的付账与管理制度；落实个案转介制度；担负行政工作责任以确保资源的充足和公平分配；强化继续教育与人力发展；持守对雇主的承诺；组织和参加工会；在不违反伦理原则的前提下处理劳动争议。

**（四）作为专业人员的伦理守则**

作为专业人员的伦理守则包括：强化、发挥能力，依其所能提供服务；包容，不应歧视；个人行为不干扰专业任务；诚实不欺诈和不诱骗；不让个人问题影响专业判断；不诈称或言行超越能力、资格和机构授权之范围；绝不诱导或操纵案主；不邀功。

（五）对专业的伦理守则

对专业的伦理守则包括：追求专业知识和价值；保证专业廉正；坚持与促进评估和研究；坚守评估和研究的相关伦理原则。

（六）对社会全体的伦理守则

对社会全体的伦理守则包括：参与公共事务；参与社会和政治行动；促进社会福祉和正义；协助解决公共紧急事件。

### 三、社会工作实践中的伦理困境

专业伦理是社会工作者实践活动的指引。由于社会工作伦理守则中存在着不明确或无法明确之处，以及消极义务与积极义务并存等因素的影响，社会工作者在实践活动中通常会遭遇到伦理困境。这种伦理困境可以概括为以下五类：

（一）目标冲突导致的困境

社会工作最基本的目标在于协助有需要者，并对社会问题予以关注及采取行动。这意味着社会工作同时将关注个人福利和社会问题作为目标。由此可能造成的伦理困境是：当弱势群体福利与健康人群福利发生冲突、个人自由与社会控制发生冲突、个案工作与社会运动发生冲突时，社会工作者当如何作出抉择？

（二）忠诚冲突导致的困境

社会工作者要同时忠诚于案主、雇主、社会机构、职业及社会整体，这些忠诚有时相互冲突。例如，案主往往相对软弱，依赖社会工作者争取利益；社会工作者相对于机构来说也是软弱的，机构掌握着社会工作者的工作机会。当案主和机构的利益与要求发生矛盾时，社会工作者应当首先忠诚于案主还是机构？

（三）责任冲突导致的困境

社会工作伦理困境产生于社会工作者已接受的两个矛盾职责：一是当案主提出确保或增进个人福利的要求时，社会工作者有提供专业帮助的职责；二是不干涉案主自由的职责。既要求社会工作者运用专业知识和技巧帮助案主，又要求充分尊重案主自决权，当案主的自由选择从专业角度来看不利于案主时，或者为了案主福利而须牺牲其自由时，社会工作者应当运用专业知识去干预案主的自我决定吗？

（四）角色冲突导致的困境

社会工作实践中的角色冲突表现在两个层面：一方面，社会工作者承担多种角色，而每种角色有不同的义务。同一社会工作者的时间精力有限，究竟应当先履行哪项义务呢？另一方面，同一社会工作者处于不同角色时，会遭遇来自各方的期待。当这些期待难以两全时，他们就处于困境。

（五）利益冲突导致的困境

社会工作者的日常工作影响到不同的人和群体的利益，这些利益都是社会工作者须考虑和顾及的，但往往不能两全。为了保护案主，社会工作者可能牺牲自己的利益；为了保护案主，可能牺牲其他案主的利益；为了增加案主福利，可能要呼吁社会制度的迁就；为了保持职业的纯洁，社会工作者可能告发同事的不道德行为。如此复杂的情况需要社会工作者抉择，应当优先考虑谁的利益？

**四、社会工作实践中的伦理抉择**

社会工作者遇到伦理困境时必须作出抉择，针对前述五种伦理困境，可以有如下解决困境的原则、标准及模式。

（一）伦理抉择的原则

考虑到社会工作本身的强烈道德特性以及这些抉择本身的伦理相关性，伦理抉择的基本原则应当是道德优先性。其一，出于道德考虑的抉择。在作出伦理抉择时，应首先衡量其道德合理性，而不是出于政治、经济、技术或专业目标实现的考虑。其二，符合道德标准的抉择。应当以社会一般的道德标准和社会工作的专业道德标准为依据进行，而不是依据一时的感情冲动或个人偏好。其三，为了道德目的的抉择。应当为了满足案主的最大利益和更好地实现服务目标，在周密考虑后于服务开始前作出抉择，而不是在服务结束后为自己辩解。这三项原则的共性就是社会工作者的道德良知和道德责任感。

（二）伦理抉择的标准

在同样符合道德标准的情况之间作选择，还必须考虑责任和义务、利益和正当性的优先权问题。西方一些社会工作伦理研究者提出了各自伦理优先次序的观点，这对当代中国社会工作者具有借鉴价值。他们首先都把保护生命放在最优先位置，其次都强调培养人们的独立和自由意识、尊重隐私权、保密、诚实等原则。他们还提出，个人福利的权利优先于法律、法规和组织的规定；防止伤害的义务（如教育及社会救助）及提升公共利益的义务优先于个人财产所有权的权利。这与中国所提倡的集体主义及宁死不屈的传统有所不同，可视为强化法治和经济利益过程之后的现代西方国家向"以人为本"的复归，对于正在建设法治国家和强调经济利益的中国而言，也是箴鉴在前。

（三）伦理抉择的模式

伦理抉择是连续过程，而且会因社会工作者的知识能力、实践环境、案主情况等而呈现不同状态。虽然并不存在完全固定不变的模式，但在任何伦理选择过程中都必须考虑三个方面问题。其一，相关的价值观和伦理原则，包括社会价值观、职业价值观、个人价值观、一般伦理学原则和专业伦理学原则。其二，相关的参与者，包括案主、可能被影响者、协作同事、其他专业人员及社会组织机构。其三，相关的效率和效益，包括所选择行为的代价和成本、对社会利益和个人利益的保护度、是否符合最小伤害原则等。社会工作者还应当注意，他们的抉择并非完全孤立的，借鉴有关文献中的成功案例、请教有关专家、与同事们共商都是使最终抉择更科学合理的重要保障。当然，仅靠社会工作者的道德责任感有时并不能完全解决实际问题，专业知识和技巧是作出合适抉择的前提。

针对其他类型的困境，也可采取如下可操作的疏解途径：①集体研讨。经常举行行业或分项的工作研讨会；细分业务，如将家庭暴力分为儿童虐待、婚姻暴力及老人虐待加以讨论，参与人数不必太多，并且以具有实务经验及研究兴趣者为限。②学术研讨。社会工作专业的学生研究各种伦理议题，用实证方法，取本土资料，将理论、政策与方法均包括在内。③通案处理。例如，根据社会工作者的经验与观察，加以分类归纳，使某种类型的"个案"按发生背景与原因分门别类，形成一种"通案"。而后通过公会或协会建议政府从政策与立法上加以解决。④案例分析。从分业分类中，收集具有伦理难题的个案，请实务与学术两方面的专家共同分析，并逐年汇编成册，参照医学界对待特殊病例的分析及司法界对司法判例整理成册的做法，为社会工作专业伦理困境的抉择提供更多的依据，以累积前人经验、启发后人智力。

作为不断完善的专业和职业，本土社会工作实践必须整合国际社会工作者通用的哲学价值和伦理、本土的传统文化和当代主流的意识形态。对上述三者分别采用借鉴和本土化、扬弃和当代化、认同和操作化等不同思路，是真正领悟社会工作的哲学、价值和伦理，从而达成社会工作多层面目标的有益手段。

————模 块 二————

# 社会工作理论

## 项目一　西方社会工作理论流派与归类

### 学习目标

**知识目标：**

1. 了解西方社会工作理论的流派；

2. 掌握西方社会工作理论的归类。

**能力目标：**

1. 能够学会运用西方社会工作理论看待问题；

2. 能够运用西方社会工作理论指导解决工作过程中的问题。

**素质目标：**

1. 深刻认识社会工作者岗位的理论知识需求；

2. 培养学生成为有西方社会工作理论素养的社会工作者。

### 任务链接

#### 一、西方社会工作理论流派

西方社会工作在其发展中，形成了一些不同层次的理论。参照大卫·豪（David Howe）和马尔科姆·派恩（Malcolm Payne）等人的著作[1]，我们可将西方社会工作理论概括为如下诸种：

（一）心理分析学理论

这是以弗洛伊德及其追随者们的著作、学说为基础形成和发展起来的一种社会工

---

〔1〕　［英］马尔科姆·派恩:《现代社会工作理论》，冯亚丽、叶鹏飞译，中国人民大学出版社 2008 年版。

作理论，也是迄今为止历史最悠久、影响最广泛的一种社会工作理论。它认为人的行为是由本能所驱使，而由人格结构中的"自我"与"超我"所控制的。不良行为的产生源于由各种本能集合而成的"本我"同"自我""超我"之间关系的失衡，"本我"受到过度压抑或"自我""超我"发育不全等。社会工作的主要任务就是对服务对象的变态人格进行治疗，帮助服务对象恢复本我、自我与超我之间的平衡，并应用心理分析的基本理论方法来达成目标。

（二）认知理论

这是以认知心理学为基础形成和发展起来的一种社会工作理论。与心理分析学不同，它认为人的行为主要受制于理性思考，而不是潜意识中的本能。不良行为主要是产生于认知上的错误或理性思维能力的缺乏，社会工作的主要任务就是要帮助服务对象获得对世界的正确认知或完善理性思考的能力，从而使服务对象的行为能得到正确的、理性的指引。

（三）行为主义理论

这是以实验行为心理学为基础而形成和发展起来的一种社会工作理论。与心理分析学派和认知理论相似，它也认为社会工作的主要任务就是要对服务对象的不适当行为进行治疗或矫正，但它不是应用心理分析或认知心理学而是应用行为心理学的理论（如条件反射、条件运算、学习理论等）与方法（如实验等）来完成任务的。它认为心理分析及认知理论将关注的焦点放在难以观察、验证的内心世界上是一种不智之举，我们真正能观察到因而能关心的只是个体的外显行为而已。它认为行为是个体对当前环境所作的反应，不适当的行为是个体对当前环境所作的不恰当的反应，社会工作就是要帮助服务对象学习和掌握恰当的反应模式。

（四）社会系统理论

这是以一般系统论及其社会学版本——结构功能主义等为基础形成和发展起来的一种社会工作理论。它把人与生活环境看作由功能上相互依赖的各种元素所组成的系统整体；协调或均衡是该系统运行与维持的基本条件，也即个体生存与发展所必需的基本条件。当这个条件得不到满足，即系统内部的各个子系统或各个元素之间不能有效配合、相互协调时，系统均衡就会受到破坏，个体的生存与发展就会出现问题。社会工作的基本任务就是帮助恢复各个子系统或元素之间的均衡关系，使它们能够重新有效配合、相互协调。20 世纪 70 年代以来，社会系统理论对社会工作发生了并继续产生着巨大的影响。

（五）标签理论

这是以社会学家勒麦特和贝克的理论为基础而形成的一种社会工作理论。这种理论认为许多人之所以成为"有问题的人"，是与周围环境中的社会成员对他及其行为的定义过程或标定过程密切相关的。因此，社会工作的一个重要任务就是通过一种重新定义或标定的过程使那些原来被认为是"有问题的人"恢复成为"正常人"。

（六）沟通理论

这是以社会心理学、人类学和社会语言学中有关人际沟通的一些理论为基础而形成的一种社会工作理论。这种理论强调人际沟通在人际关系中的重要性。它认为许多的行为问题都发生在人际沟通方面，如不能恰当地接受、选择与评估信息；不能很好地给予或接受信息等。社会工作的一个基本任务，就是帮助人们消除这些沟通过程中的障碍，使人们的相互沟通得以顺利完成。

（七）人文主义理论

这是以马斯洛的人本主义心理学、胡塞尔与舒茨的现象学与布鲁默的符号互动主义等为基础而形成的一种社会工作理论。它认为每个人都生活在"意义世界"当中，且每个人的"意义世界"都是通过自己对这个世界的"理解"或"解释"建立起来的。当人们的"理解"或"解释"过程发生困难（如自己与他人的理解不一致）时，问题便出现了。社会工作者的任务就是要去努力"理解"这些人（服务对象）的"意义世界"及其内在矛盾，帮助他们顺利重构自己的"意义世界"。

（八）激进的人文主义理论

这是以早期马克思与现代批判理论家（如葛兰西、马尔库塞、哈贝马新等）的某些理论为基础而形成的一种社会工作理论。作为一种人本主义，它也认为人们生活的世界是一个"意义世界"。然而作为激进人本主义，它又指出这个世界充满了不公正的事实。与一般人本主义不同，它认为人们在"意义世界"里经历的许多人格的、心理的问题都只有依据现代资本主义社会的反人道观念才能被理解。社会工作者的任务就是要与服务对象一道，通过改造现存的社会秩序，来解决人们在"意义世界"所遇到的许多问题。激进人本主义虽然要求改变社会现实，但其最终关注点仍然是服务对象"意义世界"的变化。

（九）马克思主义理论

这是以马克思主义的基本理论（社会存在决定社会意识、经济基础决定上层建筑、阶级斗争决定社会结构及形态的变迁等）为指导而形成的一套社会工作理论。与激进人本主义相似，它主张从社会存在、经济基础、阶级压迫中寻找社会问题产生的根源，主张社会工作的任务就是与服务对象一道，通过以阶级斗争或其他集体行动改变现有的社会现实来解决这些社会问题。与激进人本主义不同的是，马克思主义更多地关注社会结构本身的改变，而较少关注服务对象心理、意识状态上的变化。

（十）"增权"或"倡导"理论

这是从马克思主义变通而来的一种社会工作理论。马克思主义希望通过规模的社会变革来解决现存的各种社会问题。然而现实中许多可行的社会工作是与个体、家庭、群体或小型社区有关的。为了能给这些小规模的社会工作实践以理论上的指导，将这些小规模的社会工作实践与社会变革的大目标协调起来，一些倾向或赞同马克思主义的社会工作者提出了"增权"或"倡导"理论。这种理论主张在宏观的社会变革发生之前，社会工作者应协助服务对象为了他们的利益向现存的社会结构争取权利，促使现存的社会结构作出一些有利于服务对象的制度或政策安排。

### （十一）女权主义理论

这是一种与激进人文主义或马克思主义理论有密切联系的社会工作理论，主要植根于 20 世纪 60~70 年代以来的妇女运动。它主要关注女性所受到的压制，认为女性所遭遇到的许多生活问题都是性别压制的结果，社会工作的目标就是探索并消除社会中由于性别主义所造成的女性痛苦，促使她们有更多的自由、更大的能力去追求个人的成长与发展。

### （十二）叙事治疗理论

这是一种从后现代主义思潮中引申出来的社会工作理论。受后现代主义思潮的影响，这一理论认为服务对象所遭遇的各种心理或行为问题都是由人们（服务对象、与服务对象有关联的人、社会工作者等）以特定叙事（通常是那些在现实生活中占据主流地位的叙事）建构起来的，而不是一种内在于服务对象的人格或生活情境中的"固化实在"在一种叙事中被确认为是"问题"的行为或现象，在另一种叙事中则可能被确认为不是问题。因此，社会工作者的主要任务就是帮助服务对象突破现有主流叙事的束缚，通过一种新生活叙事的建构以重新理解或建构自己的生活，从而消除原有"问题"对自己所造成的困惑。

以上这些理论对当前西方社会工作领域都具有广泛的影响。此外，还有些其他的理论，如危机介入理论、任务中心理论等。这些理论属于比较具体的实务工作模式理论，限于篇幅，兹不赘述。

## 二、西方社会工作理论的整理归类

从以上的概述中我们可以看到，现代西方社会工作理论在种类上是十分丰富和复杂多样的。由此产生的一个问题便是：能不能对它们做进一步的整理归类，从而使我们能更好地把握住它们之间的关系？对于这个问题，不少西方学者也在进行探索。

在对社会工作理论进行整理归类的过程中，许多学者都发现范式是一个很有用的概念。范式是科学哲学家库恩提出来的一个概念，它意指一群科学家共同享有的一组世界观、价值观方面的背景假设及相应的方法和技术类型。

# 项目二　社会工作的基础理论

## 学习目标

**知识目标：**

了解社会工作的基础理论。

**能力目标：**

1. 能够学会运用社会工作基础理论看待问题；
2. 掌握社会工作基础理论分析问题的角度。

**素质目标：**

培养学生成为有社会工作基础理论素养的社会工作者。

## 任务链接

### 一、实证传统

实证主义的早期传统可以追溯到其命名人——社会学的缔造者之一孔德，他在《论实证精神》中为实证主义确立了最初的哲学原则。这一反形而上学的基本原则很快就发展成为指导社会科学发展的核心理念，其实质是致力于引入自然科学的研究方法来研究人类社会现象，从而建立关于社会的科学。实证主义强调只有唯一的实在，关于这个实在的知识可以经由感觉去获得，并将非描述性的陈述排除在知识体系之外，从而保证知识和科学的统一性。玛丽·里士满（Mary E. Richmond）的《社会诊断》[1]一书开宗明义地提出要以科学的方式助人，从而树起社会工作的科学大旗，"成为科学"即为社会工作追求的专业目标。实证主义正是在这一过程中成为主流的哲理基础，这一点体现在社会工作的理论体系、研究方法和实践架构之中。

### 二、人本传统

人本主义对社会工作理论而言既是基本的亦是边缘的。说其基本，是因为很多人习以为常地将其视为社会工作者的基本态度。说其边缘，是它不被视为一种视角，因为它更多地被视为一种指导实践的一般哲学立场，而非一种界定具体实践取向的方式（派恩，Payne，2005）。实际上，人本主义是社会工作兴起的重要哲理价值之一，社会工作的出现就是为了从制度上保证每个人的价值得到尊重。哥德斯坦（Goldstein，

---

〔1〕　［美］玛丽·里士满：《社会诊断》，刘振译，华东理工大学出版社2019年版，第33页。

1990）甚至认为社会工作就是一种社会人道主义（social humanism），因为社会工作早期，传统亚当斯的"社会伦理"和里士满的"服务于人道"都只不过是这一人本主义的扩充。然而，在这样一个理性主义和个人主义滥觞的时代，人本主义的观点在一定程度上可以称为"边缘的"。

### 三、激进传统

在英语中，"radical"这个词指的是"根"，因此寻求系统的、急速的、彻底的、根本性的变革就是激进的。社会工作的激进传统基于马克思主义理论、社会批评理论、社会主义思潮并在后期整合了女性主义和后结构主义的理论。激进传统的冲击在于凸显了社会工作的"社会"层面，并尝试从一个根本的层面寻求更大的社会层面的变迁或者从政治的、权利的层面寻求改变。更进一步，它旨在推进社会行动以实现上述目标，这在一定程度上回应了社会工作的专业宗旨。

### 四、社会建构传统

社会建构主义的影响开始渗入社会工作领域，成为一种替代性的认识论基础，由此掀起了社会建构主义和实证主义的激烈论争。在不断的论争过程中，社会建构主义的轮廓逐渐明晰。在社会工作领域，后现代主义和社会建构主义有着较为密切的关联，甚至在一定程度上可以互用，这是一个特殊的脉络。后现代理论家宣称现代性已经终结，去中心化、解构、差异成为核心概念。后现代社会理论批评现代社会，强调社会与历史中的非连续性，对已有理论的连续性提出质疑；抗拒宏大叙事，反对整体化的倾向，重视"微观的小故事"，而试图寻找模式化的关系和宏观的历史规律是不可能的；反对学科之间、文化与生活之间、虚构与理论之间、想象和现实之间所设置的界限；反对现代学术中审慎而理性的风格（瑞泽尔，Ritzer，2003）；重视话语分析，尤其是福柯（Michel Foucault）对权力与知识的分析。后现代主义为我们提供了一种新的分析方式，从而重新面对以前被边缘化和被压抑的人群声音和知识。

# 项目三　社会工作的实施理论

**学习目标**

**知识目标：**

了解社会工作的实施理论。

**能力目标：**

1. 能够学会运用社会工作实施理论分析问题；

2. 掌握社会工作实施理论的运用技巧。

**素质目标：**

培养学生成为有社会工作实施理论素养的社会工作者。

✍ 任务链接

### 一、危机介入理论

（一）有关理论

1. 人格理论。人格理论认为，人格是人的特点的一种组织化，有表现于外、给人印象的特点，也有未显露、可以间接测量或验证的特点。它给人的行为以一定的倾向性，表现了一个由表及里、包括心身在内的真实的个人。布罗克普（Rob Pike）的危机人格理论认为，心理危机的发生，除了客观性危机情境作用外，还涉及面临危机个体人格特征方面的问题。布罗克普认为，容易陷入危机状态的个体，在人格上呈现出注意力明显缺乏、沉默寡言、过度懦弱、情绪化、情感不稳定、行为冲动等特点。

2. 自我心理学。埃里克森（Erik H. Erikson）认为人的自我心理发展经过了八个阶段。在心理发展的每一阶段上都存在"危机"，危机的解决标志着人生从前一阶段向后一阶段的转折。顺利地渡过危机是一种积极的解决，反之是一种消极的解决。积极的解决有助于自我力量的增强，有利于个人适应环境；消极的解决则会削弱自我力量，阻碍个人适应环境。并且，前一阶段危机的积极解决会扩大后一阶段危机积极解决的可能性；消极解决则相反，会缩小后一阶段危机积极解决的可能性。

3. 学习理论。学习理论强调环境或境况决定人的行为，行为的产生受当时行为条件的制约，因此行为会因情景而改变。每个人的人格特点是个人和环境变量持续相互作用的结果。学习理论重视"观察学习"的重要意义。这包括观察示范者的行为及所受到的强化，这是由于看到他人行为被强化而代替自己行为的强化，因而观察者也能学习到示范者的行为。

（二）介入时要注意的问题

危机介入时要把引起危机的事件或原因具体化、清晰化。如果危机与过去事件有关，则要帮助服务对象分析这种影响，从而防止以后再发生。在危机介入中工作者要恰当地承担专业角色。工作者的角色是提供信息和建议，需要时可以积极、主动、直接并系统化地介入。介入要限定时间，要鼓励服务对象面对未来，在特定阶段要做服务对象的榜样，让服务对象知道怎样才是有效解决问题的方法。

### 二、任务中心理论

海伦·柏曼（Helen Borman）在 20 世纪 50 年代就力图通过将焦点集中在问题解决

过程而把社会个案工作的理论与实务统一起来，这一结果后来演变为任务中心（Task-centered）模式。

（一）问题解决的过程

任务中心的问题解决过程有五个阶段：

1. 问题探索。运用行为治疗的方法探讨服务对象关心的问题、确定问题；清楚地定义问题并排出问题的优先次序。

2. 协议。在确定问题属于哪一种后与服务对象协商出一个改变的目标。

3. 工作者与服务对象共同制定出具体的目标。

4. 迈向目标，完成任务。

5. 结束。

（二）工作阶段中的步骤与方法

1. 开始接触、探索和协议阶段。如果服务对象是自己主动求助的，首先要鼓励服务对象表述自己的问题。如果服务对象是被转介的，则首先要找出转介者的目标。这时工作者要列出服务对象关心的问题，解释"任务中心"模式，要定义问题，与服务对象决定"目标问题"。可以选择三个优先考虑的问题，由服务对象排次序，共同确定问题的种类，与服务对象协商制定合同（口头的或书面的）。

2. 阐述目标和要完成的任务。如果"目标问题"是经过慎重选出的，就缩短任务选择阶段。要让服务对象自己思考任务及可能的效果，工作者则要提供问题解决的手段并支持服务对象履行任务。

3. 结束阶段。在工作快要结束（大约在最后两三次会谈）时，工作者应该与服务对象讨论结束工作接触的可能效果。这时要与服务对象一起回顾重要的进步并给予鼓励，并帮服务对象确定进一步工作的领域。如果服务对象觉得需要更多时间并表现出完成任务的意愿，可以延长时限。在决定终结这项工作时，要评估每个人的"投入与产出"，并小心地说"再见"。

（三）任务中心模式的优点

任务中心模式有以下优点：①在问题探索、协议和确定任务阶段，任务不仅是针对服务对象的，而且也是针对与服务对象有关的系统的。问题的来源不仅被看作来自服务对象内部，同时也注意外部因素对服务对象问题的影响。此时工作者的角色是一个资源顾问。②任务中心模式的工作对象可以是个人、夫妇或家庭。③强调服务对象的优点与优势及他们的网络资源的重要性。④将工作者和服务对象置于同等地位，而不是单向地由服务对象向工作者倾诉。

（四）任务中心模式相关理论与其所要求的能力

任务中心模式基于社会学理论、沟通理论、系统理论、认知理论、问题解决学派关于问题解决的程序、功能派个案工作关于人的观点、心理学对人的问题在心理社会层面的定义等。此模式对工作者的技巧要求包括倾听的能力、抓住服务对象问题核心的能力、与服务对象达成协议的能力、沟通与回应的能力。另外，工作者不仅要提供服务，还要作为增能的伙伴。特别需要注意的是，工作者要能清楚界定时间限制，在提醒服务对象将要结束"合同"即工作关系时不会伤害服务对象。

---— 模 块 三 ———

# 社会工作方法

## 项目一　个案工作

### 学习目标

**知识目标：**

1. 了解个案工作的定义与价值伦理守则；

2. 掌握个案工作的理论和模式。

**能力目标：**

1. 能够遵循个案工作步骤开展个案工作；

2. 能运用个案工作的专业技巧，解决工作过程中遇到的实际问题。

**素质目标：**

1. 深刻认识个案工作者岗位技能需求；

2. 培养以生命影响生命的个案工作者精神。

#### 任务一　个案工作的基本概念

### 任务导入

　　侯女士，45岁，高中文化，年前下岗至今仍未找到工作。侯女士与其丈夫自由恋爱而结婚，感情尚可，育有一子，正在读高三。近3个月来，侯女士时常感到心慌气短、食欲下降、夜不能寐，脾气也越来越暴躁，经常与丈夫吵架。经医院诊断，侯女士患了更年期综合征，可吃了几副中药也未见好转。

　　案例分析：侯女士因为下岗，没有了经济来源，而其儿子正在读高中，正是家里需要钱的时候，其丈夫的收入也不高，侯女士觉得自己帮不上忙，因此感到非常自责；侯女士虽然一直积极找工作想再就业，可因为她年龄大、文化层次较低，又不懂电脑，因此很难找到满意的工作，这让她十分焦虑；此外，侯女士还经常同其丈夫吵架，认为他没本事，不能赚更多的钱，让老婆孩子跟着受累。

心理咨询的介入：用放松训练、行为疗法、认知疗法等消除其紧张、焦虑和自责感，提升其自我认知；用家庭疗法、认知疗法等改善其夫妻关系。

个案工作的介入：一方面，个案工作者会关注案主的心理情绪问题，采用心理咨询的方法调适案主的情绪；另一方面，个案工作者会把案主放在其生活的情境中，考虑环境因素对案主问题的影响，因此，介入方案也强调对环境的改善。例如，侯女士因为缺乏参与再就业的竞争能力而无法顺利找到满意的工作，因此非常焦虑，如果只是单纯地消除其焦虑，很难产生作用，但若能帮助侯女士提高就业竞争力，找到满意的工作，那么其焦虑便会不药而愈。

### 🖕 任务识别

以上情形，体现出个案工作有什么特征？个案工作者的专业助人方法和其他助人方法有何异同？

### 🖕 任务链接

个案工作，即社会个案工作（Social Case Work）。个案工作与小组工作、社区工作构成了社会工作传统三大工作方法。三者都是社会工作者协助服务对象处理各种所面临的问题的方法。其中社区社会工作以整个社区为主要服务对象；小组社会工作以小团体为主要服务对象；个案社会工作则以个人或家庭为主要服务对象，它是社会工作其他方法的基础。

作为社会工作的基本方法之一，个案工作是一项专业的助人活动，具体是指社会工作者在一定的价值理念指导下，运用科学的理论知识和专业的技术方法，以个别化的方式帮助案主解决所面临的困难和问题，提升案主的自助能力。

### 一、个案工作的定义

个案工作经过了近百年的发展历程，期间随着整个社会的变迁和社会问题的层出不穷，不同的学者对个案工作的理解也呈现出不同，但绝大部分都是从运用的手段、服务的内容、目的以及方法等去界定个案工作。本书采用的是许莉娅对个案工作所作的定义[1]："个案工作是专业工作者遵循基本的价值理念、运用科学的专业知识和技巧、以个别化的方式为感受困难的个人或家庭提供物质和心理方面的支持与服务，以帮助个人或家庭减低压力、解决问题、挖掘生命的潜能，不断提高个人和社会的福利水平。"

---

〔1〕 许莉娅主编：《个案工作》，高等教育出版社2004年版。

通过对个案工作概念的梳理，我们可以将不同学者关于个案工作概念中的要素进行总结。所谓个案工作概念中的要素，即个案工作这一概念的各个组成部分、个案工作中所涉及的不同方面。个案工作是一个帮助他人处理、解决困难和问题的过程，这个过程包括受助的对象、帮助的内容、帮助的目的、提供帮助的手段和方法以及提供帮助背后的价值理念。

（一）受助的对象

小组工作的服务对象是一个团体、一群人，社区工作的服务对象则是整个社区。一般认为，个案工作的服务对象是单独个人及家庭，尤其是感受到困难的单独个人及家庭。"感受"在这里有两层含义：一是指案主的觉知，案主感觉到自己有了困难或问题，而又无力自行解决；二是指案主有求助的意愿，这是个案工作的前提条件，只有这样，案主才能与工作者配合，个案工作也才有效果可言。而"困难"在这里是一个广泛的概念，包括物质的缺乏、无能力解决具体的问题或心理失调、情绪困扰等。

（二）帮助的内容

个案工作所提供的帮助就是去处理、解决服务对象所面临的困难和问题。不同的服务对象所遭遇到的问题的表现方式不同，对解决问题的期待和要求不同，所拥有的各种资源也各不相同。因此社会工作者向服务对象提供的帮助也要根据其具体的情况而定。当然，社会工作者并不需要、也不能够帮助求助对象解决其所有的困难和问题。这需要考虑到求助者所拥有的资源、机构所提供的服务是否能够满足案主的需求以及工作者的个人能力等多方面因素。因此，在向服务对象提供帮助前，必须对其所面临的问题进行界定。

（三）帮助的目的

个案工作的目标通常与个案工作的内容相联系，这些目标也是通过实现工作内容而达成的。个案工作的目标简单地说就是通过个案辅导帮助案主达到满足其需求及符合求助者个人与社会工作者期待的状态。所要达成的这个目标不仅是求助者个人的愿望，而且是案主与工作者之间相互协商、相互讨论达成一致的结果。个案工作的最终目的是协助那些社会适应不良和社会功能失调的个人，加强其生存和发展的能力。因此，个案工作的基本目的，不是替案主直接解决问题，而是助人自助，和案主一起寻求各种解决问题的途径和方法，使案主能自主决定并采取行动健全自己的人格，改变自己的行为，从而充分发挥其社会生活功能。

（四）提供帮助的手段和方法

个案社会工作者用专业的、科学的方法观察求助者个人的状态及生活环境，确定求助者面临的问题，并采取个别化的工作手法，通过面对面的沟通来帮助个人和家庭。首先，工作者直接帮助案主调整心理状态，激发案主潜能，改变案主行为。其次，通过整合案主自身的潜在资源，联结其他物质资源、信息资源、人际关系资源等有效社会资源，改进其遭遇和社会处境，从而更好地促进案主改变和成长。个案社会工作者和案主的关系是一种专业的关系，也是一种职业的关系。个案社会工作者和案主良好关系的建立仅仅只是一种工作手段，而非目的。随着案主问题的解决，工作者和案主之间的良好关系也将随之结束。因此，个案社会工作的手段和方法具备专业性特点。

（五）个案工作所遵循的价值理念

整个个案工作的过程中都贯穿着价值。个案工作内容的设计、目标的设定都离不开价值的导向。个案工作与小组工作、社区工作的服务对象的区别，主要是对单独个人及家庭提供帮助及服务。个案工作遵循的一项最突出的价值就是相信每个人都是独特的，要以个别化的方式去对待案主，有针对性地帮助他们解决困难和问题。个案案主通常是个人资源较少或资源断层的人，个案工作者常常需要做的是帮助他们挖掘资源、联结资源。这是因为工作者相信，案主个人应该受到社会的关注，个人与社会也是相互依赖的、相互负有社会责任的。个案工作中案主常常感到无助，觉得无能为力，工作者不仅要帮助其减缓、消除这种心理状态，还需要帮助案主发挥自己的天赋和能力，使他们具备能力来实现自助的价值观。所以，在个案工作中，工作者需要秉持每一个人都是有潜力和有能力去改变的理念来帮助案主。

## 二、个案工作的发展历史

（一）19 世纪到 20 世纪初——个案工作的起源

1. 工业革命与贫民问题。工业革命在英国既带来了生产力的发展，也带来了众多社会问题，其中包括城市贫民问题。针对不断增长的贫民问题，1601 年英国政府出台了《伊丽莎白济贫法》。这部法案规定，要分区、分类对贫民进行救济。这种对社会问题的社会管理为个案工作奠定了对个人和家庭进行救助的基础。

宗教意识对社会工作的产生也有影响。到 19 世纪，很多富有的英国人出于人道与慈善思想而帮助穷人。除了宗教思想的源头，法国大革命所宣称的平等与正义思想也渐渐开始影响英国人的思想和情感，宗教的慈善与人道主义行为共同推动了对社会中不幸者的救助。

2. 查默斯（Thomas Chalmers）的贡献。最早对社会个案工作做出直接贡献的是英国牧师查默斯。他大学毕业后参与教会工作，开始注意《伊丽莎白济贫法》所产生的负面效果并对之持强烈的批评态度。1819 年，他调查访问了格拉斯哥一个地区的家庭生活状况，发现有 23% 的人没有宗教信仰，大部分靠救济过日子，缺乏道德感和友谊。于是，他敦促格拉斯哥市政府在该市最穷的地区建了一个新教区，开始他著名的志愿救助穷人的实验性工作。这个实验对个案工作的主要贡献为：①一对一的个人化工作。他把教区分成小区，每个区都有一名友好访问员对贫困家庭做探访。这种做法直接影响了日后个案工作的形成。②注重对受助对象的精神品德的塑造。查默斯倡导对服务对象的教育，主张只在极个别情况下才给予其物质救助。③强调对服务对象给予足够的个别性关怀，注重理解服务对象的个人和家庭环境对个人特质的影响。④要尽量使用服务对象的"自然资源"（Natural Resources）。主张只有在家庭成员、亲戚、朋友网络和邻里社区等自然资源不能为其提供帮助时才进行公共救助。⑤注意挑选和训练工作者。

3. 慈善组织会社对个案工作的贡献。继查默斯之后，英国全国各地相继成立了很多友好访问者协会，为避免重复服务，各地友好服务协会成立了服务协调和统筹性组织，这就是后来的慈善组织会社，它为现代社会个案工作方法的形成进一步夯实了基础。其主要贡献是：①对服务对象生活状况进行调查、记录并跟踪。②认为对整个家庭的福利和再生产的调查是诊断问题、进行治疗的基础。③对工作人员进行训练。训练形式不仅有讲课和讨论，而且有实务训练。④建立了社会工作图书馆。在慈善组织会社总部建立的社会工作图书馆促进了社会工作知识的积累。⑤发展出了学徒式的督导方法。新进的友好访问员需跟随一个有经验的资深工作者学习以后才可以独立工作。

（二）20 世纪初到 20 年代——个案工作的专业化与学科化

19 世纪及 20 世纪初慈善组织会社和友好服务所进行的个案工作使玛丽·里士满对个案工作的总结成为可能。作为巴尔的摩和费城慈善组织会社的执行干事，玛丽·里士满于 1917 年发表了第一部对专业社会个案工作做出重要贡献的著名的《社会诊断》。该书采用医疗模式，认为贫穷是一种社会"疾病"，而友好访问员就是像内科医生一样的社会医师，运用"研究—诊断—治疗"的框架科学助人。《社会诊断》一书标志着个案工作专业化与学科化的开始，开启了社会工作作为"科学的慈善"专业的新时代，从 20 世纪 20 年代起，个案工作也成为有薪俸的职业。

（三）20 世纪 30 年代——从精神医学的洪流到功能派个案工作的发展

20 世纪 20 年代，弗洛伊德的精神分析理论对个案工作的理论与实务影响巨大。这时的个案工作注重专业关系中的转移（或移情），这种心理学的分析过程强调人格和个人因素对问题形成的影响，对于社会因素对个人与家庭影响的分析贡献很少。除了精神分析个案工作获得极大发展之外，30 年代有关"诊断—功能"的个案工作争论还在继续。功能学派个案工作强调机构对社会工作服务与实践的影响，倡导机构为服务对象而服务，适应服务对象的需要。

（四）20 世纪 40 年代以后——社会个案工作的多元化发展时期

20 世纪 40 年代以后，个案工作从心理学的分析转向了社会学的分析，呈现多元化的发展局面。1940 年，汉密尔顿（Gordon Hamilton）出版了《社会个案工作的理论与实务》一书，提出"人在情境中"的概念，以及调查、诊断和处理解决问题的助人过程，形成了个案工作围绕个人与家庭的"社会—心理"分析和工作的架构。20 世纪 50

年代有很多理论出现，包括沟通理论、家族治疗、系统理论等，使得社会个案工作的知识基础多元化。1957 年，贝克提特（Felix Biestek）在《个案工作专业关系》一书中讨论了个案工作的专业关系和基本原则。波尔蒙（Harris Perlman）发展了问题解决学派，结束了诊断派和功能派的争论。至此，个案工作的知识基础已经十分牢固，因而也具备了向更完备实务理论与方法发展的基础。

（五）20 世纪 80 年代以后——综融取向和后现代主义的个案工作视角

20 世纪 80 年代以后，社会个案工作提出了生态主义的社会工作视角。此外，伴随整合社会工作的发展，发展出了综融的工作方法，即运用社会工作全方位观点看待问题，关注服务对象问题发生的社会系统。进入 20 世纪 90 年代以后，社会工作受社会生态系统理论以及女性主义、增能、后现代理论的影响，提出了新的实务思想，包括采用女性主义理论、叙述分析治疗方法为服务对象提供协助。后现代主义社会工作强调从服务对象的角度理解他们看问题的方法，增加文化的敏感性。

### 三、个案工作的功能

个案工作的主要工作对象是针对个人及其家庭所开展的。它是社会工作中的微观层面工作领域，其作用和功效主要也是针对个人。但我们的家庭、社区甚至整个社会都是由单个的个人所组成，因此个案工作同样也作用于整个社会。个案社会工作的功能主要分为对个人的功能和对社会的功能两个部分。

个案工作对个人的功能主要包括：复原功能、治疗功能、预防功能、建设功能。

1. 复原功能。复原功能是指帮助案主解决具体问题，恢复自助能力。通过提供资源和心理支持，恢复案主由于身体或心智障碍而受到损害的社会功能。此类服务对象主要包括身体残障的案主，弱智儿童、发展障碍的案主，失学儿童、下岗失业案主，失恋及婚姻家庭破裂案主，突发性危机案主等。

2. 治疗功能。治疗功能是指调整和治疗由于案主心理和人格不健全所导致的心理困扰和心理问题。需要治疗性服务的案主，在社会工作的案主群中占绝大多数。此类服务主要包括由于不良心理机制所导致的不良情绪状态，如焦虑抑郁、偏激、消极、退缩、紧张、无助感以及各种不同类型的态度与行为偏差等。

3. 预防功能。预防功能是指在问题出现之前，增强对相关问题的免疫力。这类服务主要包括家庭计划、职业规划、婚前咨询、生育咨询、退休前咨询等，同时也包括预防原有困难或问题的再次发生。

4. 建设功能。建设功能是指促进人格发展及能力提升，实现自我发展。每个人都有自我发展的需要，但是，很多人由于环境或自身原因，往往难以实现和发挥自身潜能。他们缺乏明确的目标与方向，缺少实现自身价值的信心、决心、毅力和足够动力，遇到困难后不知所措，陷入自我挫败的恶性循环，或者有些人虽然没有明显问题，甚至在一般人看来已经发展得很好，但是他们希望在原有基础上进一步发挥自身潜能，最终达到自我实现。随着社会发展，这种针对一般正常人的个案工作服务将逐步增加。

个案工作对社会功能的实现依赖于个案工作对个人功能的实现。当个案工作走入社区、走入家庭，帮助有需要的个人和家庭解决他们的困难和问题，提升他们的信心和能力，使个人和家庭拥有面对困难的勇气、解决问题的能力时，整个社会的状态也会更加健康，人与人之间的关系能更加亲近，各种社会问题能有所减少，社会的各个方面都能因为个人的发展而得到一个良性的进步。

### 四、个案工作与心理咨询的关系

美国芝加哥大学教授伊根（Egan）把助人者分为四个等级：当我们发生问题、遇到困难时，前来提供帮助的亲友、同事，甚至陌生人为四级助人者；帮助我们的医生、教师、上司等为三级助人者；指引我们的牧师、神父等为二级助人者；为我们提供专业帮助的心理医生、心理学家和社会工作者为一级助人者。伊根认为四级、三级和二级助人者为非正式助人者，他们绝大多数没有接受过助人的专门训练，因此，常常效果不佳或事与愿违。而作为一级助人者——专门处理人们社会、心理等问题的专业人员，必须接受专业知识学习和技能的训练。

可见，个案工作与心理咨询都是专业的助人活动。个案工作要求社会工作者在一定的价值理念指引下，运用科学的理论知识和技术方法，以个别化的方式帮助有需要者解决和处理所面临的困难和问题，它以个别化的方式为感受困难的个人或家庭提供物质和心理方面的支持与服务。如此一来，有人就要提问了：心理咨询也是以个别化的方式帮助有需要的人，关注受助者的困难和问题的心理因素，强调对受助者的同感反应和情绪疏导，那个案工作和心理咨询有何不同呢？

（一）个案工作与心理咨询的着重点不同

心理咨询注重专业技术的精深，要求咨询师在咨询过程中达到技术的娴熟。个案工作也要求工作者掌握与案主沟通的技巧、建立关系的技巧和工作过程技巧，但个案工作的灵魂是价值理念，它更强调对人的尊重、接纳的价值理念和关怀的情怀。

（二）对受助者问题成因的理解不同

心理咨询认为，来访者的困难与问题主要是其个人的心理因素造成的，是因为来访者个人不同程度的心理问题或人格问题影响其个人心理功能的正常发挥，因此心理咨询就是要分析、诊断来访者的心理问题，对症治疗以解决来访者的问题。而个案工作把人放在"情境"中，对受助者问题成因的分析，不仅关注案主的个人心理层面，还关注案主的生理层面和生活环境层面等，更注重社会制度性的因素。

（三）助人的方法不同

心理咨询的工作范围通常是在咨询室内，通过咨询师就来访者呈现的问题进行心理因素的探索，帮助来访者解决问题，其分析模式是"问题"取向。而个案工作的工作范围则要宽泛得多，社会工作者不仅在会谈室进行一对一的沟通，还经常去案主所在的家庭、社区、单位、学校等进行探访，为案主寻找和建立支持系统。个案工作的分析模式是"能力"取向，个案工作者通过挖掘案主的潜能，提高案主自己解决问题的能力。另外，个案工作者还善于利用资源，通过调动各种资源，进一步培养案主自助能力。

### （四）社会责任感不同

心理咨询只解决个人问题，不关注其他社会、政治因素。而个案工作有很强的价值关怀，是在坚持社会公正、维护弱势群体利益的基础上为个别案主提供服务。因此个案工作很关注个人问题背后的权力关系，从社会公平、公正的角度去关怀和维护弱势群体的权益，要求工作者拥有正义的立场和视角。

## 任务二　个案工作的理论和模式

### 任务导入

55 岁的郑女士，在"5·12 汶川—映秀大地震"中失去儿子陆旭。当天陆旭正骑着摩托车下班回家，在一次强烈的余震中从车上颠落撞击到马路牙子上，摩托车在惯性下甩过来，又砸在了他的胸口上，致其当场死亡。

接下来的几年里，郑女士一直没从失去爱子的悲痛中走出来，女儿陆姗成了这个悲绝母亲的唯一安慰，在母亲眼里，她是个"最最乖巧懂事的孩子"。然而，在 2013 年"4·20 雅安地震"中，郑女士的女儿又被埋在了废墟里，当被救出时，她全身土灰，已看不清面容，没有了呼吸。

社会工作者小张接到郑女士的个案后，经过预估，发现郑女士有严重的轻生意向，当即采用危机介入模式对其进行服务。

### 任务识别

1. 个案工作者运用的危机介入模式是怎样的模式？这种模式基于何种理论？
2. 个案工作中还有哪些常见的理论和模式？

### 任务链接

### 一、功能派的社会个案工作

功能派的社会个案工作起源于 20 世纪 30 年代美国宾州大学社会工作学院，由塔弗特（Jessie Taft）和罗宾逊（Viginia Robison）所倡导。他们运用当时心理学大师让克

（Rank Otto）的"意愿"心理学（the will psychology）而推行出别树一帜的个案工作方法。所谓意愿，乃是指一种有组织和支配性的潜能，受助之后，案主能将其成长的潜能释放出来。功能派理论上具有三大特征：

1. 了解人的本性，认为改变的关键不在于社会工作者而在于案主，个案工作者必须能运用与案主之间的关系和帮助过程，以释放案主内在寻求成长的力量。

2. 个案工作的主要目的并非在心理治疗，而是透过对案主心理的了解并运用技巧提供社会服务，统筹各机构发挥其功能以充分协助案主。

3. 个案工作的服务目标应是开放性的，不可刻舟求剑。因为只有经过案主与个案工作者共同研商之后才能决定服务办法，而服务的效果好坏又必须视案主本身意愿的程度而定。至于实施的原则可分下列五点说明：

原则一：在提供服务时要求案主参与，借以了解并诊断案主的问题（包括环境和心理问题），然后针对问题给予持续性的修正。

原则二：工作者必须善用服务过程中的不同时段，使案主的潜力充分发挥出来。工作者在个案工作的起始阶段进行尝试性的服务，在中间阶段必须逐渐增强案主的参与程度和责任感，在结束阶段着重于案主的工作成就。

原则三：运用地方资源，使各种机构（医疗、精神病、教育、宗教和经济等）充分发挥其专业功能。

原则四：注重服务的结构与形式，以增进服务的效率。例如，选择最适宜的访谈时间、地点和参加人数，并且制定明确的规则或方法使受助者有所依循。

原则五：配合机构设立的目的，运用专业关系以协助案主改变，经过案主对其本身生活情境的感受和经验而引导案主重建新的自我。

总之，功能派的社会个案工作提倡一种全面性服务的理念，强调加强各机构之间的联系与配合，并且促成各类服务人员和受助者之间的辐辏式关系。

### 二、心理暨社会派的个案工作

这一派形成于 20 世纪 30 年代，自从汉密尔顿作了系统化的说明以后，逐渐发展为社会个案工作的一大派别。

"人在情境"（person-in-situation）是其中心概念，用以描述个人和周围环境的互动，人的内在心理与所处的社会内涵（social context）经常交互作用，因此心理因素和社会因素被视为同等重要。为了受助者的利益，社会工作者通过对受助者个人和其家庭的服务，干预于情境中。

这一派学者强调严守个别化服务的原则，认为工作者只有针对个人情境的全部状态进行诊断性的了解后才能掌握问题，才能做到真正个别化的服务。他们主张一个人的过去经验能影响其现在，所以了解个人的过去经验有助于明白甚至改变案主的现状。此外，在诊断和评量过程中应对案主进行社会探讨，也就是要参考多方面的信息来推论问题性质。通常在案主的人际互动过程中去检视其"失功能"（dysfunction）的性质及造成此种困扰的原因；同时，基于自我是平衡个人欲望和理想之间的一股力量，案主自我强弱程度也是不容忽视的评量人格的着眼点。至于治疗方面，工作者除了思考合适的治疗方法之外，最重要的是和案主维持治疗关系。

仔细划分起来，心理暨社会个案工作可分为六个步骤进行。

1. 透过语言及非语言动作让案主觉得受到了支持，这一方法可称作支持维护法。

2. 无拘无束地谈论交流，让案主得到疏解，要特别留意案主的主观看法，这一方法可称作疏导法。

3. 进行对话，反映案主的人格类型并了解其孩提经验和目前行为的关联。

4. 直接劝导。

5. 示范，此时工作者明白地传递自己的想法和看法。

6. 逻辑式讨论或要求面对现实。

曾有人误以为心理暨社会个案工作是"领悟取向"的个案工作，更有人误认为是疾病模式的个案工作。而事实上，心理暨社会个案工作的含义和功用很广，包括了协助案主得到情境、感受、行动和环境等多方面的需要。

"危机调适"一词于 1944 年由艾瑞·林德门（Linderman Erich）提出，它是一种对处于生活危机状态中的人施以短期性治疗的办法，后来经由开普朗（Caplan Crisis）、雷波（Rapoport Lydia）和巴瑞（Parad Howard）等多人的提倡与推广，相当普遍地被运用于助人专业中。在 20 世纪 60 年代，社会个案工作广泛运用了危机调适的理论和调适方法。一般而言，大部分在心理暨个案工作之架构下实施。

在现代社会中，个人的生活适应日趋复杂困难，每个人在其一生历程中难免要遭遇到一次或多次的生活适应方面的困难。心理学家艾里克森认为，个人本身的成长成熟的程度若不足以配合社会的期望或者环境的压力，往往会出现危机状况。尤其有些人由于能力较弱，再加上其原有的人格弱点，当面对社会文化环境的压力时，用以往的处理方式无法解决，易于形成生活的困境。此时，适应能力减低，容易造成情绪上的解离或崩溃状态，即个人有痛苦的感受，与他人的关系不和谐，对环境存有敌意和冷漠。在危机状态之下，个人的生活适应能力显著不良，往往会主动或被动地寻求外力的协助。

通常危机状况对个人而言可导致两种结果：一种是增进个人的成长与适应力，另一种则相反，产生更严重的解组失调现象。如果遭遇危机而不能妥善处理，那么个人将难以保持其正常生活适应力。危机调适的主要目标有两个：一是缓和不当压力对案主的影响，协助案主采取适当的方法改善环境；二是促进案主处理问题的能力，协助案主至少恢复其遭遇危机前的适应能力，或进一步增强其适应力。

因为形成生活危机的因素往往不是单一的而是多因性的，同时它对一个人生活的影响也是多方面的，所以在危机调适的运作过程中，社会工作者至少要从数个不同的角度去分析和判断，包括个人的能力与人格、所呈现的行为症状和社会文化环境的压力等，尽快找出可以着手的重点，加以调适处理。

危机调适的个案工作方式是专为急需协助者所设计的短期治疗，讲求高度的工作效果。

### 三、问题解决派社会个案工作

20 世纪 50 年代，当心理暨社会模式的社会个案工作正盛极一时之际，海伦·柏曼提出问题解决模式的工作方法。这一派别看法的出发点是认为人的一生其实就是一个解决问题的过程，从出生到死亡为止，人处处须解决所面临的问题，以获得快乐、酬赏、安定、舒服以及适应良好，而尽量避免痛苦惩罚、偏颇不安或不能适应的情形发生。人每天自觉或不自觉地作出无数决定时，便是在不断地练习其自我功能，并且学着适应各样情境和所遭遇的问题。如果一个人无法应付自己的问题，通常是由于他缺乏动机、能力或机会去运用适当的方法减除问题。因此，问题解决模式的社会个案工作的主要目标在于协助案主有效且满意地解决他所不胜负荷的社会任务或人际关系方面的问题。

问题解决模式有所谓 4P，其中 Person 指求助者，Problem 指所遭遇的问题，Place 指社会服务机构，此外 Process 指问题解决过程。社会工作者能够在三方面协助案主：一是引发案主的动机，指示其方向，也就是减轻案主因无力感所带来的焦虑、恐惧或逃避的行为，而同时给予支持和安全感，期望成功，将自我的活力投注于应做的工作；二是激发案主的心智、情绪和行动的能力，并且经由重复练习，使案主的自我功能伸展（包括觉察、认知、理解、选择、判断和实行等多方面能力的伸展）以应付问题；三是寻找可消弭问题的资源及机会，使得案主能够比较顺利地完成所应做的任务。

在工作过程中，工作者应去除案主自以为是社会牺牲品或是有问题的人的想法，相反地，要嘉许案主具有识别自身困难的能力，同时鼓励他选择比较好的处事办法。

由于目标明确，加上分成段落达成目标，这一方法对于有多重问题的家庭很有效用。

### 四、行为修正派社会个案工作

自第二次世界大战以来，行为主义的心理学逐渐兴盛，华生（Waltson Thomas）和斯金纳（Skinner B. F.）的理论也为社会个案工作者所接纳和实施，从而形成行为修正模式的社会个案工作。

这种社会个案工作的主要特点有两点：一是仅限于选择可观察到的行为反应为服务的焦点，对人的行为避免主观的推论；二是注意人的行为的基本类型，将人的行为分为两类，即具有自主性的称为操作性行为，而非自主性的则称为反应性行为，社会工作经常处理的焦虑或性欲突发即是此类反应。于是，行为修正的原则为，对行为后果加以操作影响，以达到控制操作性的行为；若消除先前引发反应性行为的刺激物，则可控制反应性的行为本身。当评量及诊断案主的时候，社会工作者应全力留意并找出问题的最直接相关的前导因素以及问题行为的最直接相关的后果。一旦选定某部分问题行为作为修正的标的行为之后，工作者视情况而改换此标的行为的前导刺激物，或重新安排此标的行为的后果，将会逐步导致此标的行为产生改变。

有关操作性行为的修正技术很多，最根本的有正向加强法（positive reinforcement，当期望行为出现时随即给予刺激用以增强这一行为）、消除法（extinction，除去那些可增强不良行为的因素）、分别加强（diferential reinforcement）、反应养成（response-shaping）和处罚等做法。有关反应性行为的修正技术主要有以下三种：一是系统消减敏感法（dystematic desensitization），即经过制约，使案主产生与其问题行为相反的一套期望行为，例如用放松或肯定去对抗焦虑的反应。二是转换敏感法（convert sensitization），要求案主对其喜好之物作令人厌恶的联想，于是对以前所好之物产生嫌恶的反应，常被用在改变过量饮酒、不正常性亢奋的行为方面。三是洪水法（flooding），即使案主尽量想象，甚至让他直面令他产生恐惧感觉的刺激物，待案主逐渐习以为常之后，不再产生不正常的反应。

近年来，行为修正的社会个案工作广为应用，尤其对儿童辅导最具可行性和实用性。

个案工作除了上述的四种模式以外，还有诸如家庭结构治疗模式、任务中心模式等常见模式，本书借用陈慧女在《法律社会工作》[1]中提及的社会工作实务的临床评估表格来归纳整理。

**社会工作实务的临床评估**

| 名称 | 历史 | 理论基础 | 评估技巧 |
|---|---|---|---|
| 心理社会评估模式 | 可追溯至玛丽·里士满的《社会诊断》一书，又称诊断学派。该模式立足弗洛伊德的精神分析观点来看案主的问题，认为对案主过去史的了解有助于对案主的诊断与评估。 | 倡导以"人在环境中"的观点来看人的功能，强调个体内在心理、人际与环境等因素的交互影响。 | 1. 案主的问题是来自于所承受的压力吗？ 2. 有其他长期未解决的问题吗？ 3. 案主有自我功能上的问题吗？ 4. 缺乏环境的支持吗？ 5. 案主拥有多少环境支持以及自我能力的情形？ |

---

〔1〕 陈慧女：《法律社会工作》，心理出版社 2004 年版。

续表

| 名称 | 历史 | 理论基础 | 评估技巧 |
|---|---|---|---|
| 问题解决模式 | 19世纪50年代海伦·柏曼试图整合诊断学派与功能学派，发展出问题解决的个案社会工作模式，这是一种折中的建构模式。 | 源自自我心理学、角色理论、符号互动理论以及理性问题解决过程，强调个体潜能的成长与机构功能的发挥。 | 1. 海伦·柏曼的4P评估：Person、Problem、Place、Process（整合式的问题评估架构）。<br>2. 德利默斯（Doremus）的4R评估：Roles、Reactions、Relationships、Resources（就案主的个别状况进行评估）。<br>3. 谢弗（Sheafor）等人的4M评估：Motivation、Meanings、Management、Monitoring，乃是就机构的功能进行评估。 |
| 行为评估模式 | 将行为技巧整合进社会工作实务领域中。 | 采自行为心理学，认为行为是学习而来的。 | 有量化测量特点，分步骤：<br>1. 将问题一一列出；<br>2. 标定主要问题并签订同意接受服务的契约；<br>3. 获得案主的承诺与合作；<br>4. 详述目标行为；<br>5. 设定目标行为的基准线；<br>6. 界定可能控制的条件；<br>7. 评估环境资源；<br>8. 详述行为目标；<br>9. 形成行为修正的计划。 |
| 任务中心评估模式 | 发展于19世纪60年代，主要是在短期内提供一种有效的社会工作服务。 | 源自不同的理论与技术取向，整合了行为认知、学习理论、家族治疗等理论派别的理论预设与治疗技术。着重于指导性以及协助性的角色，协助案主厘清问题并拟定改变方向，重视治疗关系，并将案主视为是有解决能力的人。 | 评估目的在于界定所存在的问题，及其所想达到的改善结果，包括：<br>1. 了解案主对于问题的感受及看法；<br>2. 社工借由探索、澄清、界定问题来协助案主厘清其所遭遇的问题。 |

续表

| 名称 | 历史 | 理论基础 | 评估技巧 |
|------|------|---------|---------|
| 生活模式评估系统 | 发展于 20 世纪 70 年代，为生态学取向的评估模式。 | 整合一般系统理论、生态学观点、增权等理论来源，建构了综合性的生态系统观点。 | 1. 人格特质；<br>2. 微观系统；<br>3. 中层系统；<br>4. 宏观系统。 |
| 家庭结构评估模式 | 发展于 19 世纪 60 年代。 | 理论焦点在于家庭的结构，包括家庭行为模式、家庭系统与次系统、家庭生活循环。 | 1. 谁是家庭中的主事者？<br>2. 家庭成员是如何处理其冲突的？<br>3. 在家庭中是否有被谴责的"已被认定的病人"？<br>4. 画出家庭的世代图有助于对案主在家庭世代中所处脉络的了解。 |
| 多重评估模式 | 由临床心理学家拉扎勒斯（Arnold Lazarus）所发展的一种系统性、综合性的心理治疗取向。 | 拉扎勒斯根据班杜拉（Albert Bandura）的社会学习理论、一般系统理论、团体及沟通理论等发展出来的一套完整的理论。它是一种非常个人化的治疗，根据每个人的个别性而采取不同的介入方法。 | B：行为（Behavior）；<br>A：情感（Affect）；<br>S：知觉（Sensation）；<br>C：认知（Cognition）；<br>I：人际关系（Interpersonal Relationships）；<br>D：药物与生理因素（Drugs/Biology）。 |
| 综融式评估模式 | 发展于 20 世纪 60 年代，立足于通才取向社会工作的理论基础。 | 受系统理论、问题解决派社会工作理论的影响。采纳的是系统观或环境中的人这一观点，倡导综合管理。 | 1. 基本资料；<br>2. 目前问题的本质；<br>3. 案主（包括案主自身、家庭、学校/工作单位/朋友/同僚/同学）；<br>4. 脉络与社会支持网络；<br>5. 心理测量或评估量表；<br>6. 摘要。 |

## 任务三　个案工作的过程与技巧

### 任务导入

案主朱先生来到社工服务中心寻求帮助。他说自己与丈母娘的关系处不好，并直接影响到了自己与妻子的关系。朱先生和妻子没有自己的住房，不得不住在丈母娘家。外加两人的工作都很繁忙，孩子只能托给丈母娘照顾，由于常常听姥姥唠叨爸爸的不好，孩子对朱先生也十分不尊重，亲子关系不和谐。朱先生不知如何是好，所以来求助。

### 任务识别

1. 个案工作者可以分成几个步骤来帮助朱先生解决困境？
2. 在给案主朱先生服务的过程中，工作者需要运用哪些技巧？

### 任务链接

### 一、个案工作的过程

个案工作的开展通常会遵循一定的程序，也称作个案工作的过程，指个案工作的先后次序和步骤，一般来说包括五个阶段：接案、预估、计划、介入、结案与评估。但各个阶段之间并不是截然分开的，比如，预估与评估会贯彻于个案工作的整个过程，这样的划分只是希望展示各个阶段的主要特点和突出作用。

（一）接案

接案是个案工作程序的第一个阶段，这一阶段的主要目的是对服务对象的问题进行初步评估，向服务对象介绍机构的功能，以便决定机构是否可以为服务对象提供服务，并与服务对象建立初步的专业关系，为下一步的工作打下信任基础。

前来社会工作机构求助的服务对象带有不同的问题和不同层次的需求。来社会工作机构求助的人大略有以下几种类型：①自己主动求助的；②由邻居、熟人、朋友介绍来的；③其他机构转介的；④在有关机构要求下前来接受服务的。当服务对象前来社会工作服务机构求助，并已经使用社会工作服务时，即成为"现有服务对象"。当服务对象并没有求助，但可能需要个案工作者的协助，或者虽还没求助但妨碍他人或系统的社会功能的正常发挥时，他即成为"潜在服务对象"。社会工作者的任务不仅是要与现实服务对象工作，同时还要与潜在服务对象建立联系，使潜在服务对象也成为现有服务对象。

辨别服务对象的类型是社会个案工作的第一步。在接案过程中，要考虑不同的服务对象不同的现实性心理反应。接案阶段的主要工作包括：了解求助者的意愿并进行适当处理；澄清求助者的期望；初步评估问题和需要；对那些非本机构或者个人所能提供服务的个案，要经过必要的程序转介到其他机构。

（二）预估

当求助者成为案主后，我们就进入了个案工作的第二个阶段，即预估阶段。它是在初期面谈、收集案主资料的基础上，对案主存在的问题以及案主和环境的互动等方面进行综合的分析判断，形成一个暂时性的基本评估的过程。经由评估，可为找到解决问题的焦点与方向制订相应的介入计划奠定基础。

预估阶段的主要目标是收集资料和问题判断，它虽是个案工作过程的第二个阶段，但工作者的预估活动并不是此时才开始的，可以说从个案工作者首次见到案主开始，到进一步的会谈和资料收集结束的整个过程，工作者一直在从事评估工作，这是贯穿于个案工作始终的持续过程。工作者在实施服务方案的过程中，仍在不断地进行评估，对原有目标和治疗方案进行补充、修正。

预估的内容通常围绕着三个方面进行：

1. 案主面临问题的资料，包括：①问题的类型和成因；②问题对案主的影响；③案主对问题解决结果与方法的期待（即案主的需求）；④案主曾经为解决问题而做出的努力。

2. 个人性的资料，包括：①个人资料，如年龄、教育程度、婚姻状况、职业等；②身体情况，如对服务对象病史的了解、目前的生理状况等；③心理方面，如人格、精神状态、兴趣、爱好等；④价值观，包括对人和对事的看法等；⑤处理问题的能力，如服务对象对问题的分析能力以及以往面对冲突、困惑的处理能力等。

3. 环境方面的资料，包括：①家庭环境，如服务对象与家庭成员之间的关系、家庭的历史等；②延伸的环境系统，如服务对象的朋辈环境、社区环境和工作环境等；③服务对象与环境的交互作用。

（三）计划

在预估服务对象的问题与需求的基础上，工作者要与服务对象一道制订目标和干预计划。制订帮助服务对象的目标和工作计划时要遵循一些基本原则，包括：①目标要与工作者的专长和服务对象解决问题的能力一致；②目标应与机构的功能一致；③目标应是服务对象和工作者共同协商的结果，能使服务对象有动力和动机积极参与改变的过程，最大限度地调动服务对象解决问题的积极性。

计划中的工作目标可分为：①直接目标（短期目标），即针对服务对象提出的现实性问题进行讨论，促进服务对象的自我了解，并帮助服务对象解决眼下最紧迫的问题；②中间目标（中期目标），旨在协助服务对象认识自己、接纳自己和欣赏自己，建立健康的自我形象和适当的生活方式，并寻找能够帮助服务对象的资源，帮助服务对象建构自己的社会支持系统；③终极目标（长期目标），旨在使服务对象能够拥有自我认识、自我促进、自我实现的"自我力量"（ego strength），同时使服务对象与外部他人有良好和深入的人际关系，并拥有一个持续和支持性的人际网络。

目标制订后要与服务对象订立工作契约。订立契约的目的在于，使工作者与服务对象共同承诺合作，以实现双方所认可的目标和计划，促使双方承担各自的责任，以便达到最终的目标。

（四）介入

个案工作介入是工作者为恢复和加强案主整体的社会功能开展的有计划、有目的的行动。对案主进行预估的基础上所拟订的服务计划，在这个阶段付诸实施。这是个案工作程序中最重要的一个步骤，也是个案工作的最终目的，能否实现所设定的目标、完成预定的任务，就取决于工作者在此阶段能否有效地运用自己的知识、经验和技巧来帮助案主解决问题。

由于人的问题复杂多样，介入活动也要有相应的变化，因此，社工采取的介入措施是多种多样的。比如掌握心理社会治疗模式的方法和技巧，缓解案主情绪困扰；掌握危机干预的方法和技巧，帮助案主解除危机；掌握人本治疗模式的理念和方法，使案主增强自我效能；掌握行为修正模式的方法和技巧，消除案主问题行为，塑造新行为；掌握理性情绪治疗模式的方法和技巧，澄清案主不合理的观念；掌握家庭治疗的方法和技巧，改善案主周围环境；掌握生态系统理论，协助案主运用现有资源；等等。

（五）结案与评估

在社会工作文献中，结案常常与评估放在一起，被看成个案工作实践的最后一个阶段。评估工作虽然贯穿着个案工作始终，工作者从接到求助者的第一个电话、见到求助者的第一面开始，就在对对方的困难、动机、需求、能力、资源等进行评估，但人们普遍认为评估是结案期间的一个最重要的工作，此时的评估通常被称之为总结评估。

总结评估介入服务的效果是社会工作在整个对服务对象服务工作中不可缺少的重要部分，在计划阶段中设定目标时，就要考虑如何评估目标的达成程度和结果。量化的基线测量、定性测量能够帮助社会工作者评估服务对象的进步，确定服务对象的改变对其生活的影响。

在个案工作的最后阶段，工作者一方面需要对个案服务的效果进行总结评估，让案主明确自己的改变，也对社工的工作进行考核；另一方面还需要巩固案主已有的改变，理解并敏感于案主因为面临离别而出现的各种情绪和行为反应，并作出及时回应，正确处理结案。而对于那些因各种原因无法顺利达成辅导目标或有新的辅导需求的案主还需要进行转介。

## 二、个案工作的技巧

### （一）技巧的定义

按照西奥多森等人（Theodorson，1969）的说法，技巧是通过学习发展出来、复杂而有组织的行为系统，它指向一个特殊的目标，或以一个特殊的活动为中心。这一定义识别了有关技巧概念的三个特点：①它是有组织的行为，即它由不同行为要素自行组合而成；②它以一个特殊活动为中心，即它有一个主要内容；③它通过学习发展而来。

### （二）社会个案工作者所需要的技巧

1. 沟通技巧。所谓沟通，即是在人们之间传递信息，它发生在一方向另一方发送信息时。在社会工作过程中，工作者经常与服务对象沟通，这需要熟练掌握沟通技巧。

2. 关系技巧。关系是社会个案工作助人的核心要义，如果工作者不能同服务对象建立起信任关系，就不可能帮助他。与服务对象建立和保持良好的工作关系也需要技巧。它包括真诚和有同理心地回应技巧，表现温暖和关怀的技巧，以及表明尊重服务对象的技巧。

3. 过程技巧。社会个案工作者是通过一个过程去帮助服务对象成长和改变的。在这个过程中要求社会工作者有不同的技巧，这些技巧包括：①接案和约定技巧。它包括同服务对象建立和保持工作关系的技巧，帮助服务对象和工作者对各自角色的现实性理解的技巧，也包括用于培养服务对象对助人过程初步承诺的技巧。②预估技巧。它是指收集与服务对象情境相关的资料，以便能实际地理解服务对象的问题和需要的技巧。③签订契约技巧。这是指同服务对象订立现实的目标，并有能力清楚说出工作者和服务对象的责任的技巧。④介入技巧。介入需要广泛的技巧，它包括执行、介入计划并协助服务对象达成目标的技巧。⑤检讨及终结技巧。它包括定期进行回顾和修订介入计划，以便客观地检讨其是否有效的技巧，以及有计划地结束关系以帮助服务对象独立的技巧。

### （三）增进社会工作技巧的方法

莫拉莱斯和谢弗（Morales & Sheafor）提出了三个能帮助工作者提高工作技巧的主要方法：

1. 做工作全程记录。记录是发展技巧的一个有价值的工具。在记录工作的过程中，工作者有机会重新思考自己的助人过程，反思与服务对象的相互关系和互动，详察使用的技巧和所作的回应是否正确。通过这些，工作者能够了解到什么类型的技巧有效。

2. 督导。督导涉及机构的行政程序，工作者的工作技巧能通过督导员所输入的教育元素而得到发展和改造，个案工作者应有意识地自觉运用和更积极地看待督导，并在督导中发展技巧。

3. 顾问与咨询。顾问与咨询是在某一领域有资深经验和知识的专家与个案工作的新手之间有时间限制、有目标、有契约的一种工作关系。它可以使工作者在资深专家帮助下增进为服务对象谋福利的助人过程中使用的技巧。

### 拓展练习

案例：谢某，男，16岁，家住郴州城郊农村。他很小的时候，父母就离异了，判于父亲，但大多数时间和爷爷奶奶在一起生活。爷爷奶奶总觉得孩子命苦，对他更多的是溺爱和袒护，还一味地在物质、行动上满足他的需要。加之父亲很少回家，更没时间管教，谢某犯错之后，父亲会狠狠地揍他。进入班级学习后，谢某经常打同学，因此，同学们都很怕他，不愿意和他交朋友；他上课时要么在座位上喋喋不休地讲话或发出怪声，要么随意离座走动，作业也经常不做，即使偶尔做一次，也是字迹很乱；学习态度极差，参与在校实训不认真，常常达不到实训要求。

所有的任课教师和实训教员大都认为：已经对谢某运用了多种教育方法，但是，他反复无常，软硬不吃。个别教师对他失去了信心，只要上课时他不严重破坏课堂秩序也就不管他，对他的一些不良习惯放任自流，因而谢某也常常表现出一种自暴自弃的状态。谢某若长此以往，必将给其今后的成长及整个人生道路带来极其严重的影响。

1. 在上述案例中，谢某面临的问题有哪些？需要改变的又有哪些？
2. 请你选择一种恰当的个案工作模式，为其设计一份个案工作服务计划书。

# 项目二　小组工作

### 学习目标

**知识目标：**

1. 了解小组工作的内涵；
2. 掌握小组工作的理论模式。

**能力目标：**

1. 能够按照小组工作步骤开展小组工作；
2. 掌握小组工作的技巧。

**素质目标：**

培养学生将小组工作专业价值观内化到实践中。

## 任务一 小组工作的基本概念

### 📖 任务导入

#### 鉴别"小组"

1. 一群人同坐一个航班,空中经历了3小时的飞行。

2. 一群人在一个电影院里看电影,共同经历了2个小时。

3. 一群陌路人同在一节卧铺车厢,途中遭遇列车出轨事故,大家在一起有72小时的抢险经历,彼此互助、合作,共同应付突发性灾难,终于渡过难关。

### 📖 任务识别

以上三种情形,哪一种是"小组"?

### 📖 任务链接

社会小组工作作为社会工作的三大方法之一,遵循这样一条逻辑主线,即通过小组活动程序的实施,支持、服务、辅助、协调于小组中的每一个人,使组员在小组活动过程中获得正向的经验和表现良好的行为,并协助他们增强诸多社会生活功能,同时整体推进个人、小组、社会的进步和发展。

### 一、小组工作的定义

小组工作是社会工作方法在群体处境中的应用,是群体与社会工作方法的结合体。其基本特征是社会工作者通过群体的组织动员和群体活动发挥服务对象的潜能,解决人们面临的问题和改善其生活质量。小组工作定义的内涵外延广泛,界定角度多种多样。一般来说,小组工作是社会工作者与群体中的人们一道工作,基本目的是通过界定人们的基本需要,解决人们面临的各种社会问题,增强人们的社会功能,实现个人、群体、社区希望或预期的目标,以改善人们的生活质量和提高社会福利水平。[1] 在这个定义中,基本构成要素有六个:

1. 小组工作是以人的群居生活属性和相互依赖关系为基础的,人类不能离群索居,人类生活就是群体生活。

2. 小组工作性质是一种与人们一道工作的方法。小组既是个人实现自我目标和小组目标的基本途径,又是个人与个人、个人与群体、群体与群体、群体与社会发生互

---

[1] See R. A. Skidmore, *Introduction to Social Work*, London: Prentice Hall, 1991, p. 76.

动关系的环境。

3. 社会工作者的服务对象是由个人组成的群体，群体的类型多种多样，划分标准不同，例如正式与非正式群体、志愿与非志愿群体、初属群体与次属群体、我们群体和他们群体等。

4. 小组工作的基本内容是将具有共同愿望、利益、兴趣、爱好和目标的人们组织起来，确定人们普遍存在的基本需要和工作生活面临的主要问题，运用各式各样的服务和项目满足人们的需要，通过需要满足过程解决人们的问题，改善人们的生活环境，提高社会福利水平。

5. 特定小组工作的目标清楚明了。目标既是小组的动力源泉，又为小组工作指明了方向。

6. 小组工作是个服务过程，小组工作应考虑的因素众多，包括小组规模、小组构成、小组规则、聚会时间与地点、小组领袖、小组创立和结束、小组的权力和小组的互动关系等。换言之，小组工作是帮助人们解决群居生活问题和改善人们社会功能的社会服务过程。

简言之，小组工作的本质与精髓是社会工作专业与群体结构、群体过程、群体生活的有机结合。

## 二、小组工作的分类

小组工作有许多不同的类型，每个小组都有其特定的目标，这是小组存在和开展工作的前提所在。从小组目标角度可以将小组分为成长性小组、治疗性小组和支持性小组。

### (一) 成长性小组

成长性小组，又称发展性小组，该类小组以协助成员个人成长发展为主要目的，小组工作者通过对小组的引导，协助成员学习群体文化，承担社会角色，完成和适应人生正常的发展阶段。与其他小组工作类型相比较，它不涉及病理学主题，而将注意力集中在如人际交往、问题解决、沟通等成长性的主题上，希望增强小组成员的潜能、意识和内省，学习到更有效的思维和行为模式、更正确的立场和态度。成长性小组做的是一项预防取向的小组工作，它的功能是尽可能减少人们的失范行为，降低社会失序现象的发生概率，该类型小组的主要特征有如下几点：

1. 小组的焦点在于个人成长与改变，它关注成员本身的成长，强调通过小组过程增加成员敏感度，增强自我觉察的意识，发挥潜能和实现自我。

2. 小组强调组员的自觉和自决。小组的理论假设是人们对自己负责，可以理性地处理含糊和不利情境，增强相互作用，通过增强个体的有效能力达到成长的目的。

3. 小组强调成员的表达和互动，成长性小组成员的主要动力来自成员的互动和分享，没有特别的组织结构和特定的任务，使小组得以维持并不断发展的动力就是小组成员间的回馈和自我学习的强化。

4. 在小组中，小组工作者主要担当了组织者、催化者、示范者和协调者的角色，社会工作者要为小组成员提供信任和舒适的小组环境，引导成员进行有目的的讨论，开发资源以满足小组成员社会化的需求。

（二）治疗性小组

治疗性小组以个体成员为小组目标，小组成员主要是与环境适应不良或有严重的心理和行为问题的个体，其目的是帮助个人通过小组过程达到心理、社会和文化的适应，治疗性小组强调在成员对自己和对他人了解的基础上，利用小组的环境和资源，协助他们明确自身想作出的改变，并给予他们一些改变的工具，帮助其获得解决问题的能力，重建自身社会支持网络的结构性小组。

治疗性小组一般由有较严重的情绪或个人问题的成员组成，是典型的个人取向的小组。该小组重在矫治、治疗和人格重建，其目的在于促进每一位小组成员的行为改变、人格重建和潜能开发，具体来说，包括被诊断有情绪障碍的人的小组，有厌食或进食障碍的人的小组，有惊恐发作的人的小组，有社交恐惧的人的小组，违规青少年小组，婚外情小组，同性恋小组，有药瘾、酒瘾或其他的人的小组等。

在治疗性小组中，小组被视为一种治疗的工具，通过有利于治疗的小组氛围的创造，利用小组动力，协助小组成员探索内心的问题，发展正确的情绪体验，重建自己的认知，对生活的世界、他人和自己作出新的抉择。工作者在小组中具有专业权威地位，他们从事研究、诊断与治疗，通过设计任务、角色和活动，改变小组结构与小组过程，对小组中的个人产生影响。该类型小组由于小组持续时间较长、活动率较高，所以对小组社会工作者的素质要求也比较高，不仅要有充分的社会工作理论和经验，还要有足够的心理学方面的学术训练和临床经验。

需要注意的是，小组本身并没有治疗的效果，小组所造成的个人改变并非是自然发生的，改变的产生来自于小组社会工作者带领成员所创造且极力维护的小组安全、信任气氛，以及在这种安全、有信任的小组气氛中，创造出的一种具有治疗意义的小组情境。

（三）支持性小组

支持性小组由有共同问题的成员组成，小组成员产生互动，彼此提供信息、建议和情感上的支持，发展出有利于问题解决的技巧。强调成员间关系和相互交流体验是支持性小组最重要的事，小组社会工作者通过协助成员讨论自己生命中的重要事件，表达经历这些事件时的情绪感受，成员彼此提供信息、建议、鼓励和感情上的支持。其目标在于帮助小组成员处理有压力的生活事件，强调个人处理问题的能力和相互学习的力量。

由于支持性小组强调小组成员的自助，其小组的动力来源于小组本身，专业社会工作者或小组成员自己均可带领。因此在小组形成以后社会工作者一般处于边缘位置，他们鼓励小组成员分享、尝试，彼此协助解决问题，充分发挥他们的自主性，只在需要的时候才协助成员共同解释所处的情境，给予技术上的指导。所以，在支持性小组中，社会工作者扮演的是推动者和协调者的角色。

在支持性小组中，小组使成员们发现原来其他人也和他们一样经历着同样的问题、感情和想法，共享一样的问题使小组容易建立起彼此信任和支持的气氛。同时，成员分享彼此的情感和生活经验，也使他们更容易给予彼此所需的信息和鼓励，提高成员处理生活中压力事件的能力和信心。近年来，支持性小组发展很快，特别是在医疗社会工作领域更起到了不可替代的作用。例如，在心理支持性小组中，他们通过手术后的运动康复、化学治疗与营养、自我形象改变调试失眠、焦虑等问题，以及家庭关系调整等各种活动，对患者及其家属开展小组工作，成效显著。其他的支持性小组如灾难事件支持小组；离婚女性的支持性小组；有失去亲人的痛苦经历的人的支持性小组；残疾人的小组；艾滋病、乙肝、丙肝、哮喘病人等的支持性小组等。

### 三、小组工作的功能

小组工作由社会工作者带领，集合具有相似需求或问题的个人，共同寻求减少痛苦和消除烦恼、增进和完善个人的社会功能。小组工作的功能主要可以归纳为四点：

#### （一）提供一种归属感

小组可以提供给成员一种基本需求的满足——归属感。因为在小组中被他人接纳不是自然产生的，必须有主观努力和客观的环境，当一个成员感受到被他人接纳时，感到自己成了小组的一分子，进而体会到自己对他人的重要，成员会增进彼此的认同，感受到自身价值的存在，这使人生命中的基本需要得到满足。

#### （二）提供验证事实的机会

小组其实是一个小环境，如同一个真实的社区，在一定程度上反映了小组外的真实世界。在小组中或者说在模拟的社区中，成员通过尝试实践自己的新想法和新行为，并不断探索如何改进和完善，来获得其他小组成员和社会工作者的了解和评价，以此证明这种新行为和新想法在小组外是否会获得认同和接受。应该说，在小组中经过一段时间的互动后，成员便可了解到他人对自己行为的真实想法和反应，能够更有自信地投身到现实社会生活之中。

#### （三）获得互助合作的资源

社会工作"助人自助"的理念在小组工作中表现为：小组提供成员帮助他人和被他人帮助的机会。在小组中，成员通过真诚的互动，彼此了解、互相回应和分享，表达个人对他人的负责态度。当每个人感到身处小组中的安全感时，便会很自愿地接受来自于他人的帮助。同时，小组中工作者所扮演的角色并非专家与权威，只是合作者和伙伴、资源的协调者。

（四）赋予成员能力的工具

社会工作的对象主要是社会中的弱势群体，小组工作的目标就是为具有某种类似问题倾向的人"增能"。一般参加小组的成员都是对改变个人所处情境有无力感和无助感的人。在工作者的带领下，成员在小组中获得在个人、人际和政策层面采取行动的能力，改变个人所处的情境。其中关键之处在于成员们始终相信人们是有能力的，人们失去功能是由于缺乏使个人能力充分发挥的资源。其实对于每一个人面对的问题，个人才是唯一的解答专家。所以，案主对问题的认识和对解决问题的想法和决心，才是问题有效解决的关键所在。

## 任务二　小组工作的理论和模式

### 任务导入

2006 年 9 月，云南某地 6 位妇女在金凤的带领下，成立了妇女小组。之后，在项目工作人员的支持和配合下，经过市场调查、考察等前期工作和摸索，妇女小组做出了第一批手工艺品。2007 年 7 月，妇女小组为"中国农村社会工作发展国际学术研讨会"制作了 100 多个绣片镜框。这些精美的绣品得到了参会代表的一致赞赏。同时，妇女小组设计制作的靠垫、桌布、纸巾盒套、笔套、手链等产品也得到大家的好评。通过会议义卖和其他会议的订货，妇女小组收入了 23 000 多元。

### 任务识别

1. 案例中小组运用了什么理论？
2. 案例中的小组展现了怎样的小组工作模式？

### 任务链接

### 一、小组工作的理论

社会工作专业借用了大量不同学科的知识与理论，小组工作也是如此。小组工作的知识发展来自于两个方面：社会科学理论和小组工作实践理论。以下简要介绍在小组工作中经常运用的一些理论。

（一）社会学习理论

按照社会学习理论，小组成员的行为可以用三种学习方法来解释，即传统条件反射理论、强化条件反射理论以及社会学习理论。

1. 传统条件反射理论。在传统条件反射理论中，行为是与刺激相联系的。例如，在一个小型的儿童小组中，每当社会工作者准备好食品，就会要求孩子们在吃东西前去洗手。一段时间以后，当社会工作者把食品放到桌上，只要见到食品，孩子们就会按照先前养成的刺激习惯去洗手，不再需要社会工作者的提醒。通过这种方法，孩子们养成了良好的卫生习惯。

2. 强化条件反射理论。这种学习方法立足于行为受行动的结果的影响这一理论观点。一方面，如果行动的结果是正面的、积极的、肯定的，行为就会得到强化。另一方面，如果结果是负面的、消极的、否定的，行为就会被削弱。例如，如果一个小组成员在表现了某种行为后，从社会工作者或其他小组成员得到肯定的反馈，他们在将来表现同样行为的可能性就会增加。所以，可以用表达意见、赞赏或者其他的强化或奖励方式，来鼓励正面的行为。反之，惩罚性的措施则能减少不良行为或不受鼓励行为的发生。

3. 社会学习理论。按照社会学习理论，行动者通过观察的过程和奖励与处罚的运用来学习某一种行为。比如，一方面，如果一个小组成员的某种行为受到表扬，那么这个成员和其他人就会为了在将来得到同样的表扬而追随这种行为。另一方面，如果一个成员的行为被忽视或者一个成员因为行为不当而受到惩罚，那么这个成员和其他人为了避免否定的结果，在一定程度上就不会仿效这种行为。

社会工作者在小组工作实践中运用这些理论，首先必须形成一种小组氛围和环境。在这种环境中，奖励和惩罚能直接地运用于鼓励符合小组目标及小组需要的适当行为，或者用于惩罚违背小组目标与小组需要的不适当行为。

（二）心理分析理论

心理分析理论认为，案主的问题往往起源于幼年时期未解决的心理冲突。这类冲突通常起因于幼年时期某些没有得到满足的需要，或幼年时期一种创伤性的经历。按照心理分析理论，小组在很多方面会重现家庭情形。例如，小组领袖扮演有权威的父亲形象，同时小组成员把他视为理想并作为认同的对象；小组成员对待其他成员也如同家庭成员一样。

小组中的互动反映了个人的心理结构和小组成员的行为方式。小组成员按照自己早期的生活经验向其他成员和小组领袖产生移情。小组领袖可以利用这种移情，通过挖掘小组成员过去的经验，帮助他们解决冲突和获得对现状的认识和了解。例如，当社会工作者在小组中处于中心地位，成为被认同的领袖时，他应该适度地利用这个角色去影响小组成员的行为、态度以及价值观的改变。

通过小组过程与小组工作实践，小组成员可以培养起他们自己处理人际关系的技巧、解决问题和适应环境的能力以及自信心。小组本身的凝聚力和小组内部的安全气氛，能够使小组成员自然流露出有关他们个人生活的内在情感和真实想法。当他们的内在感受及内心冲突能够表达出来，小组成员就能从这些行为中获得领悟，这对帮助小组成员改变自身的行为方式和解决他们所面临的问题是很重要的。

（三）系统理论

系统理论把小组看作由不同的互动元素所组成的系统。按照塔尔科特·帕森斯（Talcott Parsons）的观点，小组是一个社会系统，包括许多拥有不同关系的成员，小组成员是小组系统的一部分。在不断变化的社会环境中，小组系统作为一个有机的整体运行，力图保持一定的秩序和稳定的平衡。在小组系统以外，有其他系统，如家庭、学校、政府、工作场所和社会等，所有这些系统都与作为整体的小组或与作为子系统的小组成员产生互动。所有的系统都有自身的边界，当系统是开放的时候，它们能够通过系统边界与其他系统互相影响或互动；当系统是封闭的时候，它们就不能与其他系统进行任何的交流与影响。

作为小组的组织者，社会工作者应该尽量通过增强系统的开放程度或者利用小组外的其他系统来影响小组及小组成员。作为一个自我维持的小组，如果希望保持和有效地存在下去，就必须成功地履行整合、适应、目标维持、目标实现四个功能性任务。社会工作者必须保证小组成员具有完成这些功能性任务的责任心，小组的成功取决于小组成员互相适应或互相配合的程度、适应环境的能力、维持小组的凝聚力、对小组目标的认同和不断地变化以达到新的平衡。

系统理论对我们理解小组工作提供了很多有益的解释，从中我们可以得出以下对小组工作有益的结论：

1. 小组具有整体性，小组拥有自身的规范和一定的工作程序，这些规范与程序来源于小组成员的互动；

2. 小组具有较强的影响力，由于系统的部分和整体是互动的和相互影响的，因而小组对于个别成员的行为具有相当的影响力；

3. 小组必须保持一致性，在面临冲突时尤其如此，以达到小组目标；

4. 小组必须既要与外部环境相联系，又要关注其内部的运作，因为小组既有内部系统又有外部系统；

5. 小组总是处在发展和变化之中，因为系统本身是不断发展变化的；

6. 小组具有自身的发展周期，像每一个系统都有发展周期一样。

**二、小组工作的模式**

人类具备获得更高成就的潜能。小组工作作为一种方法和过程，就是帮助人们改善自己的生活质量，最大限度地发挥自己的潜能。小组的方法能够帮助小组实现以下目标：实现大家共同决定的目标；帮助经历了个人、家庭、职业和适应问题的个人，获得预期的改变；促进个人提高和个人充实；将治疗、自我提高和个人实现有机结合起来。

小组的目标和目的将决定使用什么样的小组工作模式。佩普尔（Papel）和罗斯曼（Rothman）提出三种工作模式：①社会目标模式；②治疗（矫正）模式；③互惠（互动目标）模式。

（一）社会目标模式

采用社会目标模式的小组的形成和发展，取决于某些公众共同感兴趣的因素，这些兴趣决定了小组的社会效果。这个模式需要与小组的兴趣和努力相配合。它通常需要解决的问题就是社区内存在的问题，小组就开设在居民会所中，社区服务和邻里服务委员会也开展小组工作。最近，这个模式常用于解决与社区发展相关的一些社会问题。指导社会目标模式的原则主要包括：明确机构的政策，与机构的目标保持一致，选择合适的问题来采取集体行动，权衡行动的各种可能的方式，以及由此而产生的后果。其中民主的原则是社会目标模式的核心原则。每位实务工作者，不管他们的理论背景如何，都应该在小组过程中严格遵循民主的原则。

（二）治疗模式

治疗模式实际上是一个矫治模式，它偏重临床性。小组成为个人变化的媒介。小组工作员协助组员间的互动，以推进个人的改变。他们需要运用知识和技巧来帮助个人获得自我意识，改善社会功能。小组给组员提供支持，鼓励组员学习，使其获得新的、更好的功能性。干预是以现实为导向的，解决的问题都是小组中存在的功能失调问题，以及人际关系问题。治疗性小组广泛运用在医院、矫正机构、家庭服务机构、心理咨询服务机构、学校、健康机构等很多部门。

（三）互惠模式

互惠模式适用于个人和社会。它把个人当成了一个抽象体，从人与自己周围的社会系统和次系统互动的角度，来研究、理解个人，并帮助人们解决问题。它认为人受到各种社会关系，包括社会制度、人与社会制度之间的互相依存的关系的影响和改变。互惠模式认为，在个人与社会之间存在着一个动态的系统关系。这两者之间的互相依存就成为社会工作的"重点"，而小组就为调节个人和社会的作用提供了很好的条件。与治疗模式不同，互惠模式不会有一个预设的目标，但是它有一个理想的小组形态，即一个互助系统。这个互助系统不只简单地取决于小组需要解决的某些具体问题，而是成为问题解决的一个必要条件。换言之，互惠模式没有一个治疗结果，没有一个明确的政治或社会变革计划，它只关注个人面临的问题，从这里发展出一个互助系统，帮助解决问题。它的重点在于参与和投入人际关系的过程。只有通过这种积极参与和投入，组员的问题才可以得到有效的解决。互惠模式的理论基础主要来自系统理论、场域理论、社会心理学理论，以及社会工作实务方法中的实务原则。

## 任务三　小组工作的过程与技巧

### 任务导入

北京市第一社会福利院（以下简称"一福"）成立于1988年，是一家市属养老福利机构。"一福"集颐养、护理、康复、医疗于一体，是一家综合性的大型养老机构，目前收住近500位老年人。全院分为四区一部，即颐养区、生活照料区、养护区、医疗区和门诊部，各区都配备24小时的值班护士，为老人们提供全天候的周到服务。在提供服务的过程中，护士们的工作最为辛苦和琐碎，她们都是20多岁的女孩子，为80多岁的老年人提供服务本来就不是一件易事，而长期为老人服务更是增加了她们心理的疲惫和职业的倦怠。因此，社会工作者决定针对该院的年轻护士开展一次减压小组活动。

### 任务识别

1. 此案例中小组工作服务可以分为哪几个步骤完成？
2. 此案例中的服务对象有什么特点？在服务过程中如何控制小组进程？

### 任务链接

### 一、小组工作的发展阶段

（一）领受小组任务

明确地理解小组任务是工作者首先应该完成的工作。小组任务一般有两种形成方式：①机构给工作者的任务，属于自上而下的任务。这个任务一般是机构之前经过调查或经验而得到的。②社会工作者通过实地观察，发现居民们有共同的需要，面向机构提出并得到机构同意的小组任务，属于自下而上的任务。不论领受哪种形式的小组任务，小组工作者都有必要弄清楚以下几个问题：机构的性质、服务理念、物资、主要服务对象、运作目标、服务对象的需要等基本情况以及小组任务的目标等。

成立一个小组的想法可能由机构领导者、小组工作者和潜在组员等人提出。

1. 由机构的领导者提出。当机构的领导者在检查机构的等待名单时发现许多案主遇到类似的问题，并认为此类问题能够以小组的方式处理，他可能会在机构会议中提出成立一个小组。

2. 由小组工作者提出。小组工作者发现有许多案主面对类似的情况和问题，他可能会提出建立一个小组，例如，一位小组工作者在检查他的案主资料时，惊讶地发现，在当时每个星期前来找他做个别咨询的案主中，有许多是遭遇离婚的妇女，虽然这些妇女的年龄、教育程度和生活形态并不相同，她们却有一些共同的重要特征：①她们都有轻微的沮丧，但都维持着起码的健康；②这些妇女在经济上都有困难；③在满足孩子的需要上都有困难；④在过去的生活中，都曾经遭遇过男人的遗弃，这也影响了她们与其他人的关系。当这些妇女在被个别询问是否有兴趣成为小组的一员时，都表示乐意参与。

3. 潜在的组员提出。在潜在组员的请求甚至要求下，工作者可能针对他们的特殊问题成立一个小组。例如，一些青少年的母亲，由于关心社区中的药物滥用的状况，而与社区心理卫生中心的工作者讨论，请求工作者协助他们组成一个小组，并且协助他们寻找适当的物专业人员成为他们的讲解员。

4. 由其他人员提出。当某一机构的有关工作者（如医院的医生、学校的辅导员）发现有多人存在相同问题时，可以建议成立一个小组，如将拒医的病人组成一个小组。当社区工作者发现社区中有若干人面临或存在相同问题时，可以建议成立一个小组，如某社区中有越轨行为的青少年较多，可以针对他们成立一个小组，帮助他们矫正越轨行为。

（二）筹划组建小组

1. 初步确定小组开组的目标。每一个人参加小组都是有自己的目的的，由服务机构设计的小组服务通常依循机构的服务宗旨。如青少年服务机构会以满足青少年的需要为主，而这些小组的服务宗旨或目标都会在小组开组以前确立，小组工作员则会根据青少年的特殊需要和特点制定更为具体细致的小组目标。小组工作的目标可以视为小组整体与个别组员参加小组的期望，其中隐含着小组工作员、机构、小组组员以及整个小组的期望和目的。

总的来说，小组目标是小组开组以后逐渐形成的，主要是通过组员之间的相互认同和接受个别组员的目标而形成小组共同的倾向。

2. 初步确定组员的资格。在有了小组开组的意念以后，小组工作员要考虑依靠服务机构的政策和资源来开设小组。通常在小组开组前，小组工作员都要明确服务机构对该项服务是否能够提供充分的支持，待这些问题解决以后，小组工作员便要确定小组组员的资格和标准。通常，小组工作员会以下述内容作为标准来确定小组组员：①他们能否在小组中真正受益；②他们参与小组活动的动机如何；③他们是否认同小组的初步目标。

在招募小组组员之前，小组工作员要考虑他所招募的组员应是同类型的组员还是多类型的组员。同类型组员的组合是指组员有较一致的年龄、背景或参加小组的意向。多类型组员的组合是指组员具有共同的需要，但背景与特质有所不同。同类型组员组合的小组较易产生小组的凝聚力，组员容易投入到小组的任务之中。对一个以任务为主的小组来说，这一点是十分有利的。但是，小组如果想要改变小组组员的意识形态，多类型组员组合的小组则相对更为有利，因为，小组组员的特征的多样化，能够提供组员更多的相互学习和互补的机会，从而能够影响大家，使他们的意识和行为产生变化。

3. 小组计划书。在小组形成之前编写小组计划书是必要的。小组计划书一般具有两方面的功能：①良好的计划书能够获得机构的支持和批准，从而获得机构在资金、资源上的支持。②小组计划书还能使社会工作者对小组目的有清晰的了解，不但能够为每一次活动做好准备，而且还为社会工作者评估小组的活动效果提供了基础。

一般而言，一份完整的小组计划书应该包括如下几个方面的内容：

（1）小组工作的背景及依据，包括服务机构的背景、采用小组工作方法的原因、小组工作的理论、概念架构；

（2）小组目标；

（3）小组成员，包括小组成员的年龄、性别、教育背景等特征，小组成员的问题和需要，即小组的工作范围；

（4）小组的特征，包括小组的性质、小组持续的时间（短期还是长期）、小组的规模、小组的结构、小组活动的频率、小组活动的时间（上午/下午）；

（5）小组明确的目的；

（6）小组活动的计划和日程安排，包括小组活动的计划草案、活动的大纲、日期、时间、活动的地点、活动的具体目的、社会工作者的任务、活动的准备、所需器材与设备；

（7）招募计划，包括按照机构的规则确定小组建立的程序、小组成员的来源、宣传、招募方法、允许的招募时间、招收方法；

（8）需要的资源，包括器材、地点和设备、人力资源；

（9）预计可能的问题和应变计划，包括小组成员的问题、小组工作者或机构的问题；

（10）小组活动的评估方法，包括评估的范围和评估方法。

（三）开始小组活动

在计划或小组工作前期的基本工作完成之后，工作者应贯彻与落实其计划。落实工作始于开始阶段，工作者给成员指明工作的方向，明确小组目标和工作程序，并帮助他们建立关系。在开始阶段，工作者的任务主要包括：

1. 介绍组员互相认识，以使组员之间互相感到畅快和适应；

2. 阐明小组的目的和功能；

3. 在小组发展过程中，引导完成工作任务和社会情绪稳定两个方面得到均衡发展，以成功地完成小组的目标；

4. 提供机会与建立气氛，以及收集成员对小组目的的反馈，以激发和推动成员在小组中迈向工作目标。

此外，开始阶段也包括在计划阶段要做的三项任务，即：确定小组目的、制订小组结构和订立契约。当然，仅仅当小组情况发生变化时才需要在开始阶段再确定目的、结构和契约。例如，如果这个阶段有新成员加入小组，或在初步接触后成员的兴趣和需要有所转移时，小组工作者（与成员一起）才需要修改已有的小组目的和小组契约。

（四）小组中期阶段

当计划和开始阶段的任务已经完成，小组初步建立了一套动力机制，包括已建立了沟通和互动模式、基本的人际互动和小组凝聚力、暂时的社会调控和小组风气等，就可以进入小组进程的中期阶段。在这一阶段，社会工作者必须开展一些活动，以鼓励小组成员为实现小组目标而工作。一般来说，中期阶段的活动包括：

1. 为小组聚会做准备。在之前小组阶段，工作者已经制订了小组的计划书，其中准备了每个聚会的暂定计划。随着对小组需求的评估和小组成员所显示的需求的变化，这些计划应予以修改。

2. 按照小组的性质和目标结构来建立小组。为了建立小组，社会工作者的主要任务有三个方面，即：确定聚会的时间和程序（工作者必须确定聚会开始和结束的时间、每次聚会的场所、小组聚会的次数等）；建立沟通与互动模式（互动过程的结构应让全体成员有机会参与，但机会可能是不平等的，因为它是由每个组员的需求、特征及小组的性质决定的）；集中介入层面（包括小组成员个人、整个小组以及小组外部环境三个介入层面。工作者应根据小组的需要来确定集中在哪个介入层面上，以建立不同的目的和介入计划）。

3. 帮助小组成员实现他们的目标。随着小组成员在小组过程中的发展，在中期阶段，工作者必须依照组员需求的改变而修改契约；同时，为了帮助成员实现其目标，工作者还必须保持小组成员对目标的完成意识，形成明确的任务计划，制订计划的步骤，确定计划的原则，按照计划去工作等。

4. 调控和评估小组的进度。调控和评估总是同步进行的。这是成员执行计划并取得有关部门对执行进度反馈的过程。反馈的内容可以集中在小组的任务或者社会情绪方面。调控和评估也是一个动态的过程，即收集反馈对形成、修改和改变介入计划是有用的，并使它能针对组员的需求。

（五）结束与评估小组

大多数小组都是有时间限制的。按照社会工作者的观点，小组的结束阶段是小组接近结束的时间，然而小组成员个人可以在不同的时间内结束他们的小组成员身份，所以小组的结束可以是有计划的或者没有计划的。结束期是巩固小组所做的工作的时期，它常被看作小组生命中至关重要的阶段。在这个阶段，为保证小组的成果不被破坏，社会工作者有许多基本的任务要完成。这些基本任务包括：

1. 维持变化和应用学习的技能，即工作者要使组员能够保持已经改变了的行为，并在日常生活中运用在小组中获得的技能。工作者可以用很多方法帮助组员达到这个目，比如，进行模拟练习、形成信心、肯定正面的感受、安排跟进的聚会、取得他人的支持以及鼓励独立等。

2. 调整组员的心理。在小组的结束期，小组成员可能同时有正面和负面两种感受，会出现失落和分离的心理。因而，工作者应该帮助小组成员做好心理调适。

3. 为将来作计划。在小组结束期，一些小组成员可能已经实现了他们的目标，而其他人可能还需要给予进一步的关注。在这种情况下，工作者应同他们讨论将来可能遇到的问题和有需要时如何寻求服务。

4. 转介。为了能够转介，工作者应该与其他机构建立联系网络，了解转介的准则并使组员有所准备，从而使他们能从新的服务中得到益处。

结束期的一个重要任务是总结小组工作者介入的效果和整个小组工作的效果，我们把这个任务叫作评估。社会工作者在进行评估的资料收集之前，还必须确定评估设计和其使用的量度方法。评估设计主要是计划什么时间和从哪里收集资料、收集资料的类型和分析资料的方法等。社会工作者可以从多种来源收集资料，比如他们自己的记录、来自小组成员的资料、观察员报告等；而在评估的层面上也可以从三个方面进行，即介入的结果、介入过程本身和社会工作者本身。

总之，社会工作者为评估其小组而收集资料时应考虑的因素有：哪些方面是将要评估的；将用什么作为小组变化的指标；在评估中要收集什么资料；将如何获得资料和如何保证资料的真实性。至于评估小组变化的方法，则有许多种。比如，在评估个人变化的层面上有行为记录法、目标实现法、自我评定法、特定技能的评定以及心理学的其他方法等；在评估小组变化的层面上有行为记录法、模式的改变、小组成员的归因法和社会科学发展的其他方法等；在评估环境改变的层面上有观察法、文件记录法等。社会工作者应根据评估的不同方面及不同的目的而选择不同的评估方法。

## 二、小组工作的技巧

### (一) 小组工作的一般技巧

社会工作理论中将社会小组工作的一般技巧概括为以下几个方面：

1. 建立关系的技巧。小组工作者要通过一定的方法和策略与小组成员建立良好的专业关系，同时也要促进成员之间建立良好的关系。

2. 观察的技巧。小组工作者要能够灵敏地、细致地观察和判断个人与小组所面临的环境及其所需要解决的问题等，以确定适合的小组目标和解决问题的方案。

3. 组织和介入小组的技巧。包括社会工作者建立小组，介入问题，处理冲突，应对突发事件，把握和推进小组工作进程。

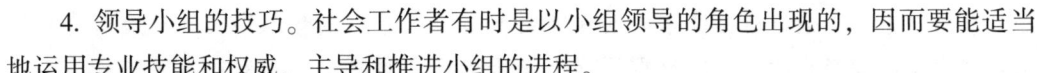

4. 领导小组的技巧。社会工作者有时是以小组领导的角色出现的，因而要能适当地运用专业技能和权威，主导和推进小组的进程。

5. 沟通的技巧。社会工作者是促进内部沟通和外部沟通的桥梁，自身要与成员沟通，也要促进成员之间的沟通，并且与小组外部的环境（如机构、社区及人员等）进行沟通。

6. 参与小组活动的技巧。小组成员要自己设计各种活动方案，而小组工作者要愉快地投入其中。

7. 运用社会资源的技巧。为实现小组的目标，工作者要善于调动社会的各种资源，包括人力的、机构的、新闻媒体的以及社区的资源。

8. 评估小组过程的技巧。工作者要对小组的各种活动订立目标，并作出评估。

**（二）制定和推行小组工作程序的主要过程技巧**

在制定和推行小组工作的程序时，有些过程技巧供社会工作者参考。

1. 发现小组成员的潜在兴趣和需要。社会工作者可以观察组员并聆听他们说什么，甚至直接向他们提问以求有所发现，也可以尝试运用一些程序和方法去考察他们的需要和兴趣。

2. 确定程序中每个维度的结构。社会工作者必须确定程序的指令、控制、身体活动、能力、互动和奖励，而且必须以小组的性质和目标及小组成员的特点为基础来确定。

3. 确定身体、社会和心理的投入水平。社会工作者必须确定成员参加程序所需要的身体、社会和心理投入的水平。为此，工作者必须确定以下各点，包括：要求参加者达到的注意力水平；参加者忍受挫折的水平；参加者的智力水平；参加者的情感水平。

4. 确定程序的目的及评估方法。工作者要确定程序的目的和评估方法以及测量的指标，然后，应尝试推行程序是否可行。如果不可行，则需要进行一些调整或者在某方面进行调适。

5. 准备各种资源。工作者应界定必需的资源并做好准备，如工作人员、辅助工作人员、设备、物质、场地等。如果资源不足，则必须找到替代物。

6. 给小组成员分配任务。工作者要推进程序，可以给小组成员分配任务。分配任务时要讲清楚分工、工作细节和目的、分工的原因等。

7. 推行程序。程序制定以后就可以实施。工作者必须帮助小组成员全力以赴。

8. 评估程序。这是最后一个步骤。工作者以事先确定的评估方法和标准为基础，评估程序完成目标的程度。

**拓展练习**

某社区有一群下岗女工，她们生活困难，主要靠低保和流动摊档摆卖一些袜子等小衣物补贴家用。最近所在城市要创建文明城市，街道和城管工作人员对她们的流动摊档提出了明确禁止的意见。这群下岗女工天天无所事事，在家庭中跟丈夫争吵，在社区聚集聊天、打牌，也经常产生一些纷争，影响了邻里团结。

1. 在上述案例中，这些下岗女工面临的困境有哪些？

2. 请你针对这群下岗女工，设计一份小组服务计划书。

# 项目三　社区工作

## 学习目标

**知识目标：**

1. 了解社区及社区工作的内涵；

2. 掌握社区工作的理论与模式。

**能力目标：**

1. 能够按照社区工作步骤开展社区工作；

2. 能运用社区工作的专业技巧，解决工作过程中遇到的实际问题。

**素质目标：**

1. 深刻认识社区工作者岗位技能需求；

2. 培养遵循因地制宜、促进社区全面发展的社区工作者精神。

### 任务一　社区工作的基本概念

## 任务导入

### 鉴别"社区工作"

重庆市丰都县名山街道名山社区是重庆市第一批社区工作项目试点社区，该社区属于农村社区，刚毕业的社工学生小婷是该点的驻站社工。来到社区后，小阮跟着低保员进行入户调查等低保工作，一段时间后，小婷觉得这不是自己理想的社区工作，于是找到社区主任、书记汇报了自己对于社区工作的理解。小婷突然提出现在社区居委会干的这些工作不是专业的社区工作，这让社区主任、书记以及社区干部觉得小婷的想法太理想了，他们都认为小婷还没有把书本上所学的理论知识跟中国的实际结合起来。

## 任务识别

1. 社区居委会的工作与社会工作中的社区工作有哪些区别和联系？

2. 社区工作有哪些功能与特点？

📝 **任务链接** ¬

## 一、社区工作的含义

社区工作在不同的国家、不同的历史时期，有着不同的内涵和界定。鉴于对社区工作的多种理解，以及强调的侧重点不同，使得社区工作的定义多种多样。本教材在综合前人定义的基础上，给出社区工作的一般定义如下：

社区工作是以社区为对象的社会工作介入手法，其介入行动的形式或类型可以是政策或项目的创新或修正，也可以是一个新的计划开始启动。社区工作也是一个有计划的改变过程。它通过组织社区成员参与集体行动去界定社区需要，并挖掘社区资源，合力解决社区问题，改善社区生活环境及生活质量。在参与的过程中，让社区成员建立对社区的归属感和认同感，培养其自助、互助与自决的精神，提升他们在社区参与及影响决策方面的能力和意识，发挥其潜能。社区工作的主要目标是满足社区需要，解决社区问题，实现社会公正。

在这个定义里，其实包含了社区工作与社会工作间的关系：

（一）社区工作是社会工作的一种方法

什么是社区工作，最普遍的看法是社区工作是与个案工作、小组工作并列的社会工作直接服务的三大工作方法之一。

相对于个案工作与小组工作，社区工作是比较晚才被确认为社会工作的一种介入方法的。以美国为例，个案工作与小组工作的介入方法分别在1920年和1930年就得到确认，但社区工作的介入方法却迟迟未得到关注，美国的社会工作教育课程也忽略教授社区工作等宏观的介入范畴。直到1962年，美国的社会工作教育课程委员会才正式认可社区工作为社会工作的基本方法之一。

社区工作方法的确认，扩展了社会工作的分析角度，使社会工作跳出了微观的层面（着重补救性的危机介入，只重视改变或改善个人及家庭的生活条件），补充了危机介入方法的不足。

社区工作之所以能够作为社会工作的基本方法之一，也因为社区工作的介入方法与社会工作个案工作、小组工作方法有着互通一致的价值观，例如尊重人的价值与尊严、相信人的自决权力、追求社会正义等。

（二）社区工作是在社区层面开展的社会工作

当把社区工作作为与个案工作、小组工作并列的社会工作直接服务的三大方法之一时，也就把社会工作专业介入的角度分作了不同的层面，即微观的个人、家庭、团体层面，以及宏观的社区、社会层面。社区工作是以社区为对象的社会工作介入方法。

（三）社区工作是在社区范围内开展的社会工作

从社区工作是在社区范围内开展的社会工作的角度理解"社区工作"的概念，是把社区作为专业社会工作服务的场域之一来认定的。专业社会工作服务的范围或者说领域是极其广泛的，例如，学校社会工作、农村社会工作、企业社会工作、医务社会工作、青少年社会工作、老年社会工作、妇女社会工作等，分别是在学校、农村、企业、医院、青少年和妇女等不同场域、群体内的社会工作综合服务。社区工作也是专业社会工作在社区场域内的综合服务。

（四）社区工作是社会工作的一种特定服务

社区工作也可理解为在社区内开展的特定服务活动。例如，20世纪五六十年代，因为有大量移民涌入香港地区，政府便开始推行社区工作服务，设立社区中心，培养居民对社区的归属感及互助合作的精神。20世纪70年代末期，香港木屋和临屋的数量大幅增加，这些地区的居住环境恶劣，政府遂开始资助社工机构从事"邻舍层面社区发展计划"，这是官方对社区工作作为一种服务的确认。社区工作者在这些贫困地区进行服务，推广公民意识，协助居民运用社区资源解决问题。另一方面，社区工作者又协助居民建立邻舍关系，鼓励互相帮助，以期达到社区的和谐。

## 二、社区工作的目标与专业特征

（一）社区工作的目标

社区工作的目标可以分为总体目标和具体目标。就总体目标的分类，基本遵循了罗斯曼（J. Rothman）和托马斯（D. N. THomas）的两分法。

1. 罗斯曼的两分法。美国著名社区工作专家罗斯曼将社区工作的诸多目标分为"任务目标"（task goals）和"过程目标"（process goals）两大类。

所谓"任务目标"，是指解决一些特定的社会问题，包括完成一件具体任务、实现一些社会福利的目标、满足社区需要，以及修桥铺路、安置无家可归者等。这些改善是具体而落实的。这一目标也被称为"结果目标"。

所谓"过程目标"，是指促进社区居民一般能力的提高，包括建立社区内不同群体的合作关系，发掘及培育社区领袖参与社区事务，加强对公民事务的了解，以至增强解决问题的能力、信心及技巧等。

虽然目标有所区分，但在社区工作中，这两种目标也相互重叠，因为结果目标都是通过同一个过程实现的。所以在大多数情况下，社区工作必须同时关注这两种有所重叠的目标。

2. 托马斯的两分法。20世纪80年代，英国学者托马斯又提出了另一种较具影响力的社区工作目标两分法，即分配资源（distributive dimension）和发展市民（developmental dimension）。

分配资源是指社区工作是组织居民就市民日常的切身事情，争取合理而平均的资源调配，从而令市民的权益得到保障。

发展市民包含以下两方面含义：一是社区工作可促进公民权的发展。这是指培养基层市民的"政治责任感"，即他们的"政治能力"及政治重要性。所谓政治能力，就是令市民对政治产生兴趣，掌握更多的政治知识及技巧去参与政治事务。所谓政治重要性，是令市民拥有信心及能力，借以影响政党及政客，使其觉得自己在政治参与上有着重要位置。社区工作者有责任培养政治意识成熟的选民，监察政府或政党的运作。二是社区工作可促进社会发展。这是指培养居民的"社区凝聚力"，增进居民间的交往及对社区的归属感，令居民觉得自己可对整个社区作出贡献。

上述两种分类法中，托马斯的分配资源目标类似罗斯曼的任务目标，托马斯的发展市民目标类似罗斯曼的过程目标。只是罗斯曼分类法比较笼统和概括，托马斯分类法则更加具体和切合实际，特别是托马斯能够在"过程目标"中进一步阐述公民权及社区凝聚的重要性。

就具体目标分类，社区工作包括以下几个主要方面：

1. 推动社区居民参与解决自己的问题。社区工作者相信社区居民有能力解决影响其生活的各种问题，因此鼓励居民参与解决自己的问题，这样既有助于问题的解决，也有利于居民的自我成长。社区工作在推动居民参与集体行动的过程中，促进居民自决和自立能力的提高，建立社区居民的社区意识，增强社区居民对社区的归属感。

2. 提升社区居民的社会意识。社区工作的一个重要任务是让社区居民认识到，不仅反映和表达自己的意见是其拥有的权利，而且个人也有责任去履行自己的义务，即关心社区问题，改善社区关系，使社区资源和权力得到合理的分配。社区工作也要让社区居民认识到个人存在问题的本质，这些问题并非完全是个人原因所导致的，而是与整个社会的政治、经济、文化及阶层结构有关。

3. 培养相互关怀和社区照顾的美德。社区工作可以促进社区居民之间的相互关怀，以达到社区照顾的目的。社区居民通过彼此的交往，一方面可体会互相帮助及群策群力的重要，另一方面也有利于降低因社会急剧变迁给人们带来的疏离感，使人们可以寻回自我，更好地把握个人的命运。

4. 善于利用社区资源以满足社区需要。社区工作的一个主要目标是将社区的需要与社区的资源互相协调配置：一方面使资源得到充分利用，避免重复和浪费；另一方面也使社区居民能够尽快得到有效服务，并不断改善和提高社区服务质量。在政策方面，社区工作也非常重视社会政策规划、分析和改变的过程，强调其应以满足社区需要为前提。

5. 追求权力和资源的公平分配，调整或改善社会关系，减少社会冲突。

6. 发挥居民的潜能，发掘并培养社区的领导人才。

7. 增强社区的凝聚力。

（二）社区工作的专业特征

社区工作是社会工作者运用专业方法解决社区问题、促进社区发展的方法和活动。社区工作作为社会工作的三大介入手法之一，究竟它与个案工作、小组工作有何不同？社区工作本身具有哪些特质？这是深入认识和学习社区工作首先要了解的。

1. 以社区为对象。社区工作的服务对象是整个社区，而不是个人、家庭或小组。社区可以是地域社区，也可以是功能社区。地域社区有地域界限，而功能社区是指一群有共同背景、共同需要或面对共同问题的人，他们未必居住在同一地域社区内，但他们都拥有共同的特质及利益。社区工作的重点是解决群体所面临的共同问题以及居民所共同关心的社区事务。

2. 采用结构导向的视角分析问题。社区工作在分析问题产生的原因时，它的视角是结构导向的，而非个人导向的。社区工作认为问题的产生并不完全是个人自身的原因，而是与社区周围的环境、社会制度及整个社会有密切的关系。因此，社区工作着重考虑社区环境及制度是如何影响人的社会功能、如何限制人的能力的发挥、如何让人所应有的资源及权力产生缺失的。正是基于结构导向的分析视角，解决问题的责任不应只放在个人身上，政府、社区均有责任提供资源，协助处理和解决问题。要避免将问题个人化，采用"责难受害者"的角度，而应以"结构导向"的视角去处理社区所面临的问题。

3. 介入问题的层面更为宏观。社区工作认为解决问题的责任不应只放在个人身上，政府、社区均有责任提供资源，协助处理和解决问题。因此，社区工作较多涉及社会层面，牵涉到社会政策的规划、分析以及政策的改变，注重资源和权力的分配。

4. 涉及政治范畴。从广义上看，凡涉及资源和权力分配的问题都可视为与政治相关的问题。因此，社区工作的内容与个案工作和小组工作相比，在一定程度上更为政治化和容易涉及政治范畴。社区工作更关心社区居民，尤其是弱势群体的权利维护，更多时候会采取多种行动为社区居民争取合理的资源；社区工作要改进社区关系、改变权力分配、提升居民的社会意识；社区工作要实现促进"公民权发展"的功能等，都具有一定的政治性。

5. 善于反思和批判。社区工作总是在关注问题，尤其是更加关注在社会急剧变迁中的弱势群体的权益问题，并且试图从根本上找出问题的症结并加以解决。社区工作认为问题的产生并不在于个人本身，而要从社会结构、社会政策、制度和资源分配角度分析和处理个人问题，因而往往引发出对现存社会结构和政策的反思和评判，力争改变造成这种问题的政策或制度。

### 三、社区工作的功能

功能是用来表示一个系统中不同部分之间的相互依存性的概念。这一概念后来被结构功能主义学派所发扬。其代表人物帕森斯认为，任何社会系统都是内部分工又相互依赖的整体，依靠从适应到分化再到整合的内部机制，系统的每一部分都对整个系统的存在发挥其功能，从而达到系统的平衡与稳定。社区社会工作是为适应社会发展和人们的需要而产生的，因此，社区社会工作在社区层面发挥着特殊的社会功能。概括起来，主要表现在以下几方面：

（一）社会福利功能

社会福利从广义上讲应包括所有满足社会成员安全等基本生活需要的社会保障内容；从狭义上讲则专指满足社会成员较高层次生活需求的服务。社区工作的社会福利功能，是指社区工作的社区保障功能以及社区服务功能。社区保障是指社区承担或实施的社会保障工作。在我国，社区保障是社会保障体系的重要组成部分，它以国家的社会保障制度为基础，以社区作为社会保障制度的基本落脚点，以社区居民作为社会保障的对象，以保障居民的基本生活权利和需求为根本任务。社区服务是指立足社区居民的福利需求，开发和利用社区的资源，解决社区的问题，改善社区居民的生活，提高社区居民的生活质量和福利水平。专业社区工作者应在提供服务、争取资源、影响政策改变等与社区工作社会福利功能实现密切相关的诸方面发挥重要作用。

（二）社会服务功能

社会服务，是指国家无力满足或无法直接提供而企业又不愿意以非营利的途径去满足社区居民要求的那些非市场的、社会领域的服务。而满足社区居民的需要，为社区居民提供不以营利为目的的公益性的无偿或低偿的社会服务，是社区工作最基本的社会功能。无偿性服务的买单者是政府、慈善组织及人士，低偿性服务提供给有能力购买这种服务的社区居民。专业社区工作者承担着实现社区工作社会服务功能的主要责任，他们向社区中有不同需求的人群，如老年人群、残障人士、遭家庭暴力困扰的妇女、外来人口等提供专业的服务，以及指导和帮助社区建立所需要的社会服务组织、服务项目及服务机制。

（三）合理配置社区资源，促进人的全面发展的功能

社区资源是指对社区群体或个人有用的社区内部和社区外部所有财富的总和。它既可以是物质的和人力的，也可以是权力或精神的。对于资源使用者，它可能是直接获得的，也可能是间接提供中介才能拥有或利用的。把资源传递到需求者手中，组织并合理调配和使用社区资源，是社区工作者的任务，也是实现社会公平的重要途径。社区工作者首先要重视发掘和运用社区内的资源，服务于社区弱势群体。由于弱势群体的经济资源、社会资源以及权利资源都相对短缺，因此，动员社会资源对他们进行援助是十分必要的。援助包括寻找经济资源给予物质上的帮助，利用国家法律保护他们的合法权益，动员存在于社区内的非专业的支持网络（邻居、朋友及亲属等）从而给予他们照顾、接纳和支持等。同时，社区工作者也要去寻求、发展和开发社区以外

的社会资源，因为对于社区工作者来说，资源总是短缺的。社区工作者不仅要去发掘各种社会资源，更需要合理地利用这些资源以更有效地完成社区工作的任务。社区居民个人内在资源的开发也是社区工作的重要目标，社区工作相信社区居民是具有潜能的。在社区工作中，既强调社区的转变，也强调人的改变，即将发展社区的目标与发展个人的目标并重，让居民在过程中得到成长，提升公民意识，使其感受自决的能力，愿意参与社区贡献。

（四）社会控制与社会稳定的功能

社会稳定是社会结构各组成部分之间关系的相对固定状态，它是与社会秩序相近的概念。社会控制与社会稳定是紧密相关的概念，社会控制是手段，社会稳定是目标，二者的着眼点都在于维护社会秩序。从某种意义上讲，社区工作就是一种社会控制手段，它通过运用专业方法去预防和解决社会问题，化解社会矛盾与社会冲突，发挥和促进社会稳定的功能。一般情况下，社会稳定的破坏、社会混乱与动荡的出现，往往是与社会上相当数量的社会成员的正当需求得不到满足相联系的。现实生活中的弱势群体也有满足自己需要的权利，然而他们的这种权利常常被社会所漠视。弱势群体的这些需求得不到应有的满足并逐渐积累起来，就很可能发生社会不安或社会动荡。社区工作可以通过专业介入以及动员"非正式支持体系"，去解决社会弱势群体面临的各种问题，有助于缓解社会不公现象引起的社会矛盾，有助于控制潜在的和现实的非稳定因素，从而实现社区的稳定并促进整个社会的稳定。

## 任务二 社区工作的理论和模式

### 📋 任务导入

锁金社区建于1984年，是××市最早的小区之一，居民达65 000多人。和许多城里人一样，锁金社区居民也喜欢养宠物狗，但同时引发了卫生、噪声和安全等一系列问题。为了解决养狗问题，社区居委会主任朱丽玲组织社区居民一起讨论养狗问题，请居民畅所欲言，并讨论总结出了几条养狗建议，这些建议成为锁金社区的"养狗公约"。现在，锁金社区的居民们已经习惯了用听证会的方式决策社区里的大事，而且还形成了事前听证会、事中协调会和事后评议会的"三会制度"。同其他社区一样，随着社会的变革和经济的发展，锁金社区的居民结构也发生了很大的变化，在逐渐形成新的居住人群的同时，人际关系也渐渐由熟悉演变成冷漠。居委会主任朱丽玲开始组织系列活动，给居民们一个平台和空间，让他们在这些活动中相互认识、相互了解。

### 📋 任务识别

1. 案例中的社区居民是如何从冷漠到合作的？若从社区工作的角度分析，该社区的居委会主任基于何种理论、采用了何种模式来解决社区问题?

2. 社区工作有哪几种工作模式?

**任务链接**

社区工作的理论可以分为两个层面,一种是宏观层次的理论,这种理论源于社会科学,大多是借用社会学和政治学的相关理论,它对社区工作与社会整体的关系,即对社区工作的宏观环境作理论上的分析,对社区工作者介入工作作较高层次的指引。另一种是微观层次的理论,这种理论来源于一线社会工作者的实践经验的总结,内容包括工作模式、手法以及与具体工作相关的原则规范等。前一种理论解决的是"为什么"的问题,后一种理论解决的是"怎么做"的问题。前一种理论可以称之为社区工作的基础理论,后一种理论则可称之为社区工作的实务理论。

## 一、社区工作的基础理论

### (一) 社会分析和意识形态

社会分析帮助社区工作者从理论上认识社区及整个社会。社区工作者对社区及社会的分析,将影响其对社会或社区问题、介入策略、社区工作的方向及其在社会上应扮演的角色的看法。因此,对社会的理解,便成为社区工作基础理论的重要内容。社会分析的理论主要来源于社会学与政治学。与社区工作直接有关的意识形态颇多,主要有保守主义、多元主义、马克思主义、社会民主主义、激进民主主义(无政府主义)等。不同的意识形态对社区工作有不同的影响。其区别在于它们对问题的成因有不同的分析,因而采用不同的介入策略。比如,保守主义使社区工作支持地区发展模式;多元主义则促使社会计划及社会行动成为可接受的模式。马克思主义、社会民主主义和激进民主主义都支持社会行动的冲突性策略,二者的不同在于:马克思主义认为要促使社区与经济领域的斗争连成一气,由劳工组织作领导;而激进民主主义更强调参与式民主,认为不同的小规模的组织更能促进成员的全面参与。

### (二) 社会变迁理论

社会变迁是指社会结构、社会制度及人们的行为模式所发生的变化。它的表现形式是多种多样的,如渐进变迁和剧烈变迁,社会进步和倒退等。不同理论流派对社会变迁的解释也有不同,如社会学中的结构功能学派强调均衡的、进步的变化,而冲突理论强调社会变迁的非均衡性。社区是具体的社会,推动社会变迁、解决社区问题是社区发展的重要目标。社会工作本质上就是关于人和社会变迁的事情,它关注如何协助人们和服务提供者,使两者都能配合不断变迁的环境。这样,了解社会变迁及其不同类型,并善于在不同情况下选择社区工作所适用的模式是非常重要的。

### (三) 社会运动理论

伍德 (Wood) 和杰克逊 (M. Jackson) 将社会运动描述为非常规性,有不同程度及有组织的集体行动,目的是促进或防止某种社会变迁。吉登斯 (A. Giddens) 认为,在现代化的社会中,基本上有四种不同类型的社会运动:①民主运动;②劳工运动;③性别运动;④生态运动。

社会运动的理论主要以阐释社会运动的根源和发展的原因为主,然后划分为两大角度:着重个体或群体心理状态的社会心理角度与着重社会和条件(包括种种社会矛盾)的结构角度。此外,近期在欧美还出了一种从另一些层面探究的理论,如"新理论运动",包括 20 世纪 60 年代以来发生在西方的和平(反核)运动、环境生态(反污染)运动、妇女运动、消费者权益运动以及消费合作社运动、绿色运动等。

### 二、社区工作的实务理论

社区工作的实务理论包括工作模式、工作原则与介入手法、社区工作者角色等内容。

#### (一) 社区工作的模式

美国学者罗斯曼于 1979 年将美国社区工作的实践经验加以总结,提出社区工作三大模式:地区发展、社会计划(社会策划)、社会行动。罗斯曼的模式在社区工作的实务理论中较为典型。

1. 地区发展模式。这个模式是在一个地域内鼓励居民通过自助及互助去解决社区内的问题,工作的重点是提高居民的民主参与意识和挖掘、培养当地人才。通过社区工作者发动、鼓励居民关心本社区的问题,对问题作了解,进行讨论并采取行动。社区工作者在这一过程中,需要发动并鼓励居民去分析和思考问题的根源,了解他们的需要,从而引发改变现状的意愿、动机、信心及希望。社区工作者的工作主要是提高居民的民主参与意识,解决问题的能力和居民之间的合作精神,加强居民对社区的归属感。

这个模式通常用于那些比较简单的社区,如居民背景比较划一、关系良好、冲突不明显、社区政治情况比较稳定、居民信任政府、社区变迁也较缓慢。它采用的方法是自助与合作,以具体目标为主,通常不能有效地引进外来的资源。

2. 社会计划(社会策划)模式。这个模式是依靠专家的意见,通过有关专家的调研、论证、计划,然后落实、推行,去解决社区内的问题。这一模式可以说是一种由上而下的方法。居民在这种模式中的参与比较被动,只限于对计划提出一些修改意见。社区工作者担当的是组织实施者的角色。对于处理复杂的社会问题,这一模式比较常见。

3. 社会行动模式。这种模式在西方的社区工作中十分常见。它特别适用于那些社会情况比较复杂，社会矛盾比较多，政府部门官僚化，居民利益缺乏保障的社区。针对社会不公平、不平等与剥削现象，社区工作者动员、组织社区居民，采取集体行动，以自下而上施压的形式，求得公正解决问题。社区工作者首先要觉察到居民对某些问题的特别关切，利用这些问题去发动居民，组织起来或采取一致行动，主要方法有：讨论、公开辩论、通过大众传播媒介呼吁，去引起社会各界和政府当局的关注与同情，也可采取请愿、游说、游行示威、静坐等行动，以求问题的公正解决。

1987 年，罗斯曼修订了他的"三大模式"，他将"三大模式"归类为"社区组织实务"，同时又提出"政策实务"与"行政实务"，总称为"宏观实务模式"或"宏观实务观点"。这套新模式中，新增的"政策实务"，认为社区改变有赖于社会整体的政策。因此，针对政策内容和政策的决定系统（亦即权力中心）作出介入。"行政实务"则认为社区的改变需要由一些社团组织，通过行政运作促成，因此社区工作者必须掌握行政运作的规律，以达到解决社区问题的目标。此外，美英等国还有邻里动员、基层领袖培训、社区照顾、服务扩展等模式。

（二）社区工作的原则

所谓社区工作的原则，是指社区工作者在推行工作时所需遵守的规则，或者是在判断什么是正确而有效的社区工作时所依据的价值理念。以下是国际上一些学者的提法，可供借鉴。

巴特恩（T. R. Battern）提出四大原则，分为三个层次。四大原则是：①发展机构必须与其所希望影响的居民建立友善及可依赖的关系；②对于社区发展机构应作什么样的变迁，机构必须与居民达成协议；③社区发展机构必须表明计划中的变迁是安全的；④社区发展机构必须有兴趣与社区内各种群体一起工作。三个层次是：①寻求有效方法，以激励、协助和教育社区居民采用新方法、学习新技术；②协助居民使其生活方式适应他们所接受的或外界加给他们的变迁；③确保社区意识或社区精神的永存。

另一个学者阿瑟·邓汉姆（Arthor Donham）提出以下原则：①社区发展应以社区共同需要为主；②以"自助"为主要精神；③政府及民间社团应提供物质和技术协助；④有完整的、多方面的各种专门性计划，使社区受益。

联合国的《经由社区发展达致社会进步》提出了社区发展的十项原则：

1. 依照社区居民的根本愿望及需要，来拟订初始的工作计划；

2. 建立多目标的计划及采取各方面的配合行动，以求全面和均衡的社区发展工作的进行；

3. 在推行社区发展初期，社区居民自信心的加强及自动自发精神的培养，与物质建设同样重要；

4. 社区各种计划的拟订、执行，均应由社区居民共同参加；

5. 注重地方领导人才的运用和训练；

6. 发动并组织妇女与青年参加各种社区发展工作；

7. 对于社区所提出的自助计划，政府应当给予重点或全面的积极协助；

8. 全国性社区发展计划的建立，应有完整的政策和完善的行政组织，并应同时注重工作者的挑选、培训，地方与国家资源的利用及研究、实验、考核等工作；

9. 在社区发展计划中，应充分利用地方性、全国性及国际性的民间组织，因为这些力量对于社区发展工作的推行是不可缺少的资源；

10. 对地区性与全国性的社区发展计划，应给予密切配合，协调发展。

（三）社区工作的介入手法

社区介入手法是多种多样的，视具体情况而定，不同的地区有不同的介入手法。同一社区工作者在不同时期对同一社区也会采用不同的介入手法：

1. 从社区问题介入社区。例如针对缺乏社会服务的问题，采取提供服务的介入方法；针对邻里关系恶劣问题，可以以团结邻里为工作重点；针对环境及设施问题，可采取解决困难的办法等。

2. 从服务提供介入社区。例如举办康乐性的社区活动、组织补习班等。

3. 从社区教育介入社区。例如举办展览、讲座、训练班、问题研讨会、个别教育等。

4. 从互助合作介入社区。主要是利用社区资源共同解决社区问题，如环境卫生的整理、合作修桥修路、组织义务值班巡逻等。

5. 从社会行动介入社区。主要是发动、组织社区居民以整体行动来争取外来资源，以解决本社区的问题。

6. 从联合各社会团体介入社区。主要是把社区内现存的各种居民组织、社会团体联合起来，形成联盟，共同向政府当局提出建议或要求。

7. 从策划倡导介入社区。主要是将调查的资料及专家的意见制订成建议或方案，联系有关政府当局、社会团体来共议社区当前主要问题的解决办法。

8. 从社区调查介入社区。从社区调查入手，可以使社区工作者尽快熟悉社区环境，了解社区问题，摸清社区资源，建立社区关系，明确工作方向，是社区介入手法中比较常用的一种。

9. 从社区突发事件介入社区。以火灾事件为例，社区工作者通过参与救灾工作，以此来介入社区。

10. 从社区宣传介入社区。在当代的社区生活中，大众传播媒介的作用与地位十分重要，它是组织社区居民、团结各界人士、挖掘社区资源、组织动员民众、扩大社会影响、争取外界支援的重要工具。

11. 从各式各样的社区发展计划与规划介入社区。长久以来，香港地区社区工作的主流手法是通过社区事件介入，鼓励居民关注、参与，进而采取集体行动，以求达到社区工作的预定目标。

### （四）社会工作者的角色

台湾地区学者江亮演在《社会工作概要》一书中，介绍西方社区工作者在社区工作中充当了以下五种角色：①促进能力的角色；②协调团体的角色；③社会设计的参与角色；④提倡人的角色；⑤辅导行动的角色。[1]

我国学者隋玉杰在《社会工作——理论、方法与实务》一书中，认为社区工作者充当了以下六种角色：①组织促进者；②牵线搭桥者；③咨询服务者；④调查设计者；⑤权益保护者；⑥宣传鼓动者。

## 任务三　社区工作的过程与技巧

### 任务导入

妙妙是某社区工作站的社工，主要工作内容是通过与居民接触、设计社工项目并实施。半个月以来，妙妙通过拉横幅、贴海报等方式向社区居民介绍社区工作站的工作内容。但是，到社区工作站里咨询和报名参加社区活动的社区居民很少，于是，她采取主动的策略，来到社区广场与社区居民聊天，她发现很多社区居民对她宣传的活动不感兴趣，甚至很多社区居民都不知道妙妙是干什么的。

### 任务识别

1. 妙妙接下来该如何做？社区工作的工作流程是怎样的？
2. 如何与社区居民建立关系？如何对社区居民的需求进行分析？

### 任务链接

### 一、社区工作的过程

#### （一）准备阶段

我们认为，社区是一个能充分发挥作用的基本服务和支持系统，它需要保证所有社区居民至少能获得可以接受的最低限度的生活质量。社区需要有解决就业和居民收入的经济部门，需要有居民负担得起的住房、足够的交通设施、完善的医疗卫生服务、可以满足社区教育需求的教育机构、保护居民免受伤害和暴力侵犯的机制。当这些条件不能完全满足时，便会出现社区问题。

准备阶段的主要任务有：了解社区基本情况、建立专业关系、进行需求评估、确

---

〔1〕　江亮演：《社会福利与行政》，五南图书出版公司2000年版。

定服务方案以及经费和服务人员方面的筹备等其他相关工作。

1. 了解社区基本情况，需要对整个社区的状况有全面的认识，包括：①社区内的地理环境；②社区内的人口状况；③社区的资源状况；④社区的组织结构；⑤社区内的权力结构；⑥社区的文化特色。

2. 建立专业关系。建立专业关系是社区工作实质性程序的第一步。专业关系是指社会工作者以一个专业人员的身份与案主之间建立的助人关系，它是一种职业关系。建立专业关系也可以叫作进入社区，这是社区工作的第一步。社区工作所要建立的专业助人关系的对象，包括社区居民、社区机构与社团，以及社区中各机构、各社团的领导人与各界的代表人物、知名人士。

通常，初步关系的建立多由拜访社区的重要人物和社区机构入手，有时也开展一些有利于社区居民的活动来吸引社区居民接纳社区工作者。这一阶段最主要的工作是让社区居民了解工作者，社区工作者则需要寻求工作的对象以及对社区工作的支持者。

通过建立专业关系，社区工作者要达到的目的是：找准社区存在的主要问题，明确帮助的对象，制订帮助的计划，使得社区居民"知道我是谁"，寻求社区工作的支持者。

3. 进行需求评估。需求评估（Needs Assessment，NA）是一个得到广泛使用并具有多种意义的术语，它一直被用来指称国家范围内的对问题和需求的系统评价，也一直被用来在较小的范围指称社区需求评价或机构对它的案主需求的评估。在一个或大或小的范围内，需求评估指的是努力从信息中寻求有价值的内容以辅助决策的过程。

认识和发现社区需求是全面认识社区的最重要环节。需求评估的主要目的是要确定一个社会问题的性质、范围和地点，并发现可行的、有效的问题解决方法。

社区工作实践中，有能力区分不同种类的需求十分重要。我们必须清楚谁在界定需要，从而不至于由其他人将某套价值观盲目地强加于社区居民身上。运用较多的是布拉德肖（Bradshaw）的需求分类方法，他将需求分为四大类，分别是感觉性需求（perceived need）、表达性需求（expressed need）、规范性需求（normative need）和比较性需求（relative need）。

感觉性需求是那些被有需求的人感觉到的需求，大部分居民感觉到某种需求不能被满足，这种需求就是感觉性需求。例如，如果你无家可归，就会感觉到对房屋的需求。社区工作者如果要居民接受其服务，那么服务内容和设计必须考虑居民的感觉性需求。另外，有时候居民的感觉性需求会期望过高或不切实际，社区工作者应该注意引导。

表达性需求通过有需要的人真正寻求得到服务来界定，是传达给别人的感觉到的需求。当大部分居民都使用某种服务，或能够观察到服务的需求大于供给时，说明该社区对该种服务确实存在需求。表达性需求往往是对社会服务数量上的需求，并不一定表示服务的质量很高、令人满意。

规范性需求是以现存的某些标准或规范来界定的需求，主要指相关部门或专家认为的在既定情形中服务项目需要达到的质和量的标准，当某项服务不符合规定要求时，规范性需求就出现了。例如，英克尔斯（Alex Inkeles）的现代化指标规定不超过 1000 人就需要有 1 名医生，假设某社区人口超过 1000 人却没有医生提供服务，那么该社区便有了对医生的规范性需求，而社区内的居民可能没有感受到这种需求。

比较性需求是以相似的社区或人口群作为比较，评估两者间所得到的服务的差距，进而确定的社区需求。比如相邻的背景相似的两个社区，甲社区有两个治安岗亭，而乙社区没有，那么我们可以认为乙社区对治安岗亭的需求是比较性需求。这种需求可以由居民提出，也可以由专家去界定。

4. 确定服务计划。有关社区工作的服务计划可分为：整体规划，即对社区工作的现在和将来进行规划，规划涉及社区组织与发展的全局；具体规划，即对社区亟待解决的问题制订出工作方案，它只涉及一时之事，是整体规划的一部分。

一个完整的服务计划通常包括：服务的目的和目标、关注的问题与对象、介入策略、协同工作的合作者、工作者与服务对象各自的角色以及服务计划具体的行动、工作程序及工作时间表。

5. 服务机构相关准备。社会服务机构做好自己的准备，包括对自身使命、宗旨的认识、人员及资金的准备以及相关支持体系的建构等。

（二）启动阶段

这一阶段的行动方针是发动资源、成立社区小组、训练社区居民带头人、吸引社区居民的参与。此时的主要任务是寻找和发现社区居民中的带头人，并进行培训工作，提升其对参与社区事务意义的认识；确定工作目标的优先次序，加强社区中的互助合作气氛。启动阶段的具体工作内容有：

1. 发掘和培养社区领袖。社区领袖是能够抓住团体希望和要求的实质，代表团体意愿，为团体行动提供意见和方向的核心人物。社区工作者在鼓励居民参与的同时，应积极留意观察哪些居民具有领袖特质，并加以发掘和适当栽培。社区工作者可以通过培训、示范、观看影音资料、观察、讨论、角色扮演等方式来加强社区领袖的技巧训练。

2. 整合社区资源，共同解决社区问题。在启动阶段，社区工作者应想方设法动员一切力量，把潜藏在社区内外的人力、物力、财力资源开发出来。首先是发掘人力资源，这主要包括：发展和培养社区志愿者、与大众传媒的记者建立联系等。其次是发掘财力、物力资源。社区工作者介入的社区多为问题社区，物质资源较为有限，甚至匮乏。因此筹集资金是社区工作者在启动阶段的重要任务之一。

3. 推动成立居民组织。问题社区、问题人群大多因缺乏组织而呈现一盘散沙的局面，只有把群众组织起来，才能提高解决问题的筹码，在谈判中处于较有利的地位。

成立的居民组织主要有三种形式：全民性参与的组织、代表性参与的组织和分开性参与的组织。第一种适合小型社区，每一位居民都可以参加；第二种适合较大的社区，由居民选出代表参与组织；第三种适合各种类型的社区，先由热心人士发起，然后招募成员，慢慢发展壮大。

4. 提供服务以团结邻居、加强互动。问题社区往往缺乏相应的社区服务，影响居民的生活质量和解决问题的能力。因此，在启动阶段，社区工作者可以从为社区居民提供服务入手。提供社区服务不仅能够满足群众的眼前需要，而且也是赢得群众支持的有效方法。服务的内容可以多样化，可以是为青少年提供学业上的和个人成长道路上的辅导、为家庭举办的生活讲座、为下岗人员提供的岗前技术培训等。

这一阶段需要注意防范居民因对社区带头人的低信任度而引起其挫折感，并且谨慎处理小组内部和小组之间的人事和权力纷争。

（三）巩固阶段

社区问题的产生是因为缺乏组织，而缺乏组织就缺乏凝聚力和战斗力。因此，巩固阶段的行动方针是巩固居民组织，让社区工作系统化；主要任务是巩固居民组织并协助其建立稳固的资源支持体系。巩固阶段的具体工作内容有以下几点：

1. 加强组织成员之间的关系。巩固组织、加强组织的力量，实际上就是要理顺成员之间的关系、消除误解、增进团结，使之符合理性化、人性化的原则。要做到这一点，社区工作者首先要确立组织内的人所共同认同的一套办事、决策或解决问题的程序和原则；其次，在尽可能的情况下，协助和促进成员发展个人化的友谊关系；最后，明确成员参与组织的个人需要和动机，好的给予肯定和帮助，不好的给予教育和纠正。

2. 加强组织内部的分工合作。随着组织的发展壮大，其内部的结构和职能不断扩张，需要更多的人员承担职务，而原来的职位和新设的职位的功能也可能随着时间变化需要重新界定和调整。在重新界定和调整的过程中，组织内的分工合作制度得以发展和巩固。

3. 建立稳定的资源支持体系。在人力资源方面，注意从社区居民中吸纳会员，从附近的学校和机构中招募义工；在物力资源方面，从组织内的社区领袖、工商界人士中发掘，并定期进行筹款活动。

4. 进行人员培训和社区教育。在巩固阶段，要注意对组织成员进行专业培训，提高他们的工作能力和技巧。同时，还要加强对社区居民的宣传和教育，使社区组织获得居民支持和辖区单位支持，使社区领袖得以健康成长和更替。

这一阶段需要注意的是：防止过分关注少数带头人而忽视多数居民；提醒居民组织提供服务和维持居民参与热情。

（四）评估阶段

1. 评估的含义及主要任务。评估是指运用科学的研究方法和技术，系统地评估社区工作的介入结果，总结整个介入过程，考查社区工作的介入是否有效、是否达到了预期目的的过程。在社区工作中，评估阶段的任务主要包括：对社区的需要和问题进行再评估；对专业工作过程进行总结和确定未来专业工作方向；社区工作者对工作进行经验总结，重新界定组织的方向，作出未来发展安排。

评估的过程包括：确定程序目标；建立成果量度准则；选择适当的研究设计；选择适合的资料收集方法；评估项目的有效性。

2. 评估的类型。

（1）过程评估。过程评估是整个介入过程的监测，包括社区工作介入进行中的评估，它对工作过程的每一步骤、每一个阶段分别作出评估；关心的重点是工作中的各种步骤和程序怎样促成了最终的介入结果；方法是了解和描述介入活动的内容，回答服务过程中发生了什么以及为什么发生。

（2）成果评估。成果评估是检视计划介入的理想结果以及这些结果实现的程度及其影响。相对而言，目标是比较概括的，而结果则是具体并可以度量的。

（3）效益评估。此类评估主要着重程序的成本效益，即在一定的成本下提供服务的成果是什么。

社区工作评估可由社区工作者自己来做，也可由社区各界代表来做或向专家咨询。可用定量评估，也可用定性评估。需要注意的是，评估工作不能过分依赖感性或太注重数据统计；总结工作要着眼于未来方向，而不是走形式、走过场。

### 二、社区工作的基本技巧

社区工作的基本技巧有以下五种：

1. 分析技巧。包括：①了解社区结构、过程、资源、问题、需要；②分析社会政策和社会问题；③社区观察；④街头访问；⑤家庭访问；⑥文献分析；⑦访问社区领袖；⑧社区调查。

2. 关系建立与维系技巧。包括：①与群众初步接触的技巧；②街头谈话、家访、电话访谈；③社区关系联络，树立形象；④处理与政府部门、社会团体、政治团体的关系。

3. 动员及组织技巧。包括：①动员群众；②发掘和培训社区领袖；③居民组织的建立与运作、主持会议、组织行政事务；④社会行动，包括记者招待会、群众大会、游说、请愿、谈判。

4. 活动程序设计技巧。包括：①策划活动、制订目标、宣传策略；②调动资源、评估指标。

5. 行政管理技巧。包括：①文件资料处理；②财务处理；③计划、评估工作。

✍ **拓展练习**

　　某社区是老城区，社区里的住户大多数是老年人，这些老年人大多数与子女分开居住。因为工作忙碌等原因，大多数子女只能利用周末时间来看望父母。有的子女想把老人送到福利院照顾，以解决无人照顾的担忧，但老人们大多数都不想离开已经居住了一辈子的社区，不愿意到福利院居住。有的子女想请家政服务人员到家里照顾老人，但对家政服务人员的职业道德抱有疑虑，同时老人们与家政服务人员也很难和谐相处。基于各种原因，老人们独自生活在老城区里，随着年龄的增长和身体的老化，各种问题也随之而来，老人们对社区照顾的需求越来越多。

　　请你针对这群老人们的需求，设计一份社区服务计划书。

# 项目四　社会工作行政

✍ **学习目标**

**知识目标：**

了解什么是社会工作行政；

了解老年社会工作行政的工作内容。

**能力目标：**

学会使用社会工作行政常用方法开展社会工作服务；

掌握社会工作行政开展过程中所面临问题的解决方法。

**素质目标：**

掌握社会工作行政的基本实务内容。

## 任务一　社会工作行政概述

✍ **任务导入**

　　北京市某社会工作服务中心是经北京市民政局批准注册的专业化社会工作服务机构。在组织架构上，服务中心设有理事会、理事长、顾问团、总干事以及下设的办公室、策划部等九个部门。2010年服务中心为某社区开展了一项独居老人的项目，在整个项目中，机构领导者采用了团队式结构，并运用团体决策使机构成员能够积极为项目开展及顺利进行献计献策，项目不仅为独居老人提供了应有服务，受到了社区居民的一致好评，而且增强了机构员工的认同感和凝聚力。

**任务识别**

机构领导者运用了团体决策，试比较团体决策和个人决策的优缺点。

**任务链接**

## 一、社会工作行政的定义

社会工作行政的概念有广义、狭义之分。广义的社会工作行政是一个国家根据其立国主义与社会政策，顺应社会福利的世界潮流，并参照其当前社会需要和状况，以全体国民为对象，所从事的有关社会福利的各种措施及活动，其目的在于发挥政府福利工作的功能与完成国家福利工作的责任，以保障人民的生存权、工作权及财产权。简言之，广义的社会工作行政是指社会工作行政的主管机关及其他行政机关，如卫生、教育、司法等行政机关对全体人民采取的一系列社会福利措施。狭义的社会工作行政，其任务在于使得所有社会机构工作人员均能依照他们的功能担负起责任，均能适才适所，充分发掘和利用资源，以期有效地为民众提供最佳服务。简言之，狭义的社会工作行政是与民众一起工作以建立并维持协同努力的体系的一种过程。

一个完整的社会工作行政的概念至少应包括以下几点内涵：①社会工作行政是政府公共行政的一个部门，其设立的目的是专门解决及预防各种社会问题；②社会工作行政是一种重要的间接社会工作方法，是通过行政程序以确保服务的功效，以实现社会福利的目标；③社会工作行政是一种动态的、持续不断的过程，每一个人均参与其中，比如专业人员、非专业人员、董事会（或理事会）、民众及社区团体等均参与或专心于全面的社会工作行政过程。

## 二、社会工作行政的范围

社会工作行政的范围，大致可以从如下几个角度进行细分：

（一）根据社会工作行政的流程分类

就一个国家或地区来说，社会工作行政的范围包括从社会问题的发现到社会问题的处理、解决及预防，以至社会福利的促进。其中包括：

（1）关于社会问题的调查研究事项；

（2）关于社会政策的决定事项；

（3）关于社会立法创制、修订与废止的建议事项；

（4）关于社会福利的设计事项；

（5）关于社会福利制度与方法的研究实验事项；

（6）关于社会福利工作制度与标准的建立事项；

（7）关于私立社会工作的登记、管理、补助、奖励及监督辅导事项；

（8）关于社会福利人员的训练事项；

（9）关于社会福利经费的预算、筹措与分配保管运用事项；

（10）关于社会组织与社会建设的促进发展与社会人力、物力的发动事项；

（11）其他有关社会福利的促进事项。

### （二）根据社会工作行政的内容分类

社会工作行政可根据相关内容在下列范围实施分类：一般社会工作行政、人民团体工作、儿童福利工作、青少年服务工作、家庭服务工作、医疗社会工作、学校社会工作、犯罪矫治工作、劳工福利行政、工厂社会工作、老年福利工作、休闲娱乐服务、就业服务工作、国民住宅服务、公共救助工作、社会保险、家庭计划、伤残重建、社区发展、社区心理卫生工作、精神病理社会工作、妇女社会工作以及其他福利设施等。

### （三）根据社会工作行政的实施项目分类

我国社会工作行政的范围大致包括：社会救助（包括救灾和城市最低生活保障）、社会保险、基层政权与社区建设、优抚安置、社会事务、残疾人康复工作、养老护理工作、老年福利工作、妇女福利工作、儿童青少年福利工作、就业与再就业辅导、民间组织等。

## 任务二 社会工作行政的程序

### 任务导入

小林是刚进入社工中心工作的一名应届毕业生，现在机构领导要求小林交一份促进某一社区邻里和谐的项目策划。

### 任务识别

现在小林来请你帮忙。请运用所学知识，帮助小林了解服务项目的方案策划主要分为哪几个阶段？

### 任务链接

#### 一、社会工作行政——计划

**（一）社会工作行政计划的概述**

1. 社会工作行政计划的定义。计划是一切社会工作行政的重要一环，是相关行政管理活动如组织、人事、领导、协调、控制以及考核实施的依据，是社会工作行政行动的准则、管理的基础。我们认为，社会工作行政计划就是社会工作行政机构为了行政决策目标的达成而进行的筹划活动及所制定的实施步骤和方法。

2. 社会工作行政计划的种类。计划有不同的类型。[1] 韦里克（Heinz Weihrich）和孔茨（Harold Koontz）将计划分为：①使命或宗旨；②目标或目的；③战略；④政策；⑤程序；⑥规则；⑦方案；⑧预算。

韦里克认为，社会工作机构的计划也可以作类似的划分：

（1）使命或宗旨，表明组织的基本目的、作用或任务。社会工作机构的使命或宗旨应该是满足人类需要，服务社会，贡献社群，维护社会正义。

（2）目标或目的，指组织活动所针对的最终目标。它们是计划的最终产物，也是其他管理职能（组织、人事、领导、协调和控制）所要达到的最终目标。比如，甲社会工作机构的目标或目的是提供社区矫治服务，乙社会工作机构的目标或目的是提供老年人的养老和护理服务，等等。

（3）战略，指组织的长期或总体的目标，包括制定行动方案和配置必需的资源。比如，在资源限定的情况下，是为更多老年人提供低价的一般服务，还是为具有特殊需要的少数老年人提供更加专业的服务，可能成为某老年人服务机构必须面对的战略选择。在竞争环境下，类似的战略选择可能影响到社会工作机构的生死存亡。

（4）政策，是指导或沟通决策思想的概括性说明或协定。

（5）程序，是按时间顺序对必要的活动进行排序，是一种行动指南。比如，某社会工作机构规定，员工提供服务须遵循以下步骤或程序：接案、预估和研究、制定服务方案、服务实施、评估和结案。

（6）规则，指具体行为必须遵守的规定，具有明确的要求或命令性质，没有例外的余地。比如，社会工作服务机构禁止社会工作者对案主进行性骚扰。

（7）方案，是一个综合性的计划，包括目标、政策、程序、规则、任务分配、工作步骤、要使用的资源以及为完成既定行动步骤所需的其他因素。比如，某青年服务机构制定了一套失业青年服务方案，目的是为社区内失业青年提供心理辅导和职业培训。方案包括哪些失业青年有资格享受这些服务的政策，失业青年申请服务的程序，机构提供服务的步骤，以及机构如何挖掘、配置和使用社区资源以提供相应服务的计划。

（8）预算，是一份用数字表示预期结果的报表。

（二）社会工作行政计划的制定

社会工作行政中制定计划的过程一般包括以下步骤：

1. 确定目标。计划的第一个步骤应该是确定目标。社会工作机构应依据其使命或宗旨明确自己的目标。目标可以是总体的长期目标，也可以是短期的具体目标。比如，

---

〔1〕　黄源协：《社会工作管理》，华东理工大学出版社 2018 年版。

为受虐妇女提供紧急庇护和长期援助从而使妇女免受家庭暴力的侵害，可以成为某妇女保护机构的长期目标。短期的目标则关心在规定的一天、一周或者其他较短的时间内所会发生的活动。比如，在未来的一周内为妇女紧急庇护所提供多少财物。确定目标不仅是计划中的一个重要步骤，而且关系到整个行政管理工作的成败。

2. 评估机构的资源和优势。在确定了目标之后，计划的第二步是评估社会工作机构的资源和优势，以预估是否有足够的资源（包括本机构所拥有的人、财、物，以及所处社区可利用和开发的其他资源）来完成以上确定的目标。如果没有，则须实事求是地修正目标；如果有，则可进入计划的第三步。

3. 列出各种可行方案并决策。达成同一目标可有不同的方案，优秀的管理者应该尽可能地将各种可行的方案全部列出，对这些不同的方案进行评估和比较，并依据某种原则排序，然后选择一个可以接受的最令人满意的方案。这个过程实际也是决策的过程。

4. 制定具体的行动方案。决策接受的方案可能还比较原则和笼统，需要进一步细化，制定具体的、可以量化的行动方案。

## 二、社会工作行政——决策

### （一）社会工作行政决策的定义

在社会工作行政领域，各级社会工作行政组织担负着把政府的社会福利理念和各项社会政策转化为现实行动的职责，这就要求社会工作行政组织应根据各种不同的情况不断进行决策，积极回应社会的要求。

所谓社会工作行政决策，是指社会工作行政组织在制定社会政策及其执行方案时，根据实际情况，运用一定的理论和方法，在掌握信息的基础上，对所要解决的问题作出决定。在这里，我们主张从广义上来理解社会工作行政决策，也就是说将其视为一个过程。

### （二）社会工作行政决策的过程

社会工作行政决策主要包括了四个阶段：评估需要、制定目标、确定方案和评估方案。

1. 评估需要。社会工作行政决策的关键在于了解社会大众的福利需求，作出体现服务对象需求的决定，以确保社会福利资源及时、有效地传输。因此，在决策的开始环节，决策者必须多方收集信息，发现服务对象所面临的问题。

（1）识别问题。

第一，了解问题产生的背景。社会工作行政决策的主体要对社会问题有所认识，就必须了解社会问题的表现及产生因素。只有这样才可能获得关于问题的初步印象，比如：问题是暂时性的还是长久性的？是局限于少数人的还是影响广泛的？是存在于个别领域还是与社会制度有关？获取问题背景资料的方法很多。例如查阅人口普查资料，可以较全面地反映出诸如性别、年龄、职业、受教育程度、经济状况、家庭状况等信息。再如，可以有针对性地收集各种调查资料。这类资料种类很多，通过网络或官方统计数据均可获得。

第二，提出并分析问题。基于这些现实因素提出问题，并形成某些决策方案。当然，不论机构面临何种境况，它首先必须对问题有清楚和正确的认识，这就涉及提出问题和分析问题的技巧问题。需要做到准确陈述问题，明确问题的性质，以及分析问题的原因。

（2）评估需要。需要是个体在生活中感到某种欠缺而力求获得满足的一种内心状态。社会需要是指社会的政治、经济、文化等方面的现实资源状况与民众需求之间存在的差距。目前有关社会需要的分类，大体有两种方式：一是侧重对需求状态的考察，将之分为短期需要与长期需要，或分为供给者的需要和案主的需要；二是以归纳的方式来建构概念，比较有代表性的，如布拉德肖（Bradshaw）在 1972 年所提出的四种类型：规范性需要、感觉性需要、表达性需要与比较性需要。[1]

（3）排定问题的顺序。为了合理配置机构的人、财、物资源，提高工作效率，确保决策方案的良好效果，社会工作行政决策者在发现、提出问题以及评估了社会需要之后，还必须对要解决的问题进行分类、梳理，排出先后、主次，将最亟待解决的和机构有把握解决的问题放在优先位置。

2. 制定目标。

（1）界定目标层次。社会工作行政决策的重点就是制定目标，而目标的制定又总与服务对象的需求和机构拟解决的问题有关。在决策的第一个阶段，问题的先后顺序已经排定，这些问题大小先后的不同也决定了目标的层次性。总的来说，目标可分为总目标和子目标，总目标是指机构在社会福利服务方面的一些总体规划与设想，而子目标则是对总目标的具体化、明确化。

（2）决定目标的先后顺序。对于机构来说，多目标决策是经常的、普遍的。面对诸多目标，机构必须依据问题的优先顺序和自身资源状况决定目标的先后顺序。

3. 确定方案。

（1）拟定备选方案。首先，备选方案应整体详尽，尽量地把各种可能性都考虑在内，使满意方案被漏掉的可能性降到最低限度。其次，备选方案的内容也应尽可能具体、详实。只有这样才可能对方案的可行性进行详细的论证，才便于对方案进行抉择。再者，对备选方案要进行综合处理并做初步筛选，使最终提供给决策者的方案不至于太多，否则会使决策者无所适从。

（2）选择最佳方案。在拟定各个备选方案的基础上，决策者可以选择出最终方案，

---

〔1〕　顾东辉主编：《社会工作评估》，高等教育出版社 2009 年版。

这是决策过程中最为关键的一步。方案选择应根据"最优原则"进行。然而，最优标准是一个理想化的标准，在实际决策过程中由于受主客观条件的制约，很难找到最优方案。因此，赫伯特·西蒙（Herbert Simon）提出了"满意原则"，主张决策者依此来选择方案。社会工作行政决策者在对备选方案进行选择时，可具体分析以下问题：该方案是否符合机构制定的目标及优先顺序？机构是否有足够的资源来完成该方案？该方案所提供的服务是否被服务对象和社会成员所接纳？该方案所提供的服务项目是否是机构必须推行的？该方案所产生的效益是否比成本更重要？是否能测量出该方案的服务效能？该方案是否具备可操作性？在推行该方案时，是否会有严重的危机产生？

4. 评估方案。

（1）实施前的信息反馈。在最后方案公布之后、实施之前，决策者应注意收集相关信息，比如：组织成员是否接受这一方案，决策执行者是否正确理解这一方案，外界及服务对象对于将推行的方案有何反映等。因为，只有了解了这些情况并做了相应工作，才可能使决策方案顺利实现。在这里，收集信息的方法很多，如到服务对象家中了解情况、召开相关会议或由各部门以书面形式将意见汇总等。

（2）实施后的信息反馈。方案进入执行环节后，社会工作行政组织的领导者要密切关注执行情况，搞好信息反馈工作。例如随时了解方案的执行进度、服务项目的效果、遇到的问题、资源使用情况等。获取这些信息可以使用"质询法"（向项目执行者询问情况）、民意调查法、标准测量法、群体比较法（对于实施同一方案的不同群体做横向比较）等。

### 三、社会工作行政——组织

（一）社会工作行政组织的含义

社会工作行政组织泛指一切从事社会工作服务的组织，其中既包括政府有关职能部门，又包括大量公办、民办的社会服务机构。

（二）社会工作行政组织的设计原则

1. 社会工作行政组织的传统原则。

（1）目标任务原则：组织内部的机构、职务和职位都应因事设职、因职设人，做到目标明确、结构清楚。

（2）分工协作原则：分工与协作是组织运转效率的根本保障。

（3）有效管理跨度原则：个人体力、精力、能力、时间以及管理对象和环境条件等诸多因素，决定了管理者所能直接有效管理的下级人数和部门数量是有限的。同时，管理跨度还受到组织性质与工作性质的影响，没有一个统一的标准。有效管理跨度原则应当引起管理者的广泛注意，并在管理实践中灵活掌握。

（4）统一指挥原则：指每一个下级应只对一个上级负责，确保组织上下级之间对组织活动有共同的使命感。

（5）权责对等的原则：组织设计应严格保证组织内的每一个职位所拥有的权力与所承担的责任对等，权责对等原则是发挥组织成员能力的重要条件。

（6）精简与效率原则：在保证组织目标能够实现的前提下，结构设计应尽可能简单，减少层次和职务类别，以保证组织结构最有效地使用资源，加快信息传递的速度，使组织保持一定的高效性和灵活性。

（7）统一领导与分级管理原则：统一领导有利于组织协调；分级管理就是一个授权的过程，有利于发挥职员的积极性和创造性，由此才能保证组织的高效和灵活。

2. 社会工作行政组织动态设计原则。

（1）职权与知识结合原则：在层级的组织结构中，要形成有效决策，必须使职权与知识合二为一。

（2）集权与分权的权衡原则：任何组织没有绝对的分权与集权，集权与分权的程度必须视组织的特性、所处的环境和管理人员来决定。

（3）组织与地位的弹性原则：弹性结构是指该结构与其获得或失去相关物的关系。如果相关程度越强，那么弹性特点越低；反之，相关程度越弱，弹性越强。任何一种组织都有地位和结构弹性的需要。

### 四、社会工作行政——人力资源

（一）社会工作行政人力资源的含义

社会工作行政人力资源就是通过各种管理手段达到人与人、人与事之间相互关系的最佳状态，借此最大限度地释放人潜在的能力，从而产生最大化效益。其立足点是把组织中的所有人都看作人力资源，群体成员在不同方面和层面上为实现组织目标共同发挥作用。

社会工作行政人力资源有两个方面的内涵：一是对人力资源外在要素——量的管理，即根据人力和物力及其变化，对人力进行恰当的培训、组织、协调，使两者保持最佳的比例与有机的结合，使人与物都发挥最佳的效益；二是对质的管理，即对人的心理与行为的管理，也就是采用现代化的科学方法，对人的思想、心理、行为进行有效的管理，充分发挥人的主观能动性，以达到组织的管理目标。

（二）社会工作行政人力资源的功能

把社会工作机构所需的人力资源吸引到社会工作机构中来，将他们保留在社会工作机构之中，调动他们的积极性，为社会工作机构服务。也就是说，社会工作机构中的人力资源开发与管理主要包括选人、育人、用人、留人。它通常体现为以下五个方面的基本功能：

1. 获取：包括招聘、考试、选拔与委派。

2. 整合：使被招收的职工了解社会工作机构的宗旨与价值观，接受和遵从工作指导，并使之内化为他们自己的价值观，以建立和加强他们对组织的认同感与责任感。

3. 保持和激励：提供职工所需奖酬，增加其满意感，使其安心和积极地工作。

4. 控制与调整：评估他们的素质，考核其绩效，并作出相应的奖惩、升迁、离退、解雇等决策。

5. 开发：对职工实施培训，并提供发展机会，指导他们明确自己的长处、短处与今后的发展方向和道路。

五项基本功能的关系是相辅相成、彼此配合的。如激励机制可使职工对工作感到满意、留恋和安心，从而促进了整合；开发使职工看到自己在社会工作机构的前程，从而更积极地投入工作。但这五项功能都是以职位分析为基础与核心的。职位分析能确定本社会工作机构每一岗位所应有的权责和资格要求，从而为人力资源的获取明确了要求，为激励规定了目标，给考绩提供了标准，为培训与开发提供了依据。

(三) 社会工作行政人力资源实务

1. 人力资源规划。人力资源管理实务往往是从人力资源规划开始的。所谓人力资源管理规划，指根据组织的战略和目标等计划，预测未来某一时间点组织所需要的员工数量和类型。人力资源规划的第一个产物是一份关于组织未来人力资源需要的清单。这份名单可以通过需求和供给分析获得。所谓需求分析，就是对组织在未来某个时间点上需要多少数量和类型的员工进行预测。需求分析预测完成后，还需要估计组织内到时候有多少员工可以补充这些岗位，即进行供给预测。结合需求分析和供给分析，就可以预测组织未来的人力资源需要。

2. 工作分析。挑选前的另一项实务是工作分析。所谓工作分析，指收集、分析和整理关于特定工作的信息的一个系统性程序，工作分析要具体说明为成功地完成一项工作，每一个员工的工作内容、必要的工作条件和员工的资格是什么。或者说，工作分析的目的是给出工作说明和工作规范。工作说明，指对工作任务、义务、责任关系等工作相关功能的摘要。工作规范是对潜在申请者应具备的工作知识、技术与能力的规定。

3. 招聘和挑选。一般而言，招聘的首要工作是制定招聘政策，比如，决定招聘的最高决策者、方式（从组织内部还是外部招聘）以及程序，等等。其次，界定潜在的应聘者。根据工作分析产生的工作说明和工作规范，辨别出目标群体。比如，机构要从外部招聘一线社会工作者，既可以将潜在应聘者界定为大专院校社会工作专业的毕业生，也可以界定为其他机构的一线社会工作者。再次，发布招聘信息。尤其需要将相关信息有效地传达到界定的潜在应聘者。

4. 培训。培训对于机构而言具有重要作用。通过培训，机构可以培养和储备人才，改善工作者的技能并提高机构服务质量，进而提升自己的竞争力。同时，通过培训，也可以让工作者了解机构的使命、愿景和目标，加强工作者的归属感，加快工作者内化组织价值的进程。

5. 绩效考核。绩效考核既是组织控制的一个主要手段，也是人力资源管理的一个重要方面。通过绩效考核，机构一方面可以获知工作者的不适当的行为，分析出培训需求；另一方面，可以发现人才，进而培养和储备人才，最终留住人才，使优秀的人才在岗位上发挥最大作用，有效地实现组织目标。

6. 奖酬制度。机构还必须设计公平与合理的奖酬制度以留住优秀人才。报酬制度是最重要的奖酬制度之一。报酬主要包括薪酬与各类职业福利。机构在确定薪酬制度之前应先进行薪酬调查，以了解本专业其他机构或其他类似专业机构的薪酬水平。薪酬调查之后要建立薪酬政策。首先，确定薪酬水平。薪酬平均水平若太低，将会造成员工士气萎靡以及人员流失；水平太高，则在财政上难以承受。其次，确定薪酬给付依据。

### 五、社会工作行政——领导

(一) 社会工作行政领导的概述

1. 领导的含义。领导就是领导者在特定结构中依靠其综合影响力，通过示范、说服、命令等途径，动员下属实现群体目标的过程。这一界定涉及领导活动的结构、领导活动的手段、领导活动的目标三个环节。其中，综合影响力特别是领导者的人格、修养、能力和知识等凝聚性要素是领导活动顺利推行、领导目标顺利实现的基础所在，也是领导这一概念的核心。领导的职权只不过是保障领导活动得以推行的最后一道屏障而已，它绝不是构成领导者影响力的唯一要素。但是"职权是保障领导活动得以推行的底线"。当然，在科层化程度日益强化的时代，职权是构成领导者影响力的一个必不可少的要素，但不能说凡占据了一个领导职位的人都注定可以成为一个真正完整意义的领导者。故有"职权是领导者影响力的必要条件"之说。

2. 社会工作行政领导的含义。行政领导就是通过指挥和说服等途径影响组织内的个体和群体，在一定条件下实现组织某种目标的活动过程。行政领导被理解为一个动态的过程，它是领导者、被领导者、环境相互作用和相互结合以实现群体目标的过程。

(二) 团队领导

1. 团队的类型。团队具有不同的类型。组织中常见的团队有四种类型：

(1) 问题解决团队：由 5~12 个来自同一部门的成员组成，他们每周碰头几个小时来讨论提高质量、效率以及改善工作环境的方法；

(2) 自我管理的工作团队：由 10~15 个成员组成，这些成员承担互相关联或依赖的工作并承担起他们以前上级的责任；

(3) 跨功能团队：成员来自组织中同一层级但工作领域不同的部门，他们通过合作来完成任务；

（4）虚拟团队：由通过计算机技术联系在一起的、在地理上分散的成员组成，这些成员联系在一起是为了完成共同的目标。

2. 有效团队的特征。将团队建立起来只是第一步，要让团队完成它的目标还必须使其成为有效的团队。综合文献指出[1]，具有绩效的团队具有以下特征：

（1）清晰和振奋的目标。团队目标必须清晰，以使团队成员可以判断任务是否完成。另外，目标应该具有激励性，能使成员觉得任务是重要的和值得去做的。

（2）结果导向的结构。团队需要找到能完成其目标的最佳结构。另外，团队需要清晰定义其成员的角色，拥有良好的沟通系统和诊断个人绩效的方法。

（3）有能力的团队成员。团队成员需要接受过良好的教育和训练，拥有完成团队任务所需的特殊技能。另外，团队成员还需具有适合团队工作的人格特质，如开放、行动取向，等等。

（4）统一的承诺。团队不只是一群人的简单聚集，而需要发展团结感和认同感，强调团队精神。

（5）合作氛围。团队成员需要能够互相接纳、倾听，勇于承担风险，相互补充。团队成员个人整合在一起而形成一个整体是团队成功的基石。

（6）卓越标准。团队规范指明了团队成员应该如何协调行动来完成任务，树立严格的规范标准可以让成员感到压力从而以更高的标准行事。

（7）外部支持和认可。团队需要获得完成任务的人、财、物等方面的资源。对于团队整体的奖赏要比奖赏团队成员个人更具有作用。

（8）领导。团队的绩效最终在很大程度上依靠有效的领导。有效的团队领导行为包括：确保团队聚焦于目标；维持合作的氛围；在成员中建立信心；展现技术能力；设定优先目标；管理绩效。

## 六、社会工作行政——执行

### （一）社会工作行政执行的含义

社会工作行政执行是指社会工作行政组织为贯彻、执行社会工作行政决策所进行的全部行政活动及其过程，是社会工作行政管理活动的环节之一，是为实现社会工作行政决策所作的具体工作。因此，不能把社会工作行政执行等同于社会工作行政组织的全部管理活动，从时间点上看，它是在社会工作行政决策之后的组织行为。

---

〔1〕 McCraco Hill, *Secrets of RF Circait Design*, 3rd ed, J Carr TAB, 2004.

（二）社会工作行政执行的过程

1. 准备阶段。

（1）组织保障。决策方案的贯彻实施需要一定的组织机构来承担。一般说来，现行机构往往是执行决策的主体，但是，在项目任务重、时间紧等特殊情况下，可以赋予某些机构以特殊的地位来负责实施，或者抽调人员组成临时机构，并赋予其相应的权力。但是，不管是常设机构，还是非常设机构，都应当有明确的权责分工。

（2）物质准备。物质资源是落实决策方案的基础。在执行前的计划阶段，对于要使用的资源要进行预算，对于经费、设备等要考虑其来源及使用。在资金有困难时，还要想办法筹集。这些都是物质方面的准备。

（3）思想准备。在决策方案实施之前，领导者往往要进行部署或动员，使有关人员能够充分理解活动的目的、意义，对于活动中可能遇到的各种各样的问题做到心中有数。甚至还要进行舆论宣传，使服务对象对项目有思想准备，从而能够参与到方案的实施过程中，对组织的工作能够配合。

2. 实施阶段。各项准备工作就绪以后，随之而来的就是投入操作的实施阶段。具体的实施阶段是由若干功能性环节所组成的。

（1）指挥。现代管理活动，涉及面广、分工细密、连续性强，各个环节紧紧相扣，因此建立高效的指挥系统就显得非常重要。行政执行活动，就像演奏一场交响乐，如果没有一个高水平的指挥，就像一群乌合之众，是绝对不合拍、不成曲的。

（2）控制。行政执行必须忠实地体现决策目标的要求，必须不折不扣、不走过场。如何做到这一点呢？就需要对行政执行进行有效的控制。控制并不意味着独裁、专断，而意味着对执行过程进行必要的管理、监督、纠错。

（3）沟通。沟通就是融洽执行工作各方面的关系，使各方面能够达成共识、相互合作、一致行动。这是执行过程中必做的一项重要工作。沟通，既有对具体事务的交换意见，也有对关系的疏导。它是组织运作的润滑剂。

（4）协调。它是对个人或组织之间的矛盾或分歧进行协商解决，使矛盾或分歧双方在思想上达成共识，在行动上互相配合，其目的在于聚集起组织内可以利用的资源，促成组织目标的实现和行动效率的提高。它与沟通是紧密相连的，是一个问题的两个方面。

3. 总结阶段。总结，就是回头审视已经做过的工作，总结出经验和教训，为以后的工作提供借鉴。对待总结，一定要本着实事求是的原则进行，正视现实，从正反两方面进行总结，尤其要注意总结缺点和不足。

# 项目五　社会工作实习、督导与研究

📖 **学习目标**

**知识目标：**

了解什么是社会工作实习、督导与研究；

了解社会工作实习、督导与研究的工作原则和内容。

**能力目标：**

学会使用社会工作实习、督导与研究常用方法开展社会工作服务；

掌握社会工作实习、督导与研究所面临的问题、困难，采取具体的干预措施。

**素质目标：**

能够以全面、系统的视角解决社会工作实习、督导与研究中出现的问题。

## 任务一　社会工作实习

📖 **任务导入**

小黄是一名实习社工，义务帮助一位年近 80 岁的老奶奶。他原以为帮助老奶奶做些家务活、陪她聊聊天是一件很轻松的事情。但是，当他第一次进入老奶奶的屋子时就没有受到欢迎，这倒不是因为他的行为举止有什么不妥，而是由于老奶奶的心里充满了戒备——她一声不吭，也不要小黄做任何事。老人从来不谈自己的身世，而小黄也不知道如何与老奶奶搭话。尽管小黄努力接近老奶奶，但始终不能逾越老人的心理防线；即使偶尔谈话也只是绕圈子，没有触及心灵，有时老奶奶甚至会产生对抗的情绪。

📖 **任务识别**

请分析案例中小黄在实习过程中面临什么困难。

📖 **任务链接**

### 一、社会工作实习的定义及意义

#### （一）社会工作实习的定义

实习在社会工作专业训练中具有重要意义，因为社会工作是一种以操作性、实用性为取向的专业和职业。它要求从业者必须具备多种能力，比如，与个人、小群体、组织和社区建立联系的能力；评估案主需求并界定其问题的能力；适当的计划和干预的能力以及能够熟练地扮演不同助人角色的能力等。而在课堂教学中，学生们对专业的理解还十分抽象，也不可能很好地掌握助人活动所包含的专门技术。因而，通过实习帮助学生把所学知识运用于现实情境，促进其对知识的理解，就成了学生获取实践经验的重要渠道。

社会工作实习是一个结构化的教学过程，是专业养成所必需的教育训练过程。社会工作实习是指学校有计划、有督导地组织学生到机构或社区中接受社会工作实务技能训练和价值观培养的过程。社会工作实习是社会工作专业教学计划的重要组成部分，是加强理论与实践相结合的实践性教学环节。

（二）社会工作实习的意义

1. 实习是社会工作专业教育的有机组成部分，是达成专业教育目标的必要手段。一般专业的课程体系都可以划分为基础课、专业基础课和专业课。社会工作的性质决定了该专业的学生至少应该在完成基础课和专业基础课的学习之后，进入专业课的学习之前及完成专业课的学习之后进行两次性质、目的不同的实习。第一次实习的主要目的是培养学生对专业的感性认识，为专业课的学习打下必不可少的认识基础，人们通常称之为认知实习；第二次实习的主要目的是在实践中具体运用所学的专业知识和技能，进一步熟练、巩固和提高专业知识和技能，人们通常称之为毕业实习。因此，不难理解，实习是社会工作专业教育的有机组成部分，是达成专业教育目标的必要手段。

2. 实习有助于学生理解社会对社会工作的需求和社会工作者的责任，激发和坚定他们从事社会工作的信心。社会工作在我国是一个新专业，许多学生因看不到社会工作者的作用和社会对社会工作者的需求，从而失去了学习社会工作的兴趣与信心。实习有助于解决这个问题。实践表明，通过在实习中接触现实社会生活，许多学生对专业有了更全面、更深入的了解，明确了社会工作的功能和意义，产生了对社会工作专业的兴趣。

3. 实习有助于学生理解社会工作的复杂性，激起他们认真学习社会工作的热情。人类的思想与行为有多复杂，社会工作的知识就有多高深。人类问题的差异性有多大，社会工作的知识范围就有多广。但是，如果不联系实际而只进行课堂讲授，一些学生可能会觉得社会工作的理论与方法简单、乏味。有些学生甚至可能会说，"社会工作没有什么内容好学"。但是，当他们在实习中面临困难的时候，事实就会改变他们这样的想法。

**二、社会工作实习的目标**

（一）专业知能的促进

专业知能的促进，即专业理论知识和专业实务能力的整合促进，也就是让学生不断整合课堂所学的专业理论与知识，在实习中强化专业知识技巧的运用和实务工作能力的培养，积累丰富的专业实务经验。

专业知能的促进，指整合课堂理论知识并应用于实践，提供学生发展实务能力和技巧的机会，从而提升学生的专业服务能力。在实习中，应该注重专业知识的整合运用。通过实习，学生综合应用课堂所学的理论知识与工作模式去解决实际问题，并将理论与实务相互印证，使理论知识和工作模式在实务中得以检验，达到理论与实践的整合，培养发展实务能力与技巧，以锤炼实务工作能力。

（二）专业角色的形成

专业角色的形成是社会工作实习的重要目标之一。所谓专业角色的形成，就是学生在专业角色的扮演过程中，形成角色认知，学习和模仿角色行为规范，缩短角色距离，减少角色冲突，形成个人实务风格，增强专业自主能力，最终形成专业自我。个人实务风格和专业自主能力是专业自我形成的重要标志。

角色认知是指角色扮演者对某一角色的行为规范的认识和了解，知道哪些行为是合适的，哪些行为是不合适的。在实习中，学生有机会参与社会工作实务，接触具体的工作内容和运用专业的工作方法，与同事、督导员、案主和其他人进行全面交流和接触，获得体验专业社会工作者角色的机会，不仅能学会必要的知识和技巧，还能从中了解社会工作者的态度、情感和价值，以及权利、义务和责任，能对专业角色的规范进行学习和模仿。

（三）专业精神的培养

所谓专业精神，是指树立专业意识，认同及内化社会工作专业价值观和伦理，树立社会工作的专业理想，愿意承担社会工作的专业责任并作出承诺。实习应帮助学生了解和思考社会工作中所包含的人生观和价值观，培养其专业意识与价值观，树立专业理想，增强专业认同感、责任感和投入感。

基于角色认知，实习学生在扮演专业角色和遵从角色行为规范的过程中，能逐步产生对专业价值观和伦理操守的认同及内化，并愿意接受专业角色所承担的社会职责，树立专业理想。在专业教学中能否帮助学生建立专业深层次的认同感和牢固的专业价值理念，是专业教育与专业发展的一个不容忽视的问题。社会工作实习的一个重要功能就是提供机会让学生在与服务对象互动的真实情境中感受、认识和比较个人、机构、专业和社会间的价值差异，在矛盾和冲突的体验中作出价值选择，逐步认同社会工作专业的价值观，自觉地以专业价值观指导自己的实务工作，树立专业理想，增进专业责任感和投入感。在专业实习中，学生能认同并内化社会工作的专业价值和伦理，在专业实践中积极主动地遵照其指引和要求，从专业他律走向专业自律，并据此不断检视和反思自己的思想及行为。学生应不断地反思实习在个人对社会工作专业的认同上有何帮助，个人的动机、感情和行为的自我认知在实习中有何发展，个人实习经验中最有意义和最没有意义的部分有哪些。

### （四）专业形象的展示

专业实习的过程也是专业形象展示的过程。在专业实习中，学生通过专业服务的倡导和开展，展示社会工作的价值观念、伦理准则和方法技巧，不断扩大专业的社会影响，树立和展示专业形象，从而实现专业社会化，促进和推动社会工作专业的发展。

专业形象的展示，主要包括个人专业形象的展示和整体专业形象的展示两个方面。在实习中，通过个人专业服务过程中专业形象的展示，能不断增加专业的社会影响，使社会工作专业获得社会的认可和赞同。

### （五）专业成长的促进

专业成长可以从社会工作专业整体和社会工作者个人两方面理解。就个人而言，专业成长指社会工作者不断追求自我完善和自我发展，努力追求知、觉、行的统一，专业能力不断提高，专业角色的扮演日趋完善，专业精神得以持续培养。社会工作实习可以帮助学生继续了解学习专业技术知识、提升专业水平和不断自我完善的重要性，为其持续的进步和良好的发展打下坚实的基础。就社会工作专业整体而言，专业成长是指通过社会工作的实习教育和实务活动，使社会工作专业的价值伦理、理论知识和实务方法与技巧经受理论与实践、学校与机构、理想与现实、督导员与社会工作者、社会工作者与案主之间的多元碰撞而日臻丰富、完善和发展，从而促使专业形象不断清晰，专业影响不断扩大，专业水平不断提高，专业特色更加鲜明。

## 三、社会工作实习的准备

### （一）相关课程的设计安排

社会工作实习是一个持续的学习过程，是课堂教学的延续，是训练社会工作专业学生实务能力的关键步骤，是整个社会工作专业教学课程体系中非常重要的一个环节。为了使学生在正式进入机构实习之前掌握基本的专业知识和技巧，以及帮助学生做好充分的实习前的心理准备，在实习课程开始之前，学校开展一些先导性的课程是十分必要的。

### （二）实习教学计划的制订和完善

学校在指导学生开展实习之前，势必需要制订并完善相关的实习教学计划。实习教学计划是组织开展实习教学活动的依据，也是社会工作专业教学计划中的重要组成部分。实习教学计划一般包括实习的目的、形式、内容、要求、评估办法等一系列规定。[1]

---

〔1〕 史柏年、侯欣编著：《社会工作实习》，社会科学文献出版社 2003 年版。

### （三）实习机构的联系选择

选择实习机构，这是实习前准备的一个重要步骤。一个社会服务机构可以通过不同的方式成为社会工作专业学生的实习场所，但实习教育作为一种教育性工作，并非每个机构都适合负责此项任务。需要在实习前拜访相关的实习机构，会见实习机构的负责人和工作人员，了解该机构的目标、运作情况、服务对象和内容，等等，澄清双方的需求和目标，最终在实习机构中遴选出适合实习的机构并加以确认。

### （四）学校对学生实习前的工作说明

前往实习机构之后，学生除了是社会工作专业的学生之外，又增添了社会工作机构实习学生的角色。该角色的扮演能否符合各方的期望，需要角色扮演者明白自己将要扮演何种角色以及是否具有扮演这种角色的能力。因此，前往机构实习之前，应该了解自己将要扮演的角色，以及如何尽力去扮演好这个角色，这对于尽快地适应实习的角色有着十分重要的作用。

### 四、社会工作实习的实施

学生找到合适的实习机构，并正式进入实习机构之后，实习便正式开始。实习的实施分为三个阶段：第一阶段是学生实习的定向阶段；第二阶段是实习学生进入实习实务阶段，即学生开始执行实习教学契约的重要阶段；第三阶段是实习工作结束阶段。接下来具体从上述三个阶段来介绍机构实习。

### （一）实习第一阶段

实习第一阶段是学生与实习机构接触适应，并开始寻求自我角色定位，了解基本实习内容的关键阶段。在此阶段主要有四个方面的目的：学生与机构建立关系，学生与督导员建立信任关系，学生与服务对象建立关系，订立实习教学契约。

1. 学生与机构建立关系。学生与机构建立关系即指学生要了解机构的规则、文化、人事架构、问责、服务内容特色及手法，等等。在机构实习教学中，这一目的需要通过实习工作说明来完成。实习工作说明是学生进入实习机构后实习教学的第一步骤。学生进入新的环境之后，需要面对新的工作与挑战，如果他们不能及时系统地获得这方面的信息，那么极易因此而产生焦虑感与挫败感，同样也不利于实习教学的开展；反之，详尽的说明则能使学生感受到他们是被接纳的并能迅速地投入到工作的情境中。

2. 学生与督导员建立信任关系。督导员与学生在实习开始之前往往是彼此陌生的，一般也仅是在实习前会谈，但是双方建立信任关系对开展个案工作十分重要。同样，在实习中，学生与其督导员建立信任关系是督导员进行良好实习教学的基础，其能帮助学生与督导员之间建立良好的教学关系，有利于学生实习工作的顺利开展。

3. 学生与服务对象建立关系。实习之初，学生需要与机构服务对象建立初步的关系，即在机构实习之初基本了解机构服务对象的大致情况，如服务对象的问题、需求、特征等，尽可能多地积累相关背景资料，为今后进入实务阶段实习时能更有信心与能力处理相关个案做准备。比如，主动接触服务对象；积极参与或协助机构活动；进行社区探访。

4. 订立实习教学契约。略。

（二）实习第二阶段

在度过实习第一阶段之后，学生对机构已经有了基本的了解并建立了相关的联系，如与督导员建立信任关系并就实习教学达成共识以及签订了实习教学契约，与服务对象建立联系并基本了解了服务对象的现状与需求。可以说，第一阶段是学生实习的定向阶段，第二阶段是实习学生进入实习的实务阶段，是学生开始执行实习教学契约的重要阶段。在这阶段学生共有三个实习目标：深化与机构的关系，与督导员建立学习的关系，与服务对象建立深化关系。

1. 学生深化与机构的关系。在这阶段应该做到以下几点：

（1）鼓励学生能与机构的同事建立伙伴关系。

（2）希望学生能与机构同事一样，按照机构要求和规则办事。

（3）支持学生检视机构的强弱项，在适合时提出建议。

（4）当学生与机构有不调和的问题的时候，督导员能够适当介入。

2. 学生与督导员建立学习的关系。在这阶段应该做到以下几点：

（1）督导员向学生提供专业知识和技巧。

（2）督导员帮助学生运用个人的知识、技巧和经验，设计适合服务对象需要的活动。

（3）督导员给予指引、评论，以修正学生的服务介入计划。

（4）督导员与学生一起检视实务，并鼓励学生提出改进方案。

3. 学生与服务对象建立深化关系。在这阶段应该做到以下几点：

（1）学生与服务对象建立信任关系。

（2）学生评估服务对象的需求，与服务对象寻求内在及外在的资源。

（3）学生与服务对象订立契约，设计共同解决问题的方案。

（4）学生针对服务对象开展社会工作服务介入。

（三）实习第三阶段

实习第三阶段为实习结束工作阶段。这一阶段的工作是整个实习过程中不可或缺的一环。督导员应按计划行事，并且妥善完成各项结束任务；实习学生也应学会正确地处理分离的情绪并完成相应的交接工作，提交实习总结报告；学校、机构及学生各方也将对实习进行评估。在此，从以下三个方面来具体介绍应该如何完成实习结束工作。

1. 总结与机构的关系。当学生实习结束之时，要记得总结与机构的关系。与机构良好关系的总结将有助于丰富学生实习的完整性，同时有助于机构在接待学生实习工作方面进行改进，利于今后学校与实习机构建立与持续良好关系。

2. 与督导员总结学习的关系。在这阶段应该做到以下几点：

（1）学生提交自我总结报告。

（2）学生理解、吸收督导员督导过程的意见。

（3）督导员协助学生回顾与确认个人的成长，并计划未来。

（4）督导员帮助处理学生实习结束时的心理反应。

3. 与服务对象总结关系。在这阶段应该做到以下几点：

（1）与服务对象总结个人进展、问题处理情况及跟进事宜。

（2）完成服务对象的转案工作。

（3）处理服务对象与学生分离的情绪。

## 任务二　社会工作督导

### 任务导入

小黄是某高校大四的社会工作专业学生，计划今年 1~6 月到广州××街社工站进行社工实习。今天是小黄到机构的第一天，然而小黄对未来 6 个月的实习充满茫然。

### 任务识别

如果你是社会工作督导，将怎么做呢？

### 任务链接

#### 一、社会工作督导的定义

在我国社会工作专业本土化的过程中，社会工作督导体系的建立和完善是我国社会工作专业发展面临的重要任务。社会工作督导是指社会服务机构内经验丰富的社会工作者或高等院校社会工作专业教师，将社会工作专业的知识与工作技术传授给社会工作实习学生，帮助其提高社会工作服务水平和质量的一种方法。

社会工作督导的几个重要特征有：①督导是社会工作专业训练的一种方法；②督导的实施者是经验丰富的社会工作者或专业教师，督导对象是新入职的社会工作者或社会工作实习学生；③督导的内容是传授社会工作知识、方法与技术。

关于社会工作督导，目前有两种理解，一种是指社会工作机构中的督导，即新员工或准员工进入机构时，机构安排督导员对其进行指导和业务辅助；另一种含义是指社会工作教育中的督导，即高校或研究机构在培养社会工作专业的学生时，为学生实习安排的指导老师。前者简称为机构督导，后者简称为学校督导。无论是机构督导还是学校督导，对社会工作职业及专业的发展都有重要意义，自其诞生以来，督导就始终是社会工作重要的一环。

### 二、社会工作督导的对象

1. 新进入社会服务机构的社会工作者；
2. 服务年限较短、经验不足的初级社会工作者；
3. 在社会服务机构实习的社会工作专业学生；
4. 社会服务机构的非正式人员，主要是志愿者。

### 三、社会工作督导的原则

许卢万珍在《社会工作实习的教与学》[1] 一书中指出了督导的原则，包括以下几个方面。

1. 督导员必须持守社会工作者的道德操守，具备相当的经验及专业能力，确保案主在接受实习学生所提供的服务时具有一定的保障。

2. 通过督导员给予实习学生的指导，能够确保实习学生所提供的服务符合机构的目标。

3. 督导的目标、过程及内容应该依据社会工作的专业价值观。

4. 督导员应不断监督实习学生的工作表现，确保其进行的介入能持守社会工作专业的价值观，所运用的专业知识及技能达到基本的水平或以上。并且，督导员应向实习学生提供情绪支援，助其处理在专业发展中对个人成长的种种价值冲击。

5. 督导员应不断对其与实习学生的互动及督导内容、过程进行反思。由于督导员居于主导地位，并且有评估学生表现的权力，其更应时刻反思。例如，督导员所提供的教学是否符合学生的需要；所提供的资料是否准确；所给予的情绪支援是否符合学生的期望等。

### 四、社会工作督导的功能

社会工作督导具有行政性、教育性和支持性三方面的功能。所谓行政的功能，是指督导员执行有关策划、工作分配、监督和评估等管理工作，以协助员工完成工作和维系机构服务的运作；所谓教育的功能，是指督导员协助员工增进知识和改善他们的技能，使其能更有效地完成工作；所谓支持的功能，是指督导员为员工提供心理上及个人关系上的支持，以促使他们有良好的工作表现。

如果说行政性督导中督导员扮演着管理者的角色，在教育性督导中督导员扮演着

---

〔1〕　许卢万珍：《社会工作实习的教与学》，香港理工大学 2005 年版。

教师的角色，那么，在支持性督导中，督导员则扮演着心理调适辅导员的角色。在督导的三种功能中，行政性督导所提供的是有助于社会工作者开展工作的组织结构和机构资源；教育性督导所提供的是开展工作必备的知识和技能；支持性督导则是通过营造一种有利的心理氛围和人际关系环境，以使社会工作者焕发精神，富有成效地开展工作，并从工作中获得成就感。

（一）行政性督导

行政性督导是指督导员通过督导的过程提高社会工作行政机构和受督导者的服务品质，确保服务质量。督导本身就是社会工作行政机构中的一项职能，督导员有义务帮助社会工作者圆满完成机构的工作任务，使他们对机构负责。行政性督导并非指行政工作，而是指社会工作者提供服务时，在面临行政问题时所必需的督导工作，如督导员指导社会工作者如何填表、如何写报告等。督导员要让受督导者了解其职责所在及机构对其的期待，并视受督导者的能力、特长、兴趣而分配适当的工作。

（二）教育性督导

教育性督导是指督导员向受督导者传授其开展工作所应具备的知识和技巧，并帮助他们学习、掌握这些知识和技巧。从督导员与受督导者的关系及督导的目标来看，督导本身就是教育过程，督导员就是教育者，教授、指导、培训、建议、奖励及惩罚等这些督导方法历来都是教育工作的常规方法。

（三）支持性督导

支持性督导就是督导员帮助受督导者克服困扰或不良情绪，减轻心理压力，树立积极、健康的工作态度，逐渐成长为合格的社会工作者。支持性督导旨在提高社会工作者的工作士气和工作满意度，让其做好准备，调整好身心状态，以有效完成工作。

## 任务三　社会工作研究

📝 **任务导入**⌐

小黄是某社工站的一名新入职社工，小黄计划为社区内的老年人开展小组活动。但由于新入职，对于社区内老年人的特性、需求不太了解，难以有针对性地开展有效的小组活动。

📝 **任务识别**⌐

假如你是小黄，请设计一份向社区内老年人发放的调查问卷，从而更好地了解服务对象的需求。

任务链接

### 一、社会工作研究的概述

**（一）社会工作研究的定义**

社会工作者为什么要做研究？因为社会工作不仅是助人的专业，也是科学方法在实务上的应用；社会工作者是真理（正确知识）的追寻者，也是真理的实践者。社会工作者要有助人的热忱、专业的训练，还要有科学的熏陶，以让社会工作专业可以成长、突破。因此，社会工作者应该先了解，在专业实务中，我们容易在哪里犯错。

社会工作研究是获取知识和发现事实的过程，在此过程中，社会工作及其他领域的研究者依托社会工作专业伦理和社会研究伦理，使用社会研究方法和程序，从社会工作视角搜集和分析与社会有关的资料，协助达成社会工作目标。

**（二）社会工作研究的特性**

1. 研究对象主要是弱势群体或弱势问题。

2. 以社会工作视角探讨研究议题。

3. 在社会工作伦理指导下完成研究过程。

4. 目的在于促进实务及提升理论，最终推进服务对象的整体福利。

5. 研究者可以是资料的搜集者和分析者，也可以是研究结果的应用者。

### 二、社会工作研究方法论

方法论是关于研究方法的理论，主要从哲学角度探讨与学科体系和基本假设有关的一般原理，即探讨研究的基本原则、逻辑基础以及科学的研究程序和研究方法。

**（一）实证主义方法论**

实证主义方法论由孔德（Comte）提出，其基本观点是：

1. 社会研究对象与自然科学研究对象都是纯客观的，它们不依赖于研究者而独立存在，事物本身存在着内在的、必然的、可以重复的规律。

2. 人类行为、社会变化的因果关系或相关关系是可以被感知、概括和客观计量的。

3. 社会研究的任务在于说明社会现象或规律是什么，而不是说明社会现象应该或必须是什么。

4. 自然科学方法适合于社会研究，社会现象可以作为事物来看待和研究。

5. 实证主义将社会现象作为研究起点，重视社会现象的概括归纳，努力寻求现象间的相关关系，由经验事实来检验其假设，从而发现其规律。

**（二）反实证主义方法论**

反实证主义方法论具有以下特征：

1. 强调社会现象不同于自然现象。

2. 反对社会唯实论，主张社会唯名论。

3. 认为社会研究方法应该着重分析社会整体的因素，找出它的成分，说明整体与成分的关系，反对把社会研究归结为只对各种社会现象作整体说明。

4. 认为社会科学研究的主要方法是以描述性的历史方法说明社会现象，反对在社会科学中运用自然科学的概括性规律方法。

5. 认为考察主体的认识能力是主要的认识方法，认为社会科学知识是主观的和相对的。

6. 注重社会现象的发生、变化过程和人的意识过程，重视研究互动以及现实社会环境中意义的产生过程，等等。

### (三) 马克思主义方法论

马克思主义方法论包含辩证唯物主义和历史唯物主义，具有哲学方法论和具体研究方法论两个层面的含义。在研究方法上强调研究过程的经验性与实践性，认为应该把社会作为整体来研究；强调在占有大量资料的基础上，对研究对象进行详细深入的观察与分析；在详尽分析资料之后，将各种有相关关系的资料予以综合，揭示其隐含的本质。

### (四) 建构主义方法论

建构主义方法论主要存在以下特征：认为"事实"是多元的；研究者与被研究者之间是互为主体的关系；研究结果是由不同主体通过互动而达成的共识，是不同主体之间的"视域融合"；在方法论上，强调研究者与被研究者之间的对话；建构需要与他人磋商并达成一致来不断地加以调整和修正，其中要受到当时社会文化因素的影响。

### 三、研究方法

(一) 定量研究和定性研究

1. 定量研究和定性研究的特点。

(1) 定量研究的特点。

研究者与研究对象的关系：基本上排除了研究者本人对研究对象的影响。

研究和理论之间的关系：从假设出发，通过分析数据来验证假设。

研究策略：事先形成研究设计，追求研究资料、研究结论的准确性。

资料特性：主要搜集和分析量化的资料、可操作的变量和统计数据。

结果范围：注重研究问题的普遍性、代表性及其普遍指导意义。

(2) 定性研究的特点。

研究者与研究对象的关系：要求研究者对自己与研究对象之间的关系进行动态反思和调适，尽量设法让被研究对象把研究人员视为自己人。

研究和理论之间的关系：不一定要事先设定假设，而是可以在研究过程中逐步形成理论假设。

研究策略：研究设计灵活变化，可以根据当时情况修改。

资料特性：主要获取描述性的信息。

结果范围：注重研究对象有助于发现研究问题的个别性和特殊性，以此发现问题或提出发现问题的新视角。

2. 定量研究和定性研究的适用范围。一般而言，定量研究适用于所研究的问题已有大量资料、资料搜集相对容易、需要探讨变量关系、宏观层面的大规模的调查与预测等场合。定性研究则适用于不熟悉的社会系统、无权威和不受控制的场景，同时需要低度的观念概化和学术建构，适用于在微观层面对个别事物进行细致、动态的描述和分析。

定量研究与定性研究不是截然对立的，而是看问题的角度不同，它们是相互依存、相互渗透、相互补充的。定量研究与定性研究各有优点与不足，研究者必须根据研究问题、资源条件和自身特长等因素采用合适的研究方法。

（二）问卷调查研究

1. 问卷的基本结构。

（1）封面信，旨在说明调查者的身份、研究目的和内容、对象选择方法、保密原则，并署明研究机构。

（2）指导语，说明问题细节及回答要求。

（3）问题和答案，根据答案特征，问卷又可采用开放式问题和封闭式问题。前者需要被调查者自行填答，后者已有答案，要求被调查者选择。

2. 问卷设计的基本原则。

（1）问卷设计应该以回答者视角为主，让回答者认可、容易理解和回答。

（2）考虑问卷调查障碍因素，如被调查者是否愿意、是否有能力回答问题。

（3）应整合研究目的、内容、样本特征和资料处理方法等因素，保证调查的可行性。

3. 问卷设计的注意事项。

（1）开放式问题应注意空间大小，封闭式问题应关注答案的穷尽性和互斥性。

（2）问题语言应简短明了，避免双重含义与含混不清，提问不要带倾向性，对敏感问题注意提问方式。

（3）题数适当，回答问卷所花时间越短越好，一般被调查者在 20~30 分钟内完成为宜。

（4）问题应按序排列，熟悉、简单、对方感兴趣的、封闭式问题置于前面，行为、态度、敏感的问题放在后面。

（三）实验研究

1. 实验设计。

（1）实验设计的要素：①自变量和因变量；②实验组和控制组；③前测和后测。

（2）实验设计的基本类型：①前后测控制组设计；②单后控制组设计。

2. 对实验研究方法的评价。

（1）其优点在于：可以控制实验情景从而排除外在因素的影响，可以明确地指定需研究的变量，研究误差相对较小。

（2）其缺点在于：研究条件不自然从而其实务推进上有困难，太强调精细从而难以复制。由于社会工作中实验研究往往以人为对象，因此，研究者在实验组人员的选择、实验刺激的应用等方面不可避免地会面临伦理问题。

（四）个案研究

个案研究是对单个对象的某项特定行为或问题进行的整体性的和深入的研究。强调对事件的真相、原因等方面作深入、周详、历史的考察，了解其详细状况、发展过程及与社会环境的联系。个案研究可以采用定量方法也可以采用定性方法。

（五）行动研究

1. 行动研究的概念。所谓行动研究，就是被研究者不再是研究对象，而是与问题有关的所有其他人员一起参与研究和行动，他们将研究发现直接应用于行动，对问题情境进行全程干预，进而提高自己社会实践的能力。行动研究有"对行动进行研究""为行动而研究""在行动中研究"和"由行动者研究"等多重含义。

2. 行动研究的特点。其特点有：①目标在于解决实践问题；②对象是行动者的实践情境；③研究者就是实务工作者；④研究方法兼用量与质方法，但偏向定性研究；⑤研究过程是研究者与行动者伙伴式合作；⑥研究成果之应用者就是实务工作者和研究者自身，并体现出即时性，也因其情境特性而不作推论；⑦研究效果在于解决实践问题。

3. 行动研究的类型。

（1）按研究侧重点可分为：行动者用科学方法对自己的行动进行研究，行动者为解决自己实践中的问题而进行研究，行动者对自己的实践进行批判性反思。

（2）按参与者对行动的反思可分为：行动中认识，对实践者的例行式行动进行的研究；行动中反思，对特定情境进行反思式交谈，对行动进行反思。

（3）按参与研究的成员可分为：合作模式，支持模式，独立模式。

**四、社会工作研究的过程**

（一）定量研究的过程

1. 定量研究的基本程序。①提出问题和研究假设；②制订研究方案；③观察；

④整理和分析资料；⑤得出研究结论。

2. 定量研究的准备工作。①确定研究问题是其首要工作；②建立研究假设；③进行研究设计。

3. 定量研究的资料收集。在调查员收集资料过程中，研究者必须亲任或安排专门人士进行同步督导，以便及时回答研究过程中碰到的问题。要重视第一天问卷的回收、审核与指导。

4. 定量研究的资料整理与分析。

（1）资料整理。①进行资料编码；②将完成编码的问卷资料输入电脑，并进行逻辑检查和幅度检查。

（2）资料分析。统计分析是定量研究中分析变量关系的主要手段。统计分析可以分为多个层面：①描述单变量的集中趋势和离中趋势；②发现双变量间关联状况；③探索多变量间的关系；④如果调查研究采用的是随机抽样，还可以估计这些指标的总体参数值。

（二）定性研究的过程

1. 定性研究的准备工作。①研究者需要根据目的确定研究对象；②确定分析单位；③选择收集资料的方法。

2. 定性研究的资料收集。首先，研究者要通过正式或非正式联络方式进入现场，依托社会工作理念和社会研究伦理与研究对象尽快建立良好的工作关系。然后，通过语言、行动参与等方式与观察对象进行互动，观察情景、活动、人际关系等场景细节，发现研究对象的显性信息和隐性信息，并采用恰当方式作好记录。

3. 定性研究的资料整理与分析。

（1）资料整理。对于初次观察或访问，资料分析须对研究目的进行再确认。对于获得的较丰富的资料，研究者要对上述主题或个案所涉及资料分别进行特质分析，通过分类、归纳等方法将资料系统化，为深入分析作准备。

（2）资料分析。通过引用已有概念、研究者的自我感知、从固有类型中转型、研究者建构等方法作归纳性分析，并努力证明有关特质、概念和架构，发现被研究者的主观理念，定义新概念和形成新假设，并力图形成整体性建构。

（3）研究总结与深化。针对初次观察或访问的不足之处，研究者要不断积累、丰富资料。在不断重复上述过程中形成对某一问题的初步解释，从而使得研究发现随研究进行而不断得到旁证、丰富、深化和完善。

（三）报告撰写及成果应用

1. 撰写报告的基本原则。①标题与内容呼应；②注意资料的逻辑性和完整性；③观点与资料密切配合；④注意定量资料和定性资料的结合；⑤行文朴实流畅。

2. 报告的基本结构。

（1）标题；

（2）研究问题、目标和意义；

（3）文献回顾；

（4）方法；

（5）发现；

（6）讨论和建议。

# 社会工作实务

## 项目一 儿童社会工作

📖 **学习目标**

**知识目标：**

1. 了解什么是儿童社会工作；

2. 了解儿童社会工作的工作原则和内容。

**能力目标：**

1. 学会使用儿童社会工作常用方法开展社会工作服务；

2. 掌握针对儿童所面临的成长危机采取具体的干预措施。

**素质目标：**

能够采取全面、系统的视角解决儿童的问题。

### 任务一 儿童社会工作的概述

📖 **任务导入**

某小学二年级学生小秦，其父母因为感情不和于一年前离婚，小秦被判给母亲刘女士抚养。刘女士将自己后半生的所有希望寄托在小秦身上，所以对小秦的管教非常严厉，小秦稍微做错一点事情，母亲就对其严加斥责，渐渐地，斥责打骂成了小秦的"家常便饭"。最近，因为刘女士的单位要裁员，刘女士面临下岗的威胁，而小秦的父亲则因为工作不顺开始拖延支付抚养费用。学校班主任老师发现小秦在学校里开始沉默寡言，独来独往，并且经常不交作业，成绩下滑非常快。作为学校的社会工作者，班主任希望你能为小秦提供帮助。

1. 儿童作为人生中的一个特殊阶段，有着哪些需要？
2. 社会工作者应该如何介入？

任务链接

## 一、儿童的含义

人类生存发展的初始阶段是童年时期，个体在此期间，生理、心理都在迅速成长中，因此在开展儿童社会工作之前，应该对这"儿童"本身给与明确的定义。

在古代，儿童中的"儿"字有多种解释，其中多理解成婴儿、小孩，儿童的"童"字在古时多写作"僮"，意为"未成年男子"，将"儿童"合用，在古代并不常见，其意为"幼年的孩童"。在英语中表达"儿童"的词汇有胎儿、婴儿、小孩、孩子气、未成年者、幼稚的、初期的、无经验的、初出茅庐、未成熟的等。

儿童的年龄界定因不同学科的视角而模糊。从我国法律规定上看，儿童是指不满14周岁的人，《联合国儿童权利公约》规定，"儿童系指18岁以下的任何人，除非对其适用之法律规定成年年龄低于18岁"，与我国的"未成年人"概念相当。儿童发展具有阶段性特征，这也体现在现今社会的称谓习惯上，比如我们将1岁以下儿童称为婴儿，1岁以上及学龄前儿童称为幼儿，6~12岁称为儿童，13岁以上至未满18岁称为青少年。"儿童"是一个生理性概念，同时也是一个心理阶段的概念，一个社会性的、包含深刻社会涵义的概念。首先，儿童这一概念显示了一个人的特别发展阶段。儿童期和人的其他生长期相比，具有特殊的意义。一方面，儿童时期是一个人的生理迅速发展、心理不断完善和社会性发展特别快的时期；另一方面，儿童时期是人的生理、心理发生质变最多的一个阶段，也是一个人发生巨大转折的关键时期。其次，儿童是一个权利的概念，他们是独立的、能动的主体，并不因为年幼而影响其社会性本质和权利的主体性，全社会都必须尊重儿童发展的能动性、主动性，尊重每一个儿童的独特性。再次，儿童还是一个受保护的概念，作为生物的人，儿童需要物质支撑；作为社会的人，儿童需要精神支撑；作为独特的个体，儿童没有足够的能力及相当的社会地位实施自我保护，在自我权利争取方面处于绝对弱势。儿童这一概念本身，是对社会意识的呼喊，也是对社会责任的呼唤。

## 二、儿童的成长发展

### （一）儿童的生理发展

1. 生长发育。当我们对幼儿和儿童的生理发展速度进行比较时，我们发现除了在童年后期的勃发以外，儿童的生理发展速度下降了。尽管儿童每天的改变并不明显，但是在属于儿童的 6~12 岁这一时期差异还是非常明显的。生活中，我们常会看到这样的情景，学校放学时，涌出校园的小学生们高低胖瘦各不同，你很快就能辨别哪些儿童属于低年级，哪些是高年级。童年期的学龄儿童在其发育期间平均每年体重增加 3.5 公斤，身高增加 0.06 米。不仅如此，儿童在生长发育上明显的特征就是儿童的脂肪组织成长渐缓、肌肉组织成长加速，但前者的发展仍然比后者快。并且，因性别不同，还存在明显的差异，女孩的脂肪发展较男孩更快速呈现，而男孩的肌肉组织发展比女孩快，这也是为什么在儿童时期，同龄的男孩女孩的体型会表现出明显差异，女孩相对男孩更为圆润。而到童年后期，女孩身高一般超过男孩，且体重要比男孩重，这种现象一直保持到男孩青春期发育开始，然后超过女孩。当然，这些也并不是绝对的，儿童的生长发育还和遗传、生活环境、营养等多个方面相关。

2. 动作发展。因为童年期的孩子肌动技巧发展快，所以男孩和女孩都可以参加各种体育活动。在人们的固定思维中，认为男孩要比女孩更为强壮和活跃，展现在速度和力量上，所以跑得更快、跳得更高、掷得更远等。女孩大多体现得更为灵活和细致。现在，研究表明，男孩和女孩之间的许多差异并没有想象的那样大，青春期以前男孩和女孩参加同样的活动表现出差不多的能力。只是男孩在大动作（如立定跳、单腿站、投掷）的发展一直超过女孩，女孩在精细动作（如剪纸、描红、系鞋带）的发展则超过男孩，这也是男孩比较喜欢从事体力活动的原因之一。

童年期的孩子虽然越来越有成人的架势，但他们不是"小成人"，因为身体的发展还未完善，骨骼、肌肉和视神经的发展都远不如成年人，所以有些行为和动作的要求不能够太高，以及有些学习不能太早开始，儿童身心不适应容易产生强烈的挫折感和自卑感。

（二）儿童的心理发展

1. 自我意识发展。"我是谁?"这是个哲学问题，这个问题使得很多哲学家们花了一生的时间去探索。非常简单，自我概念就是"我是谁"的感觉。自我概念的内容就是我们知道我们已经是什么和我们已经做了什么，它的作用就是指导我们决定将有什么以及将来会是什么。自我概念帮助我们了解我们自己和规范我们的行为，尤其是童年期形成的自我概念对于人格发展和社会发展至关重要。总的来说，自我概念的发展从自我意识开始，始于婴儿期逐步发展到我们能够反省并意识到我们行动的存在。

2. 自尊发展。童年期是发展自尊的重要时期。儿童时常通过社会的评价和周边的期待来进行对照以及他们如何行事来对自己进行评判。自尊指个体在整体上和特定方面对自己的积极和消极评价，例如"我跑得非常快""我的学习成绩不好"。儿童的自尊还包括来自家人朋友及他人的爱护、支持和赞扬。这些对于儿童后期成就获得起着积极推动的作用，研究发现自尊心强的孩子比自尊心差的孩子在学校表现好并且更能获得成功。此外，儿童的自我形象还影响其人格发展，正面的自我形象是一生成功和幸福的关键。

　　一般来说，自尊在儿童期会总体获得提升，到 12 岁时又略有所下降。这种下降的主要原因是从小学到初中的考试通常发生在这个年龄段，当然也有其他的解释，比如青春期发育较早的女孩子可能有低自尊的表现等。另一方面，由于陷入一种无法摆脱失败的恶性循环中，一些儿童长期拥有低自尊。例如学生小明面临期末考试，他觉得自己成绩不好，肯定不及格，父母一定会批评自己，于是每天很紧张，过分的焦虑导致他不能集中精力复习，然后他破罐子破摔，觉得反正考什么样父母都会批评自己，干脆不学了，因此，他在心里和行为上同时放弃了学习。父母可以通过提高孩子的自尊来打破这种失败的循环，如表 4-1 所示：

表 4-1　帮助儿童提高自尊的方法

| 方　法 | 内　容 |
|---|---|
| 使儿童能够感觉到爱 | 了解儿童的需要<br>给予亲情和热情<br>接受儿童所展示的独特面<br>多和儿童交谈，并认真倾听儿童的表达 |
| 使儿童能够自主 | 为他们提供自己动手的机会<br>给予儿童做选择的机会<br>鼓励他们的好奇心<br>鼓励他们获得成就时有一种自豪感 |
| 使儿童能够成功 | 父母成为一个合适的榜样<br>确定明确的限制<br>称赞成功<br>解释结果以及了解如何吃一堑长一智 |
| 使儿童能够与他人互动 | 提供机会带儿童体验和他人互动<br>帮助他们了解他人的看法<br>使他们能够有个性<br>帮助他们表达和发泄情感 |
| 让儿童负责任 | 培养儿童的责任感<br>帮忙做家务<br>帮助他人<br>认识错误并改正<br>鼓励他们深化负责任的心态或行为 |

3. 自我效能。自信有时候来的很简单，父母和其他人的鼓励很可能会促使一个人发展自信，也就是他/她能够按照特定情境的要求表现其行为（即自我效能），自信的人相信他/她会成功。面临困难或失败时，自信的儿童会努力去把握挑战，他们把失败归因为努力不够，因而加倍地努力；不自信的儿童在面对困难时则倾向于退让，因为他们把失败归因为缺乏基本的能力。当一个儿童学习一个新的任务时，导致他成功的一点就是把该任务分成更少的几部分，以使儿童至少能够掌握其中的一部分来增加成功的经历。以下的方法能够帮助我们培养儿童的自信：①关注过去的表现，儿童能够通过回顾以往的成功经验以增加自我效能感；②观察他人，儿童看到一个与自己差不多的人成功地完成了任务，这能提高他的自信；③口头劝说，即鼓励儿童相信自己并试着去完成一个新的任务；④判断身体状态，当儿童焦虑或受惊吓时，他们可能会预料到失败；当儿童兴奋和感兴趣而且不过分紧张时，他们更有可能认为自己能够获得成功。

### 三、儿童社会工作的概念

在我国，儿童通常是指 0~14 岁的未成年人。儿童社会工作，主要就是社会工作者根据儿童的生理、心理特点和成长、发展的需要，以专业的价值为指导和科学的理论为基础，充分运用社会工作的专业方法和技巧对儿童开展的助人服务活动。儿童社会工作常运用于普通全日制学校（幼儿园、小学、初中）、特殊教育学校（幼儿园、小学、初中）、社区儿童教育机构、社会儿童福利院、社会救助管理站等机构。儿童社会工作可分为宏观儿童社会工作、微观儿童社会工作，具体内容为：

（一）宏观儿童社会工作

包括：①推动有关儿童的立法：积极推动政府在儿童福利、儿童权益保护方面的立法，敦促政府在儿童营养、卫生保健等方面增加投入，并积极为政府出谋划策。②促进对儿童的养育：保证儿童的营养及良好的居住环境。③推动儿童教育事业：从多方面努力宣传、推动、监督义务教育法的落实；运用、动员社会力量帮助失学儿童重返课堂；普及家庭教育的科学知识，提高家庭教育的质量；宣传现代化的教育思想，提高全社会的教育意识和教育思想水平。④为儿童创造娱乐游戏的条件：推广有益有趣的儿童游乐形式，普及儿童娱乐知识等。⑤儿童卫生保健：通过多种努力，减少婴儿死亡率，通过健康检查、传染病的预防、健康教育等方法促进儿童健康发育成长。⑥家庭服务中的儿童社会工作：对家庭中儿童权益的保护，针对亲子关系和儿童教育问题提供服务。⑦保护儿童的合法权益，推动儿童的健康成长。⑧对孤儿、被弃儿童的工作：主要有儿童福利院，或称院内救助、机关教养、收养等。⑨残疾儿童的康复和教育身体的康复以及通过举办特殊学校、随校设立特殊班、随班就读等方式，使残疾儿童受到正常的教育。

## （二）微观儿童社会工作

包括成长发展辅导，如生理健康辅导、学业辅导、学习压力缓解、心理健康辅导、人际交往辅导等；理想、道德、价值观发展辅导；贫困儿童的救助；学生辍学问题的防治；不良行为的矫治；等等。

## 任务二　儿童社会工作的方法

### 任务导入

小李，女，7 岁，出生于河南省某县的一个农村，今年上学前班，有一个 5 岁的弟弟上幼儿园中班。父母是初中文凭，经媒人介绍相亲结婚，夫妻关系一直不融洽，经常争吵闹矛盾，家庭关系很不和谐，对女儿小李很少给予关心。家庭经济条件一般，父亲做木工，常年在外打工养家糊口，喝酒、抽烟、偶尔还去赌博。母亲很要强，总是嫌父亲没出息、挣钱少、生活艰难、压力大，不管是哪方面都觉得父亲配不上自己。期间，母亲也想过出去打工挣钱，但小李和弟弟在家无人照顾，爷爷已去世，奶奶不愿意帮忙带孩子。所以，母亲一个人在家照顾小李和弟弟，一个人照顾两个孩子忙不过来，一日三餐很不规律，又由于经济条件跟不上，伙食营养也跟不上，能吃上鸡蛋就很不错了，更别提吃肉。父亲一个人打工养家，生活比较辛苦，父亲基本每年过年过节会回家，每次回家都会因为一点小事和母亲吵架，喝完酒就耍酒疯动手打母亲，家里东西也是顺手拿着什么摔什么。每次父母吵架、打架时，小李和弟弟就会躲在角落里恐惧地不敢出声、更不敢哭泣，小李想要上前去拦，但是感觉无能为力，心里难过又委屈，晚上躺被窝里会偷偷抽噎、哭泣。小李身体异常消瘦，脸色也时常苍白，经医生检查说心理压力大、消化系统不好、营养不良。听小李的班主任说，小李在学校由于性格孤僻也没有同伴，经常沉默寡言、呆滞木讷，不喜去和其他同学玩，常常一个人坐在座位上发呆或趴在桌子上。小李学习效率低下，情绪低落，注意力分散，学习成绩一般，很让人担心。由于家里长期处于矛盾"战争"中，母亲曾提出离婚，但遭到奶奶和父亲的反对，父亲的脾气变本加厉地暴躁，母亲由于难以忍受，一气之下带着弟弟离家去了杭州。父亲离家去打工，小李在家没人管，奶奶虽然很不情愿，但也只能勉强照顾。父亲很少往家寄生活费，只有母亲有时会寄一点儿给奶奶。小李认为母亲偏心，喜欢弟弟而不喜欢自己，所以带着弟弟跑了，不要自己了，父亲、母亲、奶奶都不喜欢自己，老师同学也讨厌自己，在这个世界上没有人爱自己。因此她生活很不乐观，吃饭很少，身体更加消瘦，性格由孤僻变得偏执、敏感又多疑，学会撒谎、与同学吵架、逃课等，引起了当地村委会的注意，联系当地社工介入。

社会工作者思路分析图：

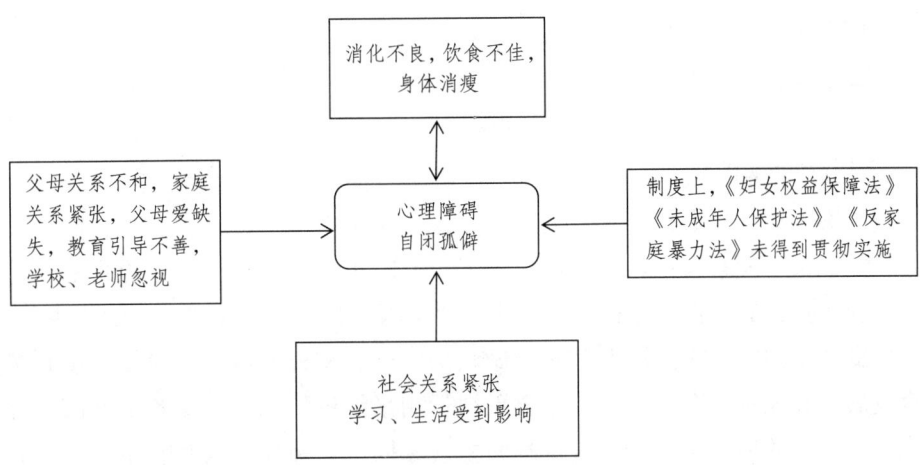

社会工作者在接案后确定服务对象是小李，要解决的核心问题是小李的自闭孤僻，使其愿意并且能够与人正常交流玩耍，健康成长，快乐学习。而小李作为家庭系统、学校系统及社会系统中的个人系统，要改变个人问题就要从其生活、学习的大环境着手。所以笔者针对服务对象小李问题解决的服务方案，主要从家庭、学校、社区、社会四个方面来介入。

| 介入对象 | 活动时间 | 活动内容 | 活动内容 |
|---|---|---|---|
| 家庭 | 6月25日 | 婚姻课堂<br>反家暴讲座<br>未成年保护法<br>亲子互动 | 调节家庭纠纷、化解小李的父母的矛盾<br>制止父母的家暴行为<br>加强小李的父母对其抚养、照顾的责任<br>增强小李的爱与归属感 |
| 学校 | 9月1日 | 心理辅导课堂<br>心灵音乐<br>游戏天堂 | 安抚小李受伤、灰暗的心灵<br>放松身体、释放情绪<br>通过游戏打开心灵、活跃起来 |
| 社区 | 6月~10月 | 社区宣传<br>社区志愿者建设<br>自闭症儿童小组 | 提高社区对自闭症儿童的认识和关注<br>动员社区力量、开展服务项目<br>提升小李人际交往与社会适应能力 |
| 社会 | 10月26日 | 爱心之桥<br>就业之门<br>人人守法 | 通过政府等部门救助，改善家庭物质生活状况<br>为小李的父母提供就近就业岗位<br>加大未成年人保护法律的监管实施力度 |

**任务链接**

儿童社会工作就是社会工作者根据儿童的生理、心理特点和成长、发展的需要，以专业的价值为指导和科学的理论为基础，充分运用社会工作的专业方法和技巧对儿童开展的助人服务活动。

## 一、工作方法

### （一）儿童个案工作

儿童个案工作是儿童社会工作的重要方法，它隶属于个案社会工作，同时又有着自己独特的涵义、要素和特点。儿童个案工作是以儿童（多指有问题的儿童）为服务对象的社会工作，其直接目标在于帮助儿童解决困难和问题，并产生新的行为与习惯。同时，协助儿童的家长或监护人对儿童做较为健全和积极的指导，促使少年儿童身心的健全发展。在儿童个案工作中，需要重视运用系统论的思想，从各个方面去分析整理儿童问题产生的环境原因及儿童自身的主观原因，挖掘利用一些有用的物质和精神资源，从保障儿童的生存环境入手，全面促进儿童积极向上地健康生存。

### （二）儿童团体工作

儿童社会团体工作是以儿童团体（小组）为对象，运用团体动力程序与团体活动过程设计技术，使团体中的儿童达到社会性的发展、行为的改变。儿童团体工作的对象既有对于儿童一般群体的帮助和扶持，调动群体内在积极动力，促进正常儿童的健康发展，也有从群体内部建设入手，对于有一定偏差倾向的儿童群体的矫治和纠正。小团体对于儿童而言，提供了一个安全的环境让他们能够表达自己所关心的问题，同时也能尝试新的行为。通常，团体可以协助儿童了解自己，增进人际关系，并发挥自我的潜能。

### （三）儿童社区工作

儿童社区工作以调动包括儿童在内的社区居民参与为重点，以营造社区内儿童健康成长发展环境和引导儿童在力所能及的范围内与社会形成互动为工作对象，动员社会资源，服务于少年儿童，促进其健康发展。社区工作是一种儿童工作的介入手段，是从建设社区、发展社区的角度入手，来解决儿童存在的问题，促进儿童的全面发展。儿童社区工作是一种综合性的社会建设，是通过对社区内居民的发动、通过居民自助的力量，来达到为儿童创建一个安全、美好的生存环境的目的，其最终结果是对于社会的整体发展和建设的促进。对于儿童事业的发展来说，社区工作也是一种社会教育，即社区教育。

## 二、服务内容

关于儿童社会工作的服务内容，本节将从儿童养育和保健、儿童照顾和教育、儿童游戏与娱乐，以及儿童救助和保护四方面加以介绍。

### （一）儿童养育和保健

儿童的养育主要是指在饮食喂养、合理营养、居住环境、托儿设施等各个方面对儿童施以更完善、更全面和更科学的养育。儿童期是人类身心发育的旺盛时期，是为身体打基础的黄金时期。儿童社会工作要通过多种渠道，促进对儿童的良好养育，同家长、学校一起，树立正确的营养观，改善儿童的膳食结构，以保证儿童在生长发育期的营养需要。儿童的保健主要包括两个方面：一是妇幼保健，即利用各种措施减少婴儿死亡率；二是儿童的卫生工作，即通过健康检查、锻炼身体以及缺陷矫正、疾病预防、健康教育等方式，宣传儿童保健知识，促进儿童健康发育成长，全面提高儿童素质。

### （二）儿童照顾和教育

儿童照顾是指在家庭、幼儿园、托儿所、学校等环境中给予儿童在生活、学习和成长等各方面的呵护和关怀。儿童教育主要是指通过各种手段和途径使儿童学会认知，掌握必要的知识和思维方式。社会工作者应该在培养完整人的基础上，引导儿童在德、智、体、美等方面全面发展，从而达到儿童自然性和社会性的完整，以及身心及各个要素的协调统一。儿童发展中的人，也是有个体独立性、有自己权利的人。社会工作者在教育过程中应对身心未成熟的儿童予以理解、同情和引导，正确对待他们出现的问题，通过专业手法促进其身心的逐步成熟、完善和发展。

### （三）儿童游戏与娱乐

游戏和娱乐是儿童生活的一部分。儿童游戏既可以有效地锻炼儿童的身体，促使其正常成长发育，也可以让儿童在游戏中提高智力水平，锻炼与人交往的能力，学会与他人和睦相处，提高想象力和创造力。儿童游戏因年龄不同而有所差异。婴儿期的游戏主要是四肢游戏，其次是模仿成人的游戏。幼儿期的游戏有了明显的改变，多是充满幻想的创造性游戏。学龄期的游戏主要是有系统、有组织、有制约性的。儿童社会工作者应在实践中为儿童开展游戏和娱乐活动积极创造条件，比如吸引资金修建更多的儿童场所，推广有益而且有趣的儿童娱乐形式，举行儿童间的竞赛活动，帮助孩子在娱乐中学习，以实现寓教于乐的目的。

### （四）儿童救助和保护

儿童救助主要是指对孤儿、被遗弃儿童、生活贫困儿童等不幸儿童进行的救济和帮助。对孤儿和被遗弃儿童的救助形式主要有设立儿童福利院、家庭寄养和收养等；对生活困难等不幸儿童救助的主要方式是为贫困或单亲家庭提供经济和物质上的救助，以使儿童获得基本的生活保障。儿童保护主要包括三个层面的工作：其一，通过立法和政策制定从制度上规定和保护儿童的各种权利；其二，在现实生活中通过具体手段保护儿童的权益，如生命权、被抚养权、受教育权、健康权等；其三，与各种有关的社会力量（如家庭、学校、公安部门、法院、青少年保护的福利机构等）开展合作，对危害儿童身心健康和成长的行为进行打击。

## 任务三　儿童社会工作实务领域

### 📖 任务导入

小余，一个 10 岁女孩，她的父母在外出打工后就音信全无了，她只好被寄养在姑姑家里，但在姑姑家她无法体会到家庭的温暖，经常被姑姑虐待，几乎每天身上都被打得青一块紫一块的。她不爱说话，有严重的自闭倾向。寄人篱下的生活让她难以忍受，就偷偷跑了出来。

小余出来不久就迷失了方向，每天走到哪算哪，没有目的，边乞讨边寻找父母。白天乞讨，晚上就在火车站的候车室休息，冬天就用捡来或偷来的衣服御寒。遇到醉酒的人，她就要挨打，她的左胳膊就是因为这样而残废的。实在没办法时她就到路边的小摊偷点东西吃，或者在别的顾客付钱的时候趁机抢过钱就跑，被抓到的时候轻的只是把钱还回去，重的会被打。

### 📖 任务识别

1. 请运用优势视角理论来分析本案例。
2. 请根据评估结果，提出具体的介入策略。

### 📖 任务链接

#### 一、家庭领域

家庭是社会的基础，家庭制度是人类社会的基本制度，没有任何已有的制度比家庭在塑造儿童的人格上更加有效，家庭固有的社会、个人和情感纽带比在任何其他社会单位中建立的关系都要更加亲密。家庭是儿童成长的摇篮，不仅是生理成长的摇篮，更是心理和社会性成长的摇篮。家庭的影响非常强大，许多专家学者都认为家庭在人格逐渐形成的幼儿时期就已经发挥了主要的作用。而对于面临身心问题的儿童个体，家庭的支持，是儿童力量的来源。

我们探讨家庭与儿童社会工作，从系统论的角度出发，将家庭理解为相互作用、相互依存的系统，包括儿童在内的家庭成员是这个系统中的要素，在家庭的视野内剖析儿童问题的成因，采用家庭治疗的手法予以解决。

家庭结构不合理、家庭成员间交往方式不正确、对爱的供给方式有偏差，会导致家庭成员角色的混乱与家庭功能的失调。社工通过协调家庭成员间的关系，提升家庭功能，支撑起需要支持的家庭，使儿童获得充足的关爱和健康的成长。

## 二、学校领域

学校是儿童成长发展的重要环境系统，它担负着教育的使命，为儿童传道授业解惑，将文明传承；学校将孩子的个性激发，促进其个性的发展与成长；同时，学校还是儿童继家庭、社区之后的又一重要社会化场所，在学校，孩子们在实践中学习如何与同龄人相处。

儿童社会工作是指以全体儿童为工作对象，运用科学、专业的服务方法，促进儿童全面发展的社会工作。从系统论的角度出发，作为儿童的重要环境系统，学校必然进入儿童社会工作的范畴。与学校合作，保障儿童在校的健康发展，针对儿童个体的不适应行为进行及时的个案工作；针对具有共同需要的儿童群体组织小组活动一起解决困难和问题。注重学校环境对儿童的影响，注重与家庭系统的联系，作为社工应将学生与学校、家庭连接起来，帮助他们建立更好的沟通渠道，协助三方相互理解、相互接纳。同时，社工作为小组工作者组织小组活动，作为个案工作者对儿童进行咨询，帮助儿童调动潜能，实现自我发展。

## 三、儿童机构安置

家庭是孩子最为依赖的港湾，然而，有的孩子在家庭中没有获得重视，没有存在感，由于各种压力逃离家庭，甚至有的孩子生来就已没有家。儿童的身体和心智尚未发育成熟，缺乏保护自身的能力，如果生存处境不佳，则安全保障与社会化发展就会遭遇重重危机。社会工作将焦点集中在缺乏家庭照顾、需要机构安置的儿童身上。他们当中，有的主动逃离家庭，流浪在陌生的城市街巷；有的一生下来就被家人遗弃，或因故失去双亲………他们都需要社会伸出援助之手，帮助他们度过危机。

当下社会工作对于流浪儿童的院内照顾与院外照顾并重。现今儿童福利社会化的倾向，强调福利院角色的转变，更多地作为联络者和中间人将流浪儿童与相关社会资源联系起来，建立良效机制为儿童谋福利。

## 四、特殊儿童社会工作

特殊儿童社会工作中我们关注的焦点是面向特殊儿童的专项服务。"特殊儿童"的范畴可以借鉴美国《1997年残疾个体教育法案修正案》对特殊教育对象的界定，包括"智力发育滞后、听力受损、言语受损、视觉受损严重、情绪紊乱、形体矫正受损、自闭症、大脑外伤、其他健康受损、特殊学习障碍"的个体。"专业服务"的意思是其服务不仅包含了通常儿童社会工作中所需要的理论、方法与技巧，同时还需要一些特殊的、专业的、具有一定医疗性质的服务，比如针对自闭症儿童的感觉统合疗法，就是以生理学理论为基础而适用的。为特殊儿童提供专业服务，帮助他们重拾自信，顺利回归社会。

儿童是人类的未来，他们的健康成长是全世界共同关心的话题。为儿童创造一个良好的生存环境，首要的是健全、公正的法律环境。《联合国儿童权利公约》的基本理念展示给我们的是儿童作为人，无异于成年人，要平等享有相同的价值，这是最基本的儿童价值平等性的观念。儿童还有本身特殊的价值，儿童的一切行为和活动不是单纯为其长大成人提供的训练，而是享有自己的权利，包括游戏的权利。儿童有自己的需求，对这种需求，我们必须保证绝对的尊重。儿童的权利包括生存的权利、受保护的权利、发展的权利、参与的权利。其中生存的权利指每一个儿童都享有生存的权利，不仅指他们有要求自己的生命存活的权利，而且包括该生命存在所必需的最基本生活保障的权利，如食物、居所等；受保护的权利指的是对儿童特殊价值的尊重，包括保护儿童免受歧视、剥削、践踏、虐待或疏忽照料，以及对失去家庭的儿童和难民儿童予以基本保护；发展的权利指的是儿童拥有充分发展其全部体能和智能的权利，包括有权接受一切形式的教育（正规和非正规的教育），有权享有促进其身体、心理、精神、道德和社会发展的生活条件；参与的权利指的是儿童有参与社会生活的权利，有权对影响他们的一切事务发表自己的意见。

意识到并相信儿童阶段有其独特的价值、认识到每位儿童的独特存在、认可儿童应享有的权利等观念在儿童社会工作中越来越被认可，并在具体服务儿童的过程中予以体现，更好地协助儿童身心健康全面发展。

# 项目二　青少年社会工作

## 学习目标

**知识目标：**

1. 了解什么是青少年社会工作；
2. 了解青少年社会工作的工作原则和内容。

**能力目标：**

1. 学会使用青少年社会工作常用方法开展社会工作服务；
2. 掌握针对青少年所面临的成长危机采取具体的干预措施。

**素质目标：**

能够采取全面、系统的视角解决青少年的问题。

### 任务一　青少年社会工作的概述

## 任务导入

某社区地处城市经济不发达地区，社区内居民经济收入低、住房拥挤、服务设施简陋。社区的青少年中初中毕业辍学在家的比较多，他们结成帮派，经常在街区内闲荡，或者出没于网吧、游戏机房，或在小店喝酒嬉闹。最近，这群青少年团伙经常与其他团伙发生争执，社区居民深感不满，并向附近派出所投诉。

社会工作者小李走访了几个青少年的家庭，发现他们大都是单亲家庭子女，跟着爷爷奶奶生活，爷爷奶奶已经无法管教他们，家庭内常常发生祖孙冲突。小李也走访了学校、派出所、居委会、街道团工委和青少年保护办公室等部门，发现与他交谈的人都注意到了该群青少年的问题，并都希望能够采取措施改善这些青少年的状况。

小李决定协调社区各种力量来商量解决办法。在多方协商和研讨下，小李制订了"社区共责计划"和"伴你同行计划"。通过整合社区各类政府和非政府资源，促使青少年减少偏差行为，并逐步恢复包括就学、就业等在内的正常社会交往。经过近一年的多方参与和协商，社区内预防青少年犯罪机制逐步建立，居民的投诉减少了，街边闲荡青少年也不见了。

### 任务识别

1. 哪些组织和个人参与到社区行动中？
2. 社工小李跟他们是什么关系？

### 任务链接

## 一、青少年社会工作的定义

### （一）关于"青少年"

青少年是一个人们常用又很难确切定义的概念，不同学科对于青少年的概念也有不同解释。从生理发育角度，青少年是生殖力成熟的阶段，因此，"青春期"是较为普遍形容青少年期的概念；从心理学来看，整个青少年时期是发展自我意识和独立个性的时期；从教育学来看，青少年期就是通过社会的各种教育途径，促使其不断熟悉、接受并且内化这个社会的种种规范达到个性成熟，最终成为一个社会所需要的个体的过程；从社会学的角度看，青少年期是人的生理趋见成熟、参与社会的程度不断加大，社会化的进程也迅速加剧的时期。

一般而言，青少年指的是从儿童向成人的过渡期，起始年龄在十二三岁，即青春期开始来临的时期；而青少年的年龄上限应该止于社会成熟时期，这个年龄界限依照不同的时代背景、社会环境而有所差异，一般应在25~30岁。这一阶段是人生发展的重要转折期，对人的一生发展起到关键性作用。同时，青少年作为特殊的人群，其价值标准、行为规范、思维方式和人格倾向，也形成了独特的"青少年亚文化"概念。

### （二）青少年社会工作

青少年社会工作是社会工作实务的重要领域。有学者认为，青少年社会工作的内涵和外延可分为广义和狭义两种。狭义的青少年社会工作是一种事后补救性工作，主要以行为上有偏差、发展道路上有障碍的青少年作为工作对象，通过多种服务手段和方法，来帮助青少年纠正、矫治他们发展方向上的偏差，扫清他们发展道路上的障碍，促进青少年全面和健康成长，具有"治疗性"和"补救性"的特点。广义的青少年社会工作以青少年本身作为出发点，一切以青少年为本，国家为促进青少年生理、心理、社会适应等各个方面的健康成长和全面发展采取的方方面面的措施，是一个为社会全体青少年提供福利服务的过程，具有"发展性"和"预防性"的特点。

从工作要素来看，青少年社会工作是以全体青少年为工作对象，运用科学的、专业的服务方法，最大限度地发掘青少年的潜力，促进其全面健康发展，使其更好地适应社会生活的专业活动，以社会和谐发展为目的的社会工作。

## 二、青少年社会工作的特点

### （一）社会工作价值观是青少年社会工作的核心基础

青少年期是人生的"多事之秋"，反叛、要求独立以及不断面临"心理断乳"而带来的震荡是这一时期青少年身心发展和社会成长的主要状态，标新立异、唯我独尊、追求自由等是许多问题青少年的主要行为特征。因此，社会工作者更加需要秉持和运用接纳、不批判、尊重、保密、个别化和服务对象自决等社会工作价值原则来开展青少年社会工作服务。

### （二）社会工作专业方法和技巧是开展青少年社会工作的主要载体

基于青少年的年龄特点、行为特点以及其群体性特点，社会工作者采用个别辅导、角色扮演、小组游戏、技巧训练、集体活动等方法，并将社会工作专业价值理念融入其中，对激发青少年的主体性发展有十分明显的启发、帮助和促进作用。特别是小组工作或团队活动对于吸引青少年参与发挥积极正面的群体示范效应效果明显。

### （三）"人与环境互动"的视角是青少年社会工作的基本介入焦点

青少年的发展深受家庭、学校、社会环境的影响，社会工作者需要充分了解青少年成长的社会环境及其对青少年成长的影响，需要从青少年群体本身及其所处社会环境以及两者的互动过程中去开展各类社会工作服务。社会工作者需要通过政策倡导来整合更多社会资源，促进青少年家庭、学校、社区、社会等的环境优化。

## 三、青少年社会工作的内容

### （一）治疗性的青少年社会工作，主要面对与回应青少年问题

治疗性的青少年社会工作是指运用专业方法，协助青少年恢复失调的社会功能。这里的"治疗性"是指当青少年遇到困难或出现问题之后，社会工作者对其实施的服

务与帮助。具体内容包括学业辅导、生活照料、偏差及越轨行为的预防和人际交往训练等。

（二）发展性的青少年社会工作，面对与回应发展层面的青少年问题

发展性的青少年社会工作面向所有青少年，促进青少年自我发展，激发青少年的潜能，学会利用环境资源，以促进青少年的全面和健康成长。具体内容包括健康成长指导、就业辅导、生活方式辅导、社会交往和社会适应训练、自我发展训练等。

（三）倡导与影响青少年社会政策

倡导有利于青少年发展的社会政策，积极发挥青少年社会政策的社会功能；在充分了解青少年需要的基础上，协助政府有关部门制定契合青少年成长需要的各项政策，促进和推动青少年社会政策的发展。

需要注意的是，在青少年群体中有特别需要关注的对象，如青少年自杀人群、药物滥用人群、网络成瘾人群、贫困流浪人群、违法犯罪人群等，为他们提供相应的特别服务，积极宣传、预防、介入、恢复，使他们更早更好地回归主流社会，顺利度过人生成长的关键时期。

社会工作内容从来都是两个主要方面，既有问题层面，又有预防与发展层面，并且二者之间相辅相成。青少年问题的介入是青少年社会工作的基础，预防与发展又将围绕青少年成长中的问题展开。实践中，二者相互渗透、相互贯通。

## 任务二 青少年社会工作的方法

### 任务导入

### 青春家园——困境青少年社工服务项目

青园街道地处××市城乡接合部，社区居民收入普遍较低，受教育程度较差，多为外来打工人员租住在此，其中，困境青少年问题尤为突出，社区社工在了解相关情况后计划针对社区青少年开展服务。

在前期调查中，社工发现该街道困境青少年存在的主要问题有：经济上贫困、自卑、交往障碍、学习困难等问题。问题主要原因有：一是家庭教育方式有问题；二是缺少社会交往；三是主观自我封闭；四是自我实现的机会少。当前对这些群体更多关注生活上的困难，在学习能力、心理健康、成功教育、抗挫力方面关注缺乏。

因此，他们提出社会工作服务的主要内容包括：

1. 从青少年发展阶段切入的个人培养计划；
2. 从青少年潜能和能力切入的未来发展计划；
3. 从社区方面切入的"我们是一家"计划；

4. 朋辈方面切入"青春你我同行"计划；

5. 从家庭方面切入"温暖港湾"计划。

他们提出具体实施方案如下：

| 时　间 | 服务计划 | 具体服务 | 指　标 |
|---|---|---|---|
| 第一阶段<br>（6月） | 1. 社区宣传活动 | | 2 次 |
| | 2. 建立与社区的联系 | 5 个居委会建立合作 | |
| | 3. 社区走访与探访 | | 探访 50 户 |
| | 4. 建档 | | 50 个 |
| 第二阶段<br>（7~8月） | 1. 开展兴趣小组 | 兴趣小组 | 1 个 |
| | 2. "我知我心"系列活动 | 自我探索小组 | 1 个 |
| | 3. "青春你我同行"计划 | 人际交往小组 | 1 个 |
| | 4. 暑期自护教育 | 自护教育小组 | 1 个 |
| | 5. 欢乐假期 | 暑期加油站 | 8 次 |
| | 6. "我型我秀"系列活动 | 能力展示小组 | 1 次 |
| 第三阶段<br>（9~12月） | 1. 手工坊 | | 2 个 |
| | 2. 家庭个案工作 | 个案辅导 | 30 次 |
| | 3. 提升学习动机活动 | "边玩边学"小组 | 2 个 |
| | 4. "我能行"系列活动 | 自信心小组 | 1 个 |
| | 5. "我的未来我做主" | 生活规划小组 | 1 个 |
| | 6. "亲亲我的宝贝" | 朋辈父辈之乐工作坊 | 2 次 |
| | 7. 向日葵晚辅导 | 学业辅导 | 60 次 |
| | 8. "义路同行"系列活动 | 义工组织活动 | 1 次 |
| | 9. "我型我秀"系列活动 | 能力展示小组 | 1 次 |
| 第四阶段<br>（1~2月） | 1. 寒假乐多多 | 学习小组 | 2 次 |
| | 2. 老少乐 | 家庭工作坊 | 1 次 |
| | 3. 家庭慰问 | | 1 次 |

续表

| 时　间 | 服务计划 | 具体服务 | 指　标 |
|---|---|---|---|
| 第五阶段<br>（3~5月） | 1. 行为偏差矫正计划 | 自我行为管理小组 | 1 个 |
| | 2. 春游 | | 1 次 |
| | 3. 家庭社会工作 | 个案工作 | 20 次 |
| | 4. 手工坊 | | 2 次 |
| | 5. 向日葵晚辅导 | 学习辅导 | 40 次 |
| | 6. "义路同行" 系列活动 | 义工组织活动 | 1 次 |
| | 7. "我型我秀" 系列活动 | 能力展示小组 | 1 次 |
| | 8. 项目总结 | | |

### 任务识别

1. 针对社区困境青少年的问题，社工采取哪些工作方法？
2. 不同的工作方法在该案例中是如何运用的？

### 任务链接

## 一、青少年个案工作方法

### （一）青少年个案工作的概念

青少年个案工作是青少年服务最常用的工作手法，一般是指针对青少年个人或者家庭，青少年社会工作者以一对一的服务形式开展各种专业助人活动。其目标在于帮助青少年个人及其家庭走出困境，恢复功能，促进成长。比如针对失业青少年的个案工作，可以为他们提供就业信息和面试的机会；对有些缺乏一技之长的青少年，可以寻找其比较感兴趣的政府培训课程，让他们获得必要的就业技能，走上适合自己的工作岗位，摆脱失业状态，同时也能够缓解和改善社区和社会问题。

### （二）青少年个案工作的原则

1. 保密原则。保密原则是指社会工作者在青少年个案工作中应遵守职业道德，必须对青少年的一切资料予以保密。青少年本身就是受保护的对象，对青少年资料的保密是对他们最基本的尊重和保护。当然保密原则不是无条件的，在保护当事人的前提下，有时候也可以灵活掌握。

2. 沟通原则。沟通是指青少年社会工作者与青少年案主双方交换意见。这种意见可以是一致的，也可以是不一致的，但一定要做到工作人员对青少年的了解，以促成问题的快速、高效解决。沟通不良是青少年发展中的一个普遍性问题，在个案工作中表现得尤为突出。

3. 个别化原则。个别化原则也可称为具体情况具体分析原则，即青少年社会工作者要重视青少年个案问题的特殊性，强调青少年的个别差异。传统的青少年工作往往强调青少年发展的共性，而时代的变迁使得青少年的个性更为突出，个性化发展的需求比其他群体也更加强烈，因此个别化原则在青少年个案工作中就显得格外重要。

4. 环境分析原则。青少年是受环境影响最大的群体，环境分析原则实际上强调的是一种综合分析，即不局限于青少年自身，而着眼于更大的系统，着眼于家庭、学校、社区乃至整体社会的影响。

5. 承认与接纳原则。承认与接纳原则是指青少年社会工作者要把青少年作为一个有独立意志和权利、受到尊重的服务对象来接受，承认其独特的个性、气质、观念、态度及行为等。青少年正处在被社会接纳的过程中，接纳对青少年本身就意味着成长、发展和成熟。

(三) 青少年个案工作的过程

个案工作通常分为申请与接案、资料收集与预估、制订目标与计划、服务与干预及结案与评估五个步骤。

1. 申请与接案。这个过程主要是与青少年案主建立专业关系，以此作为整个工作过程的开始。其中，接案的方式可以是需要帮助的青少年本人申请，也可以是家庭或特定机构的转介。

2. 收集资料与预估。在与青少年案主的专业关系正式确立后，工作人员就要开始调查案主的情况，广泛收集资料。基本资料包括案主的基本情况，如籍贯、年龄、性别、家庭状况、学校状况等；案主生理方面的情况，主要是身体健康状况，如身体是否受到过伤害，有无生理障碍、病史、医疗史等；案主心理方面的情况，包括个性特征，兴趣爱好，对家长、老师、同学及玩伴的评价等；案主社会关系状况，包括与家长、老师、同学、朋友等人的关系，了解各种社会关系为案主提供了什么样的帮助或造成了何种影响等。全面的资料收集是诊断的基础和前提。有了全面的资料，青少年社会工作者就要根据收集到的资料做出一个基本的判断，这就是预估。

3. 制订目标与计划。在预估的基础上，要制订有针对性的服务计划。计划的内容包括解决问题的目标、措施、步骤和方法等。这个过程中要明确计划中确立的目标与青少年案主（或是案主的申请人）所希望的结果不能毫不相关，目标要清楚明了、易于测量、具体可行。另外计划中的步骤、方法要具有可操作性，同时计划中还要明确规定双方的责任。

4. 服务与干预。提供服务与采取干预是社会工作者协助青少年解决问题的执行过程，是整个个案实施过程中最重要的阶段。经常采取的干预方式有四种，即生理干预、心理干预、改善环境、经济援助和服务。一般情况下常常需要采取各种方式，运用复合式干预解决青少年的问题。

5. 结案与评估。结案的任务主要是调适青少年案主因关系中断及丧失他人支持而产生的忧虑，审视工作中的经验和进步，思考如何巩固取得的成果，思考如何运用工作中得到的经验，对工作的不足之处要进行反思、总结教训。

一般青少年个案工作过程主要遵从这些程序，但也不是截然划分的，青少年个案工作是一个综合性的过程。

### 二、青少年小组工作方法

（一）青少年小组工作的概念

青少年小组工作是指社会工作者组织青少年参加小组活动，通过小组方案设计及资源的运用，引导青少年在小组中互动，促使成员彼此之间建立关系，并以个人能力与需要为基础，获得成长的经验。开展适合青少年发展需要的小组工作，可以为青少年提供同辈交往的机会，有助于青少年自我同一性的确立，有助于健康人格的塑造及青少年社会功能的良好发展。

（二）青少年小组工作的原则

1. 小组成员的个别性原则。个别性原则在青少年小组工作中的特殊意义在于，社会工作者必须认真了解小组中每一个成员的独特之处，研究他们的不同需求以及不同的问题。个别性原则不仅仅适用于介入方法的选择，而且适用于指导整个工作计划，包括对工作目标的选择。

2. 小组的个别化原则。并非所有的小组都有一样的问题，相反，每个小组都是非常不同的。青少年小组无论大小，都会有不同的需求。小组内部也会有不同的互动模式。只有承认这种多样性，社会工作者才会自觉地采用不同的工作方式，针对不同的工作目标，选择适用的辅导计划。

3. 鼓励、调动小组成员积极性、主动性的原则。这条原则是青少年小组工作所特有的。鼓励和调动团体成员主动、积极参与小组生活，是青少年团体工作的重要原则，对工作的成效影响很大。

4. 调动小组成员参与冲突的原则。强调参与，特别是对冲突的参与，这是小组工作的重要功能之一。青少年是最有朝气的群体，使成员通过参与冲突去学习体验不同的问题解决方式，对青少年成长的意义特别重大。社会工作者要帮助和鼓励青少年以积极的态度去面对在小组中遇到的各种冲突，在解决冲突的过程中学习做人做事。

5. 科学、专业地实施小组领导的原则。不断适时适当地修改小组计划和过程，包括目标、工作方法，有区别地运用工作方案等，对青少年小组工作很重要，因为青少年具有强于其他群体的变动性和激情。

（三）青少年小组工作的过程

青少年小组工作的过程主要包括小组准备期、小组初期、小组中期和小组后期。

1. 小组准备期。在小组准备阶段，社会工作者一般面对的主要挑战是小组成员的招募。由于青少年对社会工作的认知较少，因此不愿意参与其中，但是一旦他们参与小组活动，一般都会对小组产生较强的归属感。在此期间工作的主要内容有以下几个方面：

（1）需求评估。实践中，用小组方法帮助青少年，是基于对问题需求的评估而决定的。需求评估就是以青少年的需求为本，通过与青少年"同行"，建立信任关系，评估他们的真实需要，在此基础上制订介入计划。

（2）目标确定。社会工作者找到案主的真实需要，确定目标就是水到渠成的过程了。小组的目标具体包括：社会工作者的目标是什么？组员的目标是什么？机构的目标是什么？小组的长期目标、中期目标和短期目标是什么？确定目标是小组筹备中重要的一环，只有清楚目标，工作才能有的放矢。但是，目标的确定是一个动态的过程，在小组过程中目标需要不断地修订。

（3）小组组员的选择。小组组员需要相似的个人目标和某些个人特征。一般小组组员的组合最好是问题具有同质性，需求层次相当，避免异质性太大，这样有利于组员的分享和互动。如果问题和需求差距太大，相互沟通就会有困难，社会工作者也难以提供有效的帮助。当然，小组组员应该有不同的专长、技能和经验，组员的能力和小组经验会影响小组过程。社会工作者还要考虑组员的年龄、性别、居住地等因素。

2. 小组初期。小组初期组员开始聚集，相互熟悉和探索了解小组功能、共同兴趣及目标，彼此吸引或逃避。一般这个阶段通过几次活动会形成组员彼此认同的小组目标和规范，小组动力开始形成。所以，小组初期也被认为是第一次聚会和小组规范形成的过程。

小组初期组员彼此间尚不熟悉，情绪起伏较大，经常呈现出焦虑、恐惧、封闭、伪装甚至很不友好的态度。由于组员对小组缺乏信任，所以要协助组员澄清期待和理想，认识个人需要。同时，也需面对组员的抗拒和过度依赖，尽快打开局面，促成小组组员之间的沟通，发现和培养小组领袖，使小组顺利过渡到成熟期。

小组初期也是小组规范形成期。小组规范是指小组组员之间语言和非语言的沟通规则与影响他人行为的方式。具体包括：保守秘密、彼此负责、参与原则、开放和诚恳、批评与自我批评等内容。规范是小组组员之间的相互认同和默契，它是在组员内部自发形成的，而不是社会工作附加的。规范有利于小组凝聚力的形成，引导小组的行为，同时也具有治疗的功能，使小组保持一种动态平衡和活力。当小组出现规范时，组员已经能彼此分享，彼此之间已经可以通过语言与非语言规范进行接触。

3. 小组中期。小组中期组员开始关注自己在小组中的权利与地位，关心自己被小组和他人接纳的状况，组员个人"本我"暴露有所增加，组员之间会在价值观、权利位置等方面产生冲突与矛盾，如果小组能顺利地解决这些冲突与矛盾，小组就会进入凝聚与和谐阶段。这个时期对小组的一些特殊组员要予以关注，比如有攻击性的组员、沉默的组员、口出狂言的组员、替罪羊的组员等。可见，小组中期首先表现为冲突期，社会工作者必须积极努力，促进小组的健康发展。这个时候如果处理得好，小组就会走向成熟，不断发展；如果处理不当，小组有可能提前结束。

小组中期的冲突阶段，社会工作者应该特别包容、冷静、理性、淡定。冲突是很正常的事情，是小组自然整合的过程，不一定是坏事。如果处理得好，即使是坏事也可以变成好事。切记没有冲突的小组是不存在的，许多矛盾都是可以自生自灭的。

小组顺利度过冲突期后，就进入大家期待的成熟过程，这是每一个组员的理想，也是大家共同努力的结果。小组中期的后半段又称为小组成熟期。这一阶段，小组的规范已经制度化，组员之间有了充分的默契，一切都有了一个固定的模式，比如座次的安排、说话的方式、缺席的处理、分享的层次、表达的态度等。组员之间彼此有了充分的理解和尊重，组员会摘下面具，小组成员的自我表露达到高峰，更迫切希望小组有更好的发展。

小组中期的成熟阶段，社会工作者处于催化促进的角色和边缘位置，如同协调者。整个小组也不再围绕社会工作者开展工作，小组此时完全被组员认同，成为他们自己的小组。

4. 小组后期。小组后期不单是指小组的最后一次聚会。它包括小组和小组组员达到预期的目标，准备结束小组的一个动态的过程，同时还包括小组结束后一些相关的跟进安排。总体而言，小组后期的目标和任务就是巩固组员正面的、积极的体验，尽力消除负面的、消极的情绪体验，巩固小组工作的成果。具体任务是：评估小组目标的实现情况；了解和处理组员有关小组结束的情绪和感受；关注组员的变化，巩固组员已经习得的技巧；协助组员制订将来的计划，适应外部情境；处理未完成的工作。

跟进服务是帮助小组组员对其技能和行为进一步巩固和持久化的必要方法，包括转介、建立自助网络、安排探访等。跟进服务也是小组后期不可或缺的内容。

### 三、青少年社区工作方法

#### (一) 青少年社区工作的概念

青少年社区工作是指在专业价值的指导下，根据青少年的身心特点、动机需求、兴趣爱好，社会工作者充分运用社区的理论、方法和技巧，帮助青少年解决问题、克服困难、恢复功能和获得全面发展的一种服务活动和服务过程。针对青少年的社区工作是以调动包括青少年在内的社区居民共同参与为重点，以营造社区内青少年健康成长的发展环境和引导青少年在力所能及范围内与社会形成互动为工作目标，动员一切社会资源服务于青少年，从而促进社区的健康发展。

（二）青少年社区工作的过程

青少年社区工作作为专业方法，有社区工作一般的工作过程，主要有以下几个方面：

1. 调查研究。这个过程就是指社区工作者进入社区，了解社区的一般情况以及社区青少年所面临的问题。工作者要认真了解的问题主要有如下几个方面：社区的类型、青少年所面临的问题、社区可运用的资源。

（1）要调查社区的类型。不同类型的社区对青少年的影响是极不同的，青少年在社区里面临的问题以及解决问题的方式也会有很大的不同。分析、了解青少年所处社区的类型，对青少年社区工作意义重大。

（2）要调查青少年所面临的问题。青少年社区工作必须针对青少年的问题，将问题的解决作为青少年社区工作的具体目标。一般说来，社区青少年的问题是多方面的，如有贫困户子女、病残青少年、孤儿等基本生存问题；有青少年面临家庭暴力摧残、权利受到侵害的问题；有社区文化环境对青少年发展的不良影响问题；有社区内青少年文化、学习、娱乐需求得不到满足的问题；等等。了解这些问题不仅可以帮助社区工作者确立工作的主要目标，而且有助于社区工作者更全面地运用社区资源，协调综合地解决社区问题。

（3）要调查社区可运用的资源。第一是人口结构，包括年龄结构、性别结构、职业结构、文化结构、阶级阶层结构等；第二是区位结构，主要指社区居民及其活动的空间分布和所形成的各种社会群体和组织之间结成的一定关系；第三是生活方式，即社区共同的、具有自己特色的社区生活方式；第四是社区文化和社区意识，即社区居民在长期的共同生活中积淀而成的，并为广大社区居民所共享的那些价值观念、民风民俗、行为规范和准则等；第五是社区组织，在社区里活跃的多种小型组织往往对青少年形成直接的、经常性的影响，全面掌握社区组织情况，是青少年社区工作在调查研究阶段工作的重点。

2. 建立关系。专业关系的建立是社会工作专业的特点，青少年社区工作建立专业关系的对象首先有社区青少年，同时还有与这些青少年有关的社区居民、社区机构和团体等。在社区工作中与工作对象建立专业关系可以通过开展社区青少年活动和家庭服务活动，探访社区重要人物和社区各种组织等方法，也可以通过几个社区的联合活动、大的社会性行动等方式。在这种联系与交往中，达到双方的了解和认识，获得相互的支持。

3. 制订计划。社区内青少年综合服务的计划就应该包括多方面的内容，除了解社区青少年当前所面临的问题外，还要从发展的角度来制订计划促进青少年的发展和福利的提升。除正常成长的青少年的服务以外，社区青少年服务还应包括对失足青少年的矫治服务，整合社区街道、村镇的力量，教育、挽救、改造他们，同时还应积极妥善安置。此外，还应就如何争取资源、怎样分步实施等问题做出计划。

4. 组织社区行动。社区里关于青少年的行动除了具备一般社区行动的基本要素，如通过会议、宣传教育、协调机构、社区组织外，还应该注意体现青少年特征。青少年是一个有活力、有朝气的群体，通过组织类似志愿服务等活动，可以提升青少年的领导能力。

5. 社区工作成效评估。成果的评估是社会工作专业非常看重的一部分。评估的内容包括具体工作的直接成绩、对社区整体青少年发展状况的影响以及对社区其他方面的影响等方面。具体工作的直接成绩评估主要是指具体工作项目的总结和成绩分析；对社区整体青少年发展状况影响的评估是指对每一项社区青少年工作项目，在总结时都必须要评估项目对社区青少年发展的综合效应，从直接影响和长远影响两方面做出鉴定；评估青少年社区工作对社区其他方面的影响，是指评估一项青少年工作对社区其他工作的影响，这将有助于最大限度地发挥这项工作的效能，更好地集中社区中与青少年工作有关的力量。

## 任务三　青少年社会工作实务领域

### 任务导入

小菲，女，20岁，广州市荔湾区人，职校毕业，由于长期找不到稳定工作而比较悲观，情绪低落，对居委会有偏见。

小菲的父亲正在坐牢，还有3年才能出狱，母亲已改嫁。小菲现在跟姑姑全家以及爷爷奶奶住在一起。姑姑以前开点心店，但现在因身体不好而没有继续经营。姑姑和姑父没有退休金，全家靠小菲奶奶的退休工资和小菲的低保费生活。两室一厅的房子有六口人住，家庭经济状况较拮据。小菲本人享有低保，曾做过多份临时工，但都不长久。居委会安排其面试也没有结果，因此小菲对居委会不满。由于家庭贫困，小菲家与邻居也相处不好。

### 任务识别

1. 案主小菲的问题在哪里？
2. 在对案主问题进行干预的过程中需要考虑哪些方面的因素？

📝 **任务链接** ⌐

## 一、青少年不良行为的辅导

### （一）不良行为的定义

《中华人民共和国预防未成年人犯罪法》清楚明确地阐述了未成年人的各种不良行为。该法将未成年人的不良行为分为不良行为和严重不良行为。据该法第 28 条规定，未成年人的不良行为主要有：①吸烟、饮酒；②多次旷课、逃学；③无故夜不归宿、离家出走；④沉迷网络；⑤与社会上具有不良习性的人交往，组织或者参加实施不良行为的团伙；⑥进入法律法规规定未成年人不宜进入的场所；⑦参与赌博、变相赌博，或者参加封建迷信、邪教等活动；⑧阅览、观看或者收听宣扬淫秽、色情、暴力、恐怖、极端等内容的读物、音像制品或者网络信息等；⑨其他不利于未成年人身心健康成长的不良行为。未成年人的严重不良行为，根据《中华人民共和国预防未成年人犯罪法》第 38 条规定，是指①结伙斗殴，追逐、拦截他人，强拿硬要或者任意损毁、占用公私财物等寻衅滋事行为；②非法携带枪支、弹药或者弩、匕首等国家规定的管制器具；③殴打、辱骂、恐吓，或者故意伤害他人身体；④盗窃、哄抢、抢夺或者故意损毁公私财物；⑤传播淫秽的读物、音像制品或者信息等；⑥卖淫、嫖娼，或者进行淫秽表演；⑦吸食、注射毒品，或者向他人提供毒品；⑧参与赌博赌资较大；⑨其他严重危害社会的行为。

### （二）不良行为的辅导与干预

首先是修正和减少当前不良行为，预防犯罪。青少年的不良行为将会成为其自身成长道路上的阻碍，较难受到普通大众的认同而容易被主流社会排斥，也会对家庭系统造成影响，父母常常为子女的不良行为烦恼以致引发更多家庭危机，当一般不良行为进一步恶化为违法犯罪行为时，更会危及他人而成为社会的不稳定因素。其次是鼓励完成学习与就业，它包括思想道德教育、知识教授和技能培训、实习机会、创业支持、就业辅导等。青少年阶段是接受学习和培训的最佳时机，而参与就业是社会化过程中的重要一环。青少年的不良行为本身容易成为"标签"而影响其参与学习与就业，导致不良行为的恶性循环。最后，要帮助青少年建立健康的社会生活方式，它包括建立积极乐观的人生态度、恰当的社会角色与合适的社会行为。青少年不良行为的产生往往源于环境体系下形成的尚不完善的价值观、人生观、世界观。青少年希望受到关注与关怀，希望他人的倾听与理解，需要促进自身健康社会生活方式的指引。

## 二、青少年就学辅导

青少年就学辅导是指社会工作者为青少年提供的各类与教育相关的服务，目的是保证青少年获得教育权利和与之相适应的教育。

对于面临学业问题的青少年，首先，需要各个行为主体的共同参与，需要政府、社会组织、学校、家庭、专业社会工作者及青少年自身的努力，才能够实现就学辅导的目标。其次，青少年自我评估和自我定位也是重要方法。自我评估帮助青少年更好地了解自己，并学会很好地管理自己的学习过程，而自我定位就是青少年在自我评估的基础上确立自己在学校或社会所处的位置和行动方向，帮助青少年确立目标。再次，学校团体的介入是提高个体成员经验的重要途径，成长和进步在团体中被鼓励，而对问题的洞察和问题解决的策略也会在团体中被分享，同时，抑郁、低落以及对学业反感的情绪也同样在团体中得到分担和缓和。最后，社交技巧的培养对于缓解青少年学业问题有很大的帮助和积极作用。

### 三、青少年就业辅导

社会工作就业辅导与职业介绍不同，找到工作并不是就业辅导的结束，社会工作就业辅导是个持续的过程，其内容不仅包括初次就业辅导、如何保持工作辅导，还包括失业后再就业辅导。

从青少年就业辅导的目标来看，社会工作就业辅导绝不仅仅是帮助个人按照自己的资历条件找到一份合适的工作。社会工作就业辅导的目标是帮助个人真正了解自己、了解社会需求，根据主客观条件设定合理且可行的职业发展规划。

从青少年就业辅导的内容来看，社会工作就业辅导中社工的主要工作是对个人或某个特定群体进行测定、分析和评估，以帮助工作对象充分了解自己的兴趣、爱好、能力和特长，分析自己的就业倾向，帮助案主了解相应的社会需求；结合主客观条件，确定最佳的就业目标，并为目标做出可行性规划；合理调整和实现规划。

社会工作就业辅导的主要程序包括六个步骤：①识别兴趣和长处，引领了解自己的价值观、兴趣、志向、能力、个性、经验和向往的生活方式，评估最适合自己的就业出路；②从不同来源搜集可供选择的职业类别的资料，包括了解案主感兴趣的工作性质，例如，学历要求、薪金、工作条件、工作前途等；③评估所搜集的资料，缩小选择的范围；④制定就业目标，对就业选择做出决定；⑤制定就业规划，以达到就业目标，定期检验规划，在有需要时作出调整；⑥就业准备，必要的培训或实习。

### 四、婚姻家庭辅导

婚姻家庭作为一种特殊的社会组织形态，对其成员产生了深刻的影响。但是，在现实生活中并不是每个成员都能顺利适应这个特殊的社会组织，并在其中幸福地生活。这对青年人来说也是一个巨大的挑战，因此，对青年进行婚姻家庭辅导很有必要。在我国，青少年社会工作介入婚姻家庭的辅导主要集中在以下几个方面。

（一）对婚恋阶段青年男女进行情感咨询及婚前辅导

针对婚前婚姻家庭的情感咨询主要集中在恋爱、择偶条件、结婚动机等方面，协助即将进入婚姻的青年男女了解及认清自己的需求，将个人的满足感、个性与婚姻观念相结合，使其对自己日后的婚姻有深刻了解。而针对婚前婚姻家庭的辅导主要集中在婚前学校、家长学校、家政学校教育等。这些辅导的目的主要是帮助即将结婚的夫妻对婚姻家庭以及与之相关的内容有一个比较好的认识，把爱情与社会道德结合起来，把男女平等相处的观念与行为结合起来，不断充实新的知识、观念，达到家庭的和谐与稳定。最后，是有关性知识的教育辅导。社会工作者要协助他们获得正确的性道德、性心理、性生理、性文化、性犯罪以及性生活评价的知识，形成科学、文明的性观念，达致婚姻家庭的和谐与完满。

（二）提供家庭人际关系调适辅导，帮助青年夫妻排解各种婚姻、家庭危机

自从青年人走入婚姻殿堂，开始婚后家庭生活，就要开始面对各类家庭人际关系。首先是夫妻关系。作为完全不同的个体，每个人都有自己的原生家庭，有伴随自己很多年的生活习惯，因此就不可避免地会产生各类矛盾。如何进行沟通交流，顺利适应彼此的生活习惯与爱好，是很多青年夫妻面对的难题。其次是代际关系，如家庭中的婆媳关系、亲子关系等。我国的家庭观念是以家庭取向为本位的，在日常生活中，我们说的结婚不仅仅是两个人的事情，也是两个家庭的事情。在这种取向下，结婚的男女双方必须处理好两个家庭关系。此外，对于有子女的家庭来说，处理亲子关系也是一个重要的方面。

（三）为青年父母提供自我教育及亲子教育辅导

随着一个家庭的建立，结婚的青年如何实现自我的继续发展，以及为即将到来的家庭新生命奠定良好的基础，专业社工可以充分运用其工作手法与技巧帮助这个群体。比如可以充分利用小组工作的技巧，邀请相关方面的专家以及社区有经验的夫妇做讲座。此外，也可以考虑社区工作的方法，以社区为单位，进行亲子教育宣传及辅导，营造良好的社区家庭氛围，同时这对青年父母也是一个自我学习的过程。

（四）为离婚与再婚青年提供辅导，协助其妥善处理婚姻家庭变故

这项工作主要是为离婚与再婚青年提供辅导，协助其妥善处理婚姻家庭裂变。具体来说应该做到以下几点：首先，帮助离婚青年男女打破"离婚是家庭的灾难或厄运"的观念，帮助当事人重树信心。同时，帮助他（她）们建立新的准则、角色、仪式，使他们清晰地明白新的家庭模式的前景，避免离婚后不知所措的迷茫情绪的出现。其次，帮助有孩子的离婚男女减慢进程，给孩子一些时间进行调整，承认并考虑孩子的需要，促使当事人双方建立规则清晰的有限合作协议，维护孩子的情绪稳定与健康成长。最后，帮助参加者了解婚姻不同阶段易产生的问题以及离婚后需处理相关事宜，

让离婚当事人客观看待这段失败的婚姻，让自己接受即将开始的生活，并将过去融入现在的生活之中。

**五、特殊青少年社会工作**

本书中的特殊青少年的概念主要是指处于相对弱势的青少年，其中包含残障青少年、失依青少年、留守青少年、心理健康状况不良青少年、家庭经济特别贫困青少年等。与其他青少年群体相比，弱势青少年群体有特殊的需求，他们的问题也有其特殊性。

首先是生存问题，对于贫困、残障、孤儿、流浪儿等青少年，生存问题是对他们最大的一个威胁，贫困严重影响着青少年获取生存所需的物质资源，影响着他们获取教育等其他资源，还限制了他们获得就业岗位的能力；其次是发展问题，发展是青少年的权利，但是对于那些生活在社会边缘的弱势青少年，他们面临更多、更复杂的发展问题，他们缺乏良好的教育机会，也缺乏获得机会的能力，发展受到严重阻碍；最后是心理问题，特殊青少年由于自身一些问题（如身体残疾），加之其生活环境的问题（例如失去父母），他们更容易产生不良的心理问题（如自卑等）。

青少年社会工作者在介入特殊青少年问题时，应考虑以下几方面：①青少年权益保护。每个青少年享有的基本权利与公民所享有的基本权利是相同的，即国家通过宪法和法律所保障的，公民实现某种愿望或获得权利利益的资格，包括生存权、平等权，也包括政治、经济和文化等方面的权利和自由。②青少年的社会政策保护。我国的《中华人民共和国未成年人保护法》《中华人民共和国义务教育法》等法律及《联合国儿童权利公约》，对青少年应该享有的权利和应该受到的保护都作了明确规定。例如，《中华人民共和国义务教育法》规定，凡具有中华人民共和国国籍的儿童、少年，不分性别、民族、种族、家庭财产状况、宗教信仰等，依法享受平等接受义务教育的权利，并履行接受义务教育的义务。③对弱势青少年的尊重。弱势青少年的生命也是有尊严的，因此需要为他们提供专业服务，而不是仅仅给予施舍。一个真正完善的社会应该提供一种机制和意识形态、舆论，让一个特殊青少年生活在这个社会当中体会到其是一个正常人。对特殊青少年的教育要尽力把他们当作一个有尊严的生命，给予充分尊重。

# 项目三　老年社会工作

### 学习目标

**知识目标：**

1. 了解什么是老年社会工作；

2. 了解老年社会工作的工作原则和内容。

**能力目标：**

1. 学会使用老年社会工作常用方法开展社会工作服务；

2. 掌握针对老年人所面临的问题困难采取具体的干预措施。

**素质目标：**

能够采取全面、系统的视角解决老年的问题。

## 任务一　老年社会工作的概述

### 任务导入

陈某，女，70周岁。近十年一直因中风而卧床不起，生活几乎无法自理，需要靠老伴的帮忙。陈某的儿女也因在外工作，不能常常来看她，老伴也会常常出去散步或有事出门，她一个人在家时间久了，有些闷闷不乐、无所事事。陈某以前是个很勤劳、很持家，也很好胜的人，而现在因病缠身，心里难免有些不能接受。老伴觉得她没有以前开朗了，身体的疼痛也使她常常说些类似"病永远好不了"等消极的话。儿子买了轮椅，老伴劝她说推她下楼散步，她觉得面子上过不去而不肯下楼，因而常常一个人闷在家里。陈某的儿女向社工求助，请社工帮助陈某。

### 任务识别

请分析案例中陈某面临什么困难？哪些需求没有得到满足？

### 任务链接

### 一、老年社会工作的定义和内容

#### （一）关于"老年人"

1. 老年人的定义。对老年人的界定，一般是以其生理年龄为依据的。国际上对老年人的界定有两种年龄标准，分别是大于60周岁和65周岁。西方发达国家普遍定义年龄大于 65 周岁的人称为老年人，而发展中国家更多定义年龄大于 60 周岁的人称为老年人。我国作为发展中国家，《中华人民共和国老年人权益保障法》中所称老年人便是指 60 周岁以上公民，因而以 60 周岁作为我国老年人口的起点。

2. 老年人的需求与问题。

（1）老年人的需求。根据马斯洛需求层次理论分析，可以把老年人的需求分为五个层面：

第一层面，老有所养、老有所助、老有所医的需求，即满足老年人在衣食住行以及健康、卫生和安全等方面的最基本的生存需求；

第二层面，老有所爱、老有所伴的需求，即要满足老年人在亲情伦理和情感生活的感情需求；

第三层面，老有所乐、老有所亲、老有所学和老有所美的需求，即要满足老年人在娱乐、交友、求知、爱美等方面充实自我、张扬自我和肯定自我的发展需求；

第四层面，老有所为、老有所用、老有所成的需求，即要满足老年人在自我实现方面的价值需求；

第五层面，老有善终的需求，即要满足老年人在人生最后阶段的归宿需求。

（2）老年人的问题。通常将个体和群体的老龄化给社会经济发展带来的问题统称为老年问题，主要表现为两个方面：一是个体老龄化所带来的老年人某些特殊需要和问题，即人道主义方面的问题，如老年人的养老金、医疗保健、身体康复、社会救助、住房、家庭、福利服务等方面的问题；二是人口老龄化所带来的社会、经济以及老年人的社会参与方面的问题，也称之为发展方面的问题，如人口老龄化对社会生产、消费、储蓄、产业发展、资源分配等方面造成的冲击和影响及采取的方针和政策等。

（二）老年社会工作的定义

老年社会工作就是因老年问题而产生的一种专业服务活动。它是指受专业训练的社会工作者在专业的价值理念的指导下，充分运用社会工作的理论和方法，为在生活中遭受各种困难而暂时丧失社会功能的老人解决问题、摆脱困境并同时推动更多的老人在晚年获得进一步发展的专业服务活动。

## 二、老年社会工作的原则

（一）相信老年人能够改变

社会工作者应对老年人的老化过程有科学正确的了解，协助老年人改变不良的习惯或解决问题。在对老年人进行协助时，应体谅到他们的需要、处境和感受，而不是进行说教式的指导。

（二）个别化

由于老年人的个性、生活水平、身体状况、兴趣爱好、经历、所处的家庭、所面临的压力以及行为方式各有差异，社会工作者在对老年人进行协助时也要具体问题具体对待。当然，老年人在身份地位以及知识修养上也是有差别的，社会工作者不能因此对一些老年人产生歧视，而应同等地尊重每一个老年案主。

（三）耐心主动地与老年人进行有效的沟通

老年人群体具有多种性格类型，如有些老年人性格内向，寡言少语，在情绪低落时更不愿回答社会工作者的提问；有些老年人对不熟悉的人会有较强的防备心理，不愿向自己不信任的人倾诉苦恼等。社会工作者应当耐心并主动地对老年人表示关心，从关心老年案主的健康开始，通过与老年人聊一些日常生活中的小事，积极地同他们沟通，让老年人领会到社会工作者对他的真诚和关心。

（四）尊重老年人的自决权利

老年人虽然由于生理的老化导致功能衰退，但是老年人对于自己能够作出决定还是十分高兴的，这会使他们感到自信。而且，老年人是解决自身问题的主要角色，社会工作者只是起到协助的作用。在老年社会工作中，社会工作者对于老年人的一些好的想法和做法要多加肯定、多加鼓励。

（五）保密

保密原则是社会工作者开展服务的最基本原则。为老年人"保守秘密"，能够帮助社会工作者与老年人建立稳固的专业关系。在保密原则下，老年人才可以放心地向社会工作者讲述自己的一些真实的想法和感受，从而使社会工作者更深入地了解老年人的问题与需求。保守秘密对老年社会工作的顺利进行是非常重要的，因为老年人一旦觉察到社会工作者没有为自己保守秘密，就难免失望，会认为社会工作者的工作是随意的，不负责任的，甚至可能会导致专业关系的中断。

### 三、老年社会工作的内容

（一）经济

经济方面，以建立政府、社会、家庭和个人相结合的经济供养体系，保障老年人基本生活，确保老年人生活水平随社会经济发展逐步提高为任务。在中国，尤其要重视城镇化过程中老年人的养老保障问题。在广大的农村地区，要逐步建立和完善农民养老保障体系。

（二）医疗保健

医疗保健方面，努力满足老年人的基本医疗需求，以社区卫生服务为基础，做好健康教育和预防保健工作，提高老年人口健康水平。

（三）生活照料服务

生活照料服务方面，建立社区为老年人服务的有效管理体制和服务队伍，大力发展社区老年照料服务，建立综合性、多功能的服务站，鼓励采取上门服务；充分利用家庭资源，积极探索支持家庭成员照料老年人的有效办法。

（四）精神文化

精神文化生活方面，营造全社会尊重、理解、关心和帮助老年人的社会环境与舆论氛围；丰富老年人闲暇生活，大力发展老年教育，提高老年人精神文化生活质量。发展老年人社区；同时鼓励部门和单位管辖的文化活动场所向老年人开放，有计划地组织老年文艺汇演、书画展览等活动。

（五）权益保障

权益保障方面，加强立法、执法工作，逐步形成维护老年人合法权益的法律保障体系；加大执法力度，对侵犯老年人合法权益的不法行为进行严肃处理。同时还要逐步建立起较为完善的老年法律服务体系，保证老年人能够就地、就近、及时得到有效的法律服务，并且对于有困难的老年人，按有关规定提供法律援助，在费用上给予优待。帮助老年人提高法律意识，依法维护自身的合法权益。

## 任务二　老年社会工作的方法

### 任务导入

社会工作者在一次走访中发现梁先生独自在家。对于社会工作者的到来，他很高兴，交谈中社会工作者了解到，梁先生现与儿子一家同住，儿子和儿媳外出工作时，家里只留下他一个人，社会工作者观察发现，梁先生的房间杂乱无章，身上衣服泛黄并发出异味，已经多日没有换洗。老人抱怨，退休工资都交给儿媳，身上没有任何零花钱。同时，社会工作者还注意到梁先生手臂有多处瘀青，问其原因，梁先生沉默不答，表情紧张。社会工作者向社区居委会进一步了解情况，得知梁先生今年80岁，以前是老伴照顾他的饮食起居，老伴去世后主要由儿媳照顾，儿媳觉得老人不做家务，不讲卫生，一起生活碍事，常常为此打骂老人，有时还不让老人吃饱，儿子去外地出差时，儿媳还经常将老人反锁在家中。

### 任务识别

如果你是社会工作者，将如何介入？

📝 任务链接 ⌐

## 一、老年个案工作方法

### (一) 老年个案工作的概念

老年个案工作是为老年人服务最常用的工作手法。老年个案工作就是指社会工作者在专业的价值观指导下，运用专业的知识和技巧为老年人及其家庭提供物质或情感方面的帮助和支持，以使当事人减轻压力、解决问题和达到良好的福利状态的服务活动。

### (二) 老年个案工作的原则

老年个案工作的基本原则包括：尊敬、信任与耐心。调查表明，人们总是按照某种固定的类型和范畴去理解老年人，认为老年人大多病弱、贫穷、孤寂、固执，但实际情况并非如此。如果我们在观念上排斥和歧视老年人，视他们为社会和家庭的负担，只能消极地适应生活，我们就无法从事老年个案工作。只有从观念上接纳并尊敬老年人，相信他们有能力改变自己的生活，热情、耐心、细致帮助老年人，才能提高老年人的生活质量，使他们有一个幸福的晚年。

### (三) 老年个案工作的过程

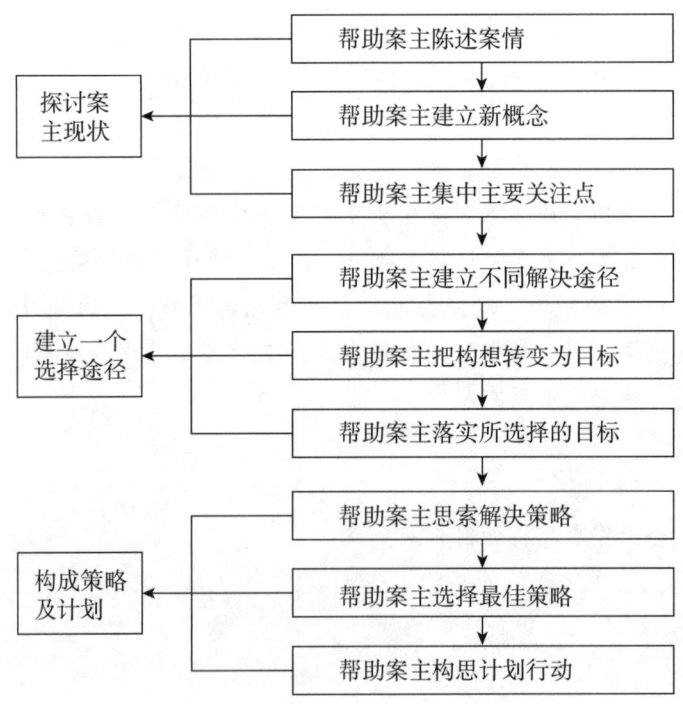

（四）老年个案工作的技巧

1. 会谈技巧。老年个案工作会谈是指社会工作者与老年案主在建立专业关系的基础之上，围绕特定目的进行的专业谈话活动。通过会谈，社会工作者与老年案主交换观念、表达态度、分享情感、交流经验。老年案主向社会工作者袒露真实的内心想法，社会工作者向老年案主表达愿意协助的态度，并借此收集有用资料，为后续的计划与介入提供保障。学会运用会谈技巧能够帮助社会工作者更好地达到会谈的目的。在会谈中需要运用如下一些技巧：

（1）专注。专注是指社会工作者对老年案主的语言、情绪、心理的高度关注。这种专注既有非语言的肢体专注表达，如社会工作者面对案主，面部表情要松弛，手势要自然，眼神亲切，身体适当向前倾向案主，等等；也有非语言的心理专注表达，如注意倾听案主的说话，观察案主的手势、神态、身体动作及语气语调，揣摩案主的心理以及体会案主话语的"言外之意"。

（2）真诚。社会工作者真诚地对老年案主表示愿意协助，以真正的自我对待案主，不以专业的权威吓人，可以有效地降低案主的自我防御。

（3）同理心。这是指社会工作者对老年案主的一种"感同身受"，在良好的专业关系的基础上，社会工作者尝试运用专业的知识、方法、技巧去影响案主，引导案主从更客观的角度看待自己的问题，同时能够觉察出潜在的、隐含的或透露不足的部分并对此进行有效的沟通。

2. 辅导技巧。治疗性地运用"回忆"也是老年社会工作实务中不可缺失的一个重要部分，具体表现在"怀旧"和"生命回顾"这两种辅导老年人过程中常用的技巧。

（1）怀旧。怀旧是老人回顾他们过去生活中最重要、最难忘的事件或时刻，从回顾中让老人重新体验快乐、成就、尊严等多种有利于身心健康的情绪，帮助老人找回自尊和荣耀。另一方面，通过怀旧，老人也可能再次体验过往岁月中不愉快的事件；但老人对不愉快事件的追忆在一定程度上缓解了他们的自责和内疚，减轻焦虑不安的感受。社会工作者也应从旁疏导老人，让他们认识到，也许一切都是不得已而为之，过去的就让它过去吧。

（2）生命回顾。生命回顾是指通过生动地缅怀过去成功和失败的经历，让老人重建完整的自我。鼓励老人将整个人生的经历尽可能详尽地倾诉出来，以达到内省的目的。生命回顾与怀旧不同的是，前者是对整个人生的回顾，而不只是回顾生命中最重要的时刻和事件。因此，它更系统详细，也更能让老人面对自己的人生境遇，体会人生的价值和意义。生命回顾的方法已被成功地运用于治疗老年病，特别是那些患有抑郁症的老人。通过生命回顾，许多老人缓解了自责内疚的焦虑心理，重塑自我，找回了生命的意义。生命回顾和抗抑郁药物的配合治疗，被临床证明对老年抑郁症疗效明显。

3. 寻找资源的技巧。在帮助老年案主的过程中，社会工作者要与拥有不同资源的个人、团体、机构合作，才能为老年案主提供最完善的服务。资源包括有形的物质资源和无形的精神资源。资源又可以分为正式资源和非正式资源，前者是指从社会福利机构或其他正式机构处获得的资源，后者是指从家人、朋友、同事、邻居处获得的资源。对一个专业社会工作者来说，为了给老年案主提供最好的服务，他必须对案主的资源网络有详尽的了解，把握相关的资源知识，同时明确各种资源之间的区别，取长补短，使之对案主发挥最大的作用。

4. 其他技巧。在开展老年个案工作中，还有一些细节性的技巧同样不容忽视，因为这些技巧运用也会影响到个案工作的成败或有效性。

（1）建立老年案主档案。档案应包含以下内容：

①基本背景资料。包括姓名、地址、电话、性别、年龄、职业，等等。

②案主初显的问题和需求。包括案主认为问题是什么、需求是什么、导致问题的原因、问题持续的时间长度，等等。

③案主所处的环境背景。包括案主的经济状况、社会地位、居住环境、闲散方式，等等。

④个人历史。包括个人健康情况、教育情况、工作情况、婚姻状态等历史，以及案主以前是否接受过辅导及其效果等情况。

⑤家庭历史。包括子女情况、兄弟姐妹情况、配偶情况以及家庭成员的健康情况，等等。

⑥案主在面谈过程中的表现。包括案主的外表及肢体动作；案主与工作人员之间的互动关系；案主的动机强度；案主所表现出来的认知能力、抽象能力、知识等情况；案主最关注的话题，等等。

⑦总结和建议。

（2）选择合适的面谈场所。面谈场所的环境会影响到老年个案工作是否能够顺利进行，所以，在工作中需要考虑如下一些注意事项：

① 社会工作者衣服穿着要得体，不可太夸张或过于惹人注目；

② 社会工作者不应坐在书桌后面以造成与案主的阻隔，一个理想的面谈位置应该是成九十度角状态的；

③ 在宁静和安全的环境中进行面谈；

④ 社会工作者要准时出席；

⑤ 预备一盒面纸以备案主哭泣时使用；

⑥ 面谈的房间内要有一种温馨的气氛，能够帮助案主放松下来。

（3）记录工作历程。每一次个案工作后工作员都应该做一份记录，以便掌握进度、了解成效和作为法律方面的依据。一份老年个案工作的记录应该包括以下内容：

①主要内容及主题；

②案主有回应的有效辅导介入手法；

③案主在认知、感受和行为上的状况；

④下次会谈前社会工作者预期案主的行为表现；

⑤预期要达到预定目标所需要的面谈次数及时间；

⑥案主预期达到的目标。

## 二、老年小组工作方法

### （一）老年小组工作的概念

老年小组工作就是小组工作在老年服务领域中的应用。我们可以将老年小组工作概括为：针对社区内或机构内的老年人的心理、生理、社会适应等方面的问题，通过提供不同目标模式的小组方案进行辅导与治疗，增进老年小组成员的相互支持，改善其态度、人际关系和应对实际生存环境等的社会生活功能，以及满足老年人工具性和情感性需求的过程。

从这个定义中，我们可以得知老年小组工作所强调的重点。

1. 本质。老年小组工作是一种直接的助人方法或手段，也是一种工作过程。

2. 对象。老年小组工作的主要对象是由有各种问题的老年人组成的小组成员。

3. 过程。在社会工作者的帮助下，是社会工作者与小组成员以及小组成员之间面对面的互动过程。

4. 功能。满足老年人工具性和情感性需求，帮助老年人进行社会康复、能力建设、社会化、解决问题和自我价值实现。

5. 目的。帮助老年人从小组中获得适当的生活知识和经验，改变不良生活现状；培养其良好的社会适应能力，促进其身心健康，使其能过上一种正常的老年生活。

### （二）老年小组工作的类型

老年小组工作的小组分为支持性小组、治疗性小组、社交康乐教育性小组、服务性小组、护老者小组。这些小组有不同的目的、工作重点、沟通方式以及运作模式。详见下表：

| 小组特性 | 老年小组类别 | | | | |
|---|---|---|---|---|---|
| | 支持性小组 | 治疗性小组 | 社交康乐教育性小组 | 服务性小组 | 护老者小组 |
| 目的 | 帮助组员应对日常生活压力 | 帮助组员改变行为及康复 | 帮助组员与同辈积极参与身心健康活动 | 帮助组员共同合作、为他人提供服务 | 帮助家庭成员扮演及发挥护老者功能 |
| 领导才能 | 促使相互间支持及帮助 | 专家、权威人物、改变者、促使者 | 促进活动程序，提供架构 | 协调者、职员、帮助组织行动计划 | 教育者、支持者、使能者、倡导者、分销者 |
| 重点 | 组员分享的共同关注 | 组员的问题，关注及目标 | 小组程序作为活动参与、学习等媒介 | 完成任务 | 护老者的需要及老人的需要 |
| 维持力 | 共同困难，相同经历 | 组员间相互的关系 | 对活动、学习、技巧发展上的共同兴趣 | 相同目的及关注 | 护老者角色 |
| 组合 | 曾经历相同困苦的组员 | 可以有不同背景或拥有共同关注的人士 | 不同人士，类似的技巧水平，有能力参与活动者 | 人数多，背景不一，鼓励分工 | 不同的人士，但都是护老者，正承受护老的压力 |
| 沟通 | 高度互动，公开 | 领导对组员或相反 | 在活动上通过语言及非语言相互沟通 | 因任务及角色而不同 | 组员之间以及与领导的沟通 |
| 自我揭露程度 | 中度至高度，主要分享适应技巧 | 高度 | 低度 | 低度 | 中度至高度，主要分享适应技巧 |
| 运作 | 非正式，平等参与讨论困惑情况 | 组员互助解决问题 | 决定于程序活动性质，团队精神及语言、非语言参与 | 形式化的程序 | 一般非正式及平等参与，也可以包括正式演讲 |

(三) 老年小组工作的过程及技巧

1. 第一阶段：初期的关系。在初始阶段，小组缺乏小组成员的认同感，由此加剧了老年成员的不安全感。此时的小组氛围还有相当的不信任感、压力感等，老年成员早期生活的经验也影响着他们在小组成员之间关系的建立，害怕失败、害怕受伤害等心理因素会增加他们依赖和支持的需求。社会工作者此时要能够了解成员们害怕失败、对肯定自己的迟疑以及他们想在一起发展什么样的需求等。

在这个阶段中，社会工作者的技巧主要是运用同理、真诚和接纳的原则来了解老年小组成员的相似性，引导每位成员进行相互交谈，消除个别成员所存在的顾虑，要求每一位成员聆听其他成员的观点，并向所有成员介绍自己所承担的角色以及成员自己的角色担当，澄清对小组的期望。

2. 第二阶段：权利与控制。在这一阶段中，不论小组在功能上的能力如何，小组成员们的自我意识和权利控制意识得到了增强，小组成员们开始关心与社会工作者有关联的权利问题，并进一步表现为小组的冲突。虽然在这一阶段小组成员们开始寻求相互的支持，但权利与控制的议题可能会使得那些受到传统文化影响的老年成员们感到特别的不安，特别是那些想要从小组活动中受到帮助的老年成员更有可能会不习惯挑战权威。

因此，社会工作者的技巧主要是对小组中的一些特殊成员给予必要的关注，这些成员包括有攻击性的成员、以个人为中心的成员、较为沉默的成员及有可能成为其他成员发泄对象的成员，对于这些老年成员在团体中的具体问题，需要根据其具体的表现情况分别给予及时的处理。当小组出现冲突时，社会工作者应当运用小组动力来化解冲突，并尽可能地使之成为小组发展的良好动力。一般而言，社会工作者在面临冲突时，应当包容、冷静、理性、分享、稳定，以及采用游戏、焦点回归的方法和技巧来有效地解决小组的冲突问题。

3. 第三阶段：亲密。经过上一阶段，此阶段的小组权力结构会稳定地发展，小组成员之间会成为亲密的同伴关系。此时的小组成员有较大的自主性，彼此之间交流密切，依赖性强，还产生了利益的互惠。小组成员的人际关系表现为宽容、理解，小组成员所讨论的话题和内容也变得宽泛、深入，每一位成员都能够分享到他人对问题的感受和想法，并从中受到良多的启发。此时的小组互动、治疗和援助的效果也较为明显。

这一阶段的社会工作者可以运用忠告、咨询、支持等方法来帮助小组更好地完成小组目标。

4. 第四阶段：分化。在此阶段，小组的发展进入一个最成熟的阶段，小组成员之间的关系最为亲密，会感觉到彼此之间有一种强烈的依附感，彼此的性格差异性也都能被接纳，成员们的自我概念也都得到了特别的增强，能够区分和理解自己与他人的不同。

社会工作者应当组织小组活动来帮助小组成员，以满足成员其他方面的需求。

5. 第五阶段：分离。当小组活动到了结束阶段，以前的失落感会再次被唤起，现实的经验再一次被重新界定，并且也同时会向工作者及小组成员提出挑战。

社会工作者可以运用回避冲突模式来处理在团体成员中产生的失落感。帮助成员实际地评估自己所得到的收获，鼓励成员开诚布公地进行沟通，交流彼此的感受，积极参与对小组活动真实的评价。

### 三、老年社区工作方法

**（一）老年社区工作的概念**

老年社区工作就是指通过社会工作者运用各种工作方法，改善老人与社区的关系，提高老人的自助、互助能力，促进老人的社区参与，通过老人的集体参与去改善他们的生活质量的一种服务活动和服务过程。

**（二）老年社区工作的原则**

1. 注重以老年人为中心的发展目标。

2. 积极地从正面看待老年人的形象，尽可能多地找出老年人的优点和长处，肯定他们在社会上的价值和地位，相信老年人有自己的发展潜能。

3. 要有足够的耐心去发展老年人，不要期望有即时的效果，要循序渐进地协助和引导老年人参与，要强调转变的程度多于完全的改变。

4. 对老年人要有深入的认知和分析，了解个别老年人的兴趣及能力，要有计划地逐步将老年人的参与度提高。

5. 多给予老年人亲身参与的机会，不要过分地保护老年人。要充分认识到老年人只有通过更多地参与和实践，才能从中学习和得到改变。

6. 除了积极带动老年人的社区参与之外，还要足够地重视老年人的基本需求和兴趣，并为他们提供相应的服务。

7. 社区工作方法会对老年人有较高的要求，因此需要不时地给予老年人适当的支持和鼓励，以增强他们的动力和积极性。

8. 要与老年人建立起互相支持、信任及平等权利的工作关系。

9. 不要将资源及注意力只集中在个别的核心老年人身上，以免工作过分地精英化，要多与其他老年人接触，发掘他们的参与潜力。

10. 要建立更多的社区关系及发掘更多的社区资源。

**（三）老年社区工作的过程**

老年社区工作的过程基本包括五大流程：界定问题、建立组织、形成组织计划、执行计划、监督。

1. 界定问题。老年人所面对的问题有经济收入、营养、医疗健康、日常生活照顾服务、权益维护、交通、住宅、安全、休闲娱乐等方面。社会工作者需要首先通过沟通、探访等方式深入了解老年人的需求，并对社区内的资源状况进行有效的评估。

2. 建立组织。在组织的建立过程中，需要决定要发展组织的类型；决定社会工作者与其他老年行动者之间的关系形态；选择不同角色的成员，如专家、沟通者或影响者。

3. 形成组织计划。在分析过去或现有政策制度的基础上，通过讨论而发展出组织解决问题及满足需求的不同方法，评估其可行性并形成最后的方案。

4. 执行计划。通过组织人员的配置、时间阶段的规划，列出计划执行的各详细事项并进行实施。

5. 监督。对计划的执行状况进行评估和回馈，并检查有无新的问题产生。

## 任务三　老年社会工作实务领域

### 任务导入

王某，女性，62 岁，小学文化水平，孩子和老伴去世，独自居住，身边无人陪伴，缺少倾诉对象，缺乏安全感。由于孩子和老伴的去世，案主受到了极大的伤害，心理上的创伤久久不能愈合。王某性格外向，喜欢跳舞，目前健康状况良好。

社工通过外展发现王某的情况，本着缓解孩子和老伴的离去给案主带来的悲伤情绪和让老人得到陪伴的目的而主动挖掘的服务对象。

### 任务识别

1. 王某的问题在哪里？
2. 社工可以为王某提供什么服务？

### 任务链接

#### 一、老年人照顾服务

老年人照顾服务是指对于因年事已高而在生活中存在困难的老年人所进行的照顾，主要包括生活上的照顾，如衣食住行等的照顾，以及医疗保健方面的照顾。老年人照顾可以分为两种形式：机构照顾和社区照顾。

（一）机构照顾

有些老年人因为没有自己的住处，或是因长期性疾病身体行动不便，从而需要他人或者医务人员的照顾。而机构照顾就是在一定的专门机构内为老年人提供护理、食宿、生活服务的照顾。进行老年人照顾的机构可以根据其收住对象和所提供服务的不同分为以下几种。

1. 安老院。主要是针对那些没有亲属并且也没有了工作能力的老年人，所提供的服务主要是住宿与饮食，以及一些如协助穿衣等非医疗性的服务。

2. 疗养院（或者称为护理中心）。提供全天候的专业护理以及医疗服务。住在疗养院的费用会随着所提供医疗服务的专业性和密集性的不同而有所不同。欧美国家老人疗养院的设备都很完善，几乎每位老人都有私人房间。

3. 身心障碍中心。这类机构主要针对具有身心障碍的老人，除了具有特别的医疗照顾外，还拥有一些医疗设备。在丹麦，每一个城市都设有残障中心，来帮助有此需要的老年人。服务的项目包括提供外科整形、假肢、绷带、特殊椅子、床垫、浴室设备、助听器和室内外的轮椅等。机构也可以帮助老年人申请用于购买和修复假肢的专项费用。

（二）社区照顾

社区照顾是在充分利用社区自身所有的资源和条件的前提下，使需要得到照顾的老人尽可能在社区内接受照顾。社区照顾建立在老年人自立、与社会保持接触和常态生活的基础上，其目的是帮助老年人体现出作为社区成员的角色，尽可能地让他们生活在一个"常态"的社会环境中。作为社区照顾就是要动员全社区的人力物力来帮助那些需要照顾的老年人，使其在社区中能够幸福地生活。社区照顾分为三种类型：家庭照顾、居家照顾、日托照顾。

1. 家庭照顾。家庭照顾是以非正式资源为主的照顾方式，接受家庭照顾的老人一般是居住在家中，家庭成员是老人的主要照顾者，其中非正式资源包括家人、亲戚、朋友、邻居和志愿者等，为老人提供物质、精神支持和护理照料。

（1）配偶照顾——婚姻的誓约。

| 照顾内容 | 照顾限制 |
|---|---|
| a. 个人服务<br>b. 家务服务<br>c. 生病照顾<br>d. 情感支持 | a. 配偶本身也年老体弱，较难担任照顾任务<br>b. 寡妇比鳏夫多，故女性较少有配偶可提供支持<br>c. 照顾者承担过重的负荷与压力 |

（2）子女照顾——回馈、责任、依附。

| 照顾内容 | 照顾限制 |
|---|---|
| a. 情感支持<br>b. 交通接送<br>c. 财务管理<br>d. 家务协助 | 有相互矛盾的角色冲突：<br>a. 照顾老年父母，还要养育子女<br>b. 照顾者和工作者的角色冲突 |

（3）兄弟姐妹照顾——血缘。

| 照顾内容 | 照顾限制 |
|---|---|
| a. 情绪支持<br>b. 交通接送<br>c. 家庭维修<br>　d. 协助出院后的照顾 | a. 兄弟姐妹本身也是老年人，较难提供工具性的协助<br>b. 如不居住在附近，不便就近提供实质上的协助 |

（4）朋友照顾——共同的生活经验、共同的兴趣。

| 照顾内容 | 照顾限制 |
|---|---|
| a. 情绪上的支持和相互作伴<br>b. 工具性支持（协助购物、交通接送、杂事办理）<br>c. 老年人自我价值的再确认 | a. 老年人的行动能力受限，会影响友谊的发展，也会影响朋友间的相互支持<br>b. 老年人的朋友年龄相仿，故随年龄的增长，朋友纷纷故世，朋友会自然减少 |

（5）邻居照顾——居住的临近性。

| 照顾内容 | 照顾限制 |
|---|---|
| a. 代收信件、代看房屋、互借用品、拜访聊天、情感上的支持<br>b. 遭遇危机时的即时协助 | a. 邻居如在平常不相互往来，有突发事件或危机时也难以相互支援<br>b. 邻居的互惠关系是短期的，会因家居搬迁而结束 |

2. 居家照顾。居家照顾是正规照顾与非正规照顾结合的综合服务项目。非正规照顾的内容与家庭照顾大致相同。正规照顾是指由专业人员提供的服务，主要分为居家医疗照顾、居家护理保健照顾、个人生活照顾和家务服务等方面的服务。

| 居家照顾类型 | 照顾内容 |
|---|---|
| 居家医疗照顾 | 由医师、护士为有病在家的老年人作医疗诊断和治疗的服务 |
| 居家护理保健照顾 | 由医护人员到老人的家中提供照顾和指导服务，包括注射、伤口护理、抽血检验、导尿、物理性治疗、康复保健等专业性的服务 |
| 个人生活照顾 | 对一些卧床不起，或一些病情较稳定、但日常生活仍需照顾的老人提供生活上的照顾，包括洗澡、移动、特殊的康复保健运动等 |
| 家务服务 | 家庭的卫生整理、饭食的准备、洗衣购物等 |

3. 日托照顾。老年人的日托照顾主要是一种开放式的小型机构照顾，属于正规照顾。可以分为两大类：一类是与医疗照顾相关的，如日托医院；一类是与社会服务相关的，如日托中心或短期护理服务中心。

| 日托照顾类型 | 照顾内容 |
|---|---|
| 日托医院 | 对需要继续治疗和康复保健、但又不需要住院治疗的老人给予医疗方面的服务，与一般医院类似 |
| 日托中心 | 为老年人在白天能与其他老年人接触并获得照顾，使其子女可以安心工作的社会服务机构，提供的服务有午餐供应、个人生活照顾、物理性治疗和康复保健等 |
| 短期护理服务中心 | 协助被照顾的老人或老人的照顾者，让照顾者有机会处理个人的事务，或获得短时期的休息，使照顾者的身心压力得到一定程度的缓解 |

**二、老年人心理和社会服务**

1. 个人的协助。减轻老年人生活压力、改善家庭关系或社会关系、提供老年人福利咨询、解决老年人各种困难等。

2. 社区交流。促进老年人与社区居民交流，参与社区中的各种活动，促使老年人形成积极的价值观与建立生存目标等。

3. 促进老年人人际关系。了解阻碍老年人人际关系的各种因素，如过敏或迟钝的性格、不卫生、不良习惯、好斗、喜欢争吵、不顾他人立场、不愿与他人互动，以及不主动与他人来往的消极思想和态度等。通过正式或非正式团体，推动老年人积极参与社会活动，改变不良习惯和原有的消极态度，做好老年生活安排，充实老年生活。

**三、老年人教育服务**

1. 老年大学。老年大学是指为全社会老年人设立的传授知识和技术的培训学校。通过老年大学的教学活动，不但能为老年人的晚年生活增加丰富的活动内容和生活情趣，更能使老年人获得许多保健的知识。中国已拥有 17 万多所老年大学和老年学校，初步形成了从城市到乡村、从课堂教学到远程教育的全国老年教育网络。在其他国家和地区也都有一些老年人再教育的推广形式，激发了老年人的求知兴趣，并普及了老年人的教育。

2. 图书馆、博物馆及艺术馆等。老年人退休后有较多的空闲，但有时因行动不便，无法自行充分利用许多公共设施。瑞典的图书馆就设置了专门职员来为老年人服务，调查其阅读的兴趣，老年人可以通过电话借书在家中阅读。至于博物馆和艺术馆等社教机构，除了对老年人予以优惠或免费外，还设立了供老年人休息的座椅。

此外，还有老年进修学院、针对老年人的专题讲座、老年人学习性俱乐部、关于退休前的教育等方面的服务。

### 四、老年人就业服务

退休后，许多老年人都有再就业的想法。虽然社会普遍重视的是年轻人的就业问题，但我们也不应忽视老年人就业的问题。老年人就业也是"老有所为"的体现，而且一些高学历、年龄相对较小、身体健康的老年人，尤其是老年科技人才具有丰富的实践经验，他们继续在各行业中发挥作用，对社会经济发展是十分有利的。因此老年就业服务是一项不可或缺的老年社会工作。在进行老年就业服务时，除了要考虑老年人的实际需要外，还需要兼顾老年人的特质，使老年人在新的工作中充分发挥自己的作用。老年人退休服务包括退休者再雇用训练与辅导、退休制度的改进研究、老年人创业或老年人就业专案计划等。

### 五、遇到特殊问题的老年人服务

进入老年期后，老年人在心理、行为方面会产生许多问题。怎样为这些心理、行为有问题的老年人服务，是老年社会工作者必须面对的问题。我们介绍几种常见的老年人问题的应对技巧：

1. 失忆症——老年人很容易健忘。对患有失忆症的老年人，要通过怀旧、生命回顾等方法，帮助老年人找回记忆。社会工作者可以先问老年人一些简单问题，再问一些相关问题来帮助老年人恢复记忆能力。

2. 沮丧——当老年人失去亲友、离开熟悉的环境或者生病时，非常容易沮丧，表现为情绪低落、缺乏满足感、对活动失去兴趣、缺少幽默感、悲观、预期失败、依赖性强、胃口不振、失眠、不安及有自杀倾向等。摆脱沮丧的方法，是让老年人参与社会活动，帮助老年人重新建立自尊、自由及独立的人格，把老年人注意力由自身问题转移到新的人生目标中。

3. 攻击——有些老年人经常与别人发生争斗。社会工作者要与老年人对话，找出争斗的原因，化解矛盾，平息事端，千万不能置之不理，或者放任自流。

4. 强迫——当老年人有强烈的需求得不到满足时，便会出现强迫性行为，如不停地踱步或扫地。社会工作者不要嘲笑老年人，不要对其行为或语言进行讥讽。要引导老年人转移兴趣，将时间、精力用在有意义的活动上。

# 项目四　残疾人社会工作

## 学习目标

**知识目标：**

1. 了解什么是残疾人社会工作；

2. 了解残疾人社会工作的内容。

**能力目标：**

1. 学会使用残疾人社会工作常用方法开展社会工作服务；

2. 掌握针对残疾人所面临的问题困难采取具体的干预措施。

**素质目标：**

能够采取全面、系统的视角解决残疾人的问题。

## 任务一　残疾人社会工作的概述

### 任务导入

某家政服务公司的工作人员陈女士，在为客户擦玻璃窗时，不慎从窗台上跌落，从此失去了双腿。家政服务公司给了她一笔数额不多的赔偿金。陈女士的丈夫对她很关心，为了多挣钱养家，又去做兼职。陈女士的女儿刚上小学四年级，但非常懂事，上学前后都细心地照顾妈妈。邻居也经常关照和帮助他们家。陈女士觉得丈夫和女儿很辛苦，内心十分愧疚，觉得自己是家人的负担。一天，她趁着家里只有她一人，便割腕自杀，幸好丈夫及时发现救了过来。发生自杀事件后，丈夫向社工小梁求助。

### 任务识别

1. 请分析案例中陈女士面临什么困难？哪些需求没有得到满足？

2. 社工应该如何介入？

### 任务链接

#### 一、残疾人社会工作的定义和内容

（一）关于"残疾人"

1. 残疾人的定义。《中华人民共和国残疾人保障法》中对残疾人有如下定义，残疾人是指在心理、生理、人体结构上，某种组织、功能丧失或者不正常，全部或者部

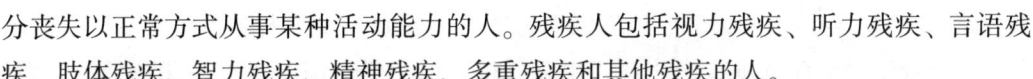

分丧失以正常方式从事某种活动能力的人。残疾人包括视力残疾、听力残疾、言语残疾、肢体残疾、智力残疾、精神残疾、多重残疾和其他残疾的人。

2. 残疾人面临的问题。残疾人由于生理上、心理上等缺陷使得他们在社会生活和交往中往往比正常人困难，主要体现在以下三个方面：

（1）物质困难。残疾人在物质方面的困难是多方面的，其中包括经济困难、医疗困难、住房困难。

第一，经济困难。残疾人由于劳动能力不足，加上一般家庭条件也不好，很多残疾人面临经济困境。

第二，医疗困难。由于缺乏收入，残疾人在治病就医方面很难支付得起高额的医疗费用。

第三，住房困难。残疾人的保障性住房缺少而且大多居住环境较差。

（2）精神困难。这主要是指残疾人在心理上的压力，社会对残疾人的"标签化"使得残疾人在心理上备受压力，常常会感到孤独和挫败感，影响其心情，甚至日常工作、学习。

（3）社会交往困难。残疾人由于自身的缺陷，缺乏参与社会的机会。残疾人及其家庭成员在物质和精神层面的弱势，直接导致其交往的困境，使得他们的交往圈小，生活方式封闭，难以融入社会。

（二）残疾人社会工作的定义

残疾人社会工作是指社会工作者运用社会工作专业方法帮助社会上需要帮助的残疾人，解决困难，预防问题发生，恢复、改善和发展其功能，以适应和进行正常的社会生活的服务活动。从社会工作的构成要素来看，残疾人社会工作主要包括四个要素：①残疾人个体或群体；②社会工作者；③助人自助原则；④基于系统的残疾知识之上的专业助人态度、方法和技巧。残疾人社会工作的理念是平等、参与与共享。残疾人社会工作涉及残疾人生活的各个方面，其范围相当广泛，涉及残疾人的康复、生存、生活、发展等各方面内容。

**二、残疾人社会工作的功能**

1. 残疾人社会工作体现了社会公正原则。公正是人类社会永恒的价值理念和基本的行为准则。现代意义上的公正，突出表现在生存权、就业权、受教育权和社会保障权等基本权利上。只有对社会成员的基本权利予以切实的保障，才能从根本上实现个体的发展和社会的发展。由于其自身的生理缺陷，残疾人群体在社会竞争中处于不利地位，就业困难、生活贫困、机会缺失。因而，开展残疾人社会工作，解决这一生理素质有缺陷的特殊弱势群体的问题，就是体现了社会公正的基本原则。

2. 残疾人社会工作具有社会安全的功能。残疾人群体是社会中的特殊脆弱群体，其生活压力大、经济承受力低、风险抵御力弱。一方面，残疾人群体的生活日益贫困化，甚至处于"生存危机"之中或"生存危机"的边缘，即绝对贫困化；另一方面，随着经济的发展，社会分化的加速，社会的贫富差距有进一步扩大的趋势，也造成残疾人群体的相对剥夺感不断强化，使他们最先也最强烈地感受到了社会改革和社会发展的成本与代价。因此，广泛开展残疾人社会工作无疑有助于发现问题、解决风险隐患，防患于未然。

3. 残疾人社会工作具有社会发展的功能。残疾人社会工作除了满足残疾人基本的物质需要外，还可给予他们安全感和尊重感，有利于实现他们的自身价值。根据马斯洛的需要层次论，人们不仅有生理、安全、归属的要求，而且有受人尊重和自我实现的需要。尊重是对一个人价值的承认，每一个社会成员都希望自己在社会结构中发挥应有的作用，希望凭借自己的知识与能力获得他人和社会的承认。这一点对残疾人来说尤其重要。单纯地给残疾人以人道主义的同情是不够的，更重要的是解除残疾人自身及其家庭的心理压力，调整其因残疾而带来的社会心理失衡。这种失衡一旦得到调整，必然会给残疾人及其家庭带来自强不息的动力。

### 三、残疾人社会工作的内容

#### （一）维护残疾人的合法权益

1. 广泛宣传《中华人民共和国残疾人保障法》。《中华人民共和国残疾人保障法》是我国历史上第一部关于全面保护残疾人的法律。它是保障残疾人权益、发展残疾人事业的基本法律，旨在保障残疾人以平等的权利、均等的机会，充分参与社会生活，共享社会物质文化成果。通过宣传，让更多残疾人了解《中华人民共和国残疾人保障法》规定的权益。

2. 开展政策咨询工作。残疾人的社会福利与社会保障，主要是通过政府制定的有关政策和社会力量的扶助来体现的。而贯彻落实法律、法规与政策，推动社会力量对残疾人的扶助，则需要大量基层的残疾人社会工作者的帮助。

#### （二）改善残疾人的生活质量

1. 建设无障碍环境。无障碍环境是残疾人参与社会生活的基本条件。无障碍环境包括物质环境无障碍、信息和交流的无障碍。物质环境无障碍主要是要求城市道路、公共建筑物和居住区的规划、设计、建设应方便残疾人使用和通行，如铺设盲道、坡道、设置交通音响信号装置等。信息和交流的无障碍主要是要求公共传播媒介应使听力语言和视力残疾人无障碍地获得信息，进行交流，包括影视字幕、盲文、手语等传播手段。社会工作者在机构和社区中，都应该为残疾人家庭环境的无障碍设计与改造提供必要的服务。其中主要是为肢体残疾者进行出入门、过道、卫生间的改造，以及各种居室增加面积、安装扶手或栏杆、安装洗浴设备、方便轮椅操作的设施等。为视力残疾人安装门铃、警铃、铺设防滑地面和提供盲表、盲杖等。帮助听力语言障碍者安装必要的电子仪器设备。

2. 建立个案工作机制。在康复机构中开展的社会工作，是以个案工作为主、小组工作和社区工作为辅的专业社会工作。其个案工作方法是，每一个专业社会工作者负责一个病区或一种疾病、一种伤残类型的康复对象，对案主进行一对一的工作。采取调查立案、咨询、会谈和访视等手段，在案主及相关人员的配合下，帮助案主解决他们在住院期间所面临的社会问题。

### （三）组织残疾人参加社会活动

1. 提高残疾人的社会地位。组织残疾人参加各种有益的社会活动，可以提高他们参与社会的能力和改善生活质量，是残疾人社会工作的重要内容之一。

2. 发挥残疾人的创造性。不仅要帮助残疾人克服各种障碍，还要促使他们发挥自己的创造能力，更好地参与社会，做出自己的贡献。

## 任务二 残疾人社会工作的方法

**任务导入**

某社区内有十多位残疾人，他们都有长期的照顾者。最近，这些残疾人照顾者大多由于长期照顾而不堪压力，纷纷表现出不同程度的烦躁、低落情绪。

小梁是该社区服务中的残疾人社会工作者，针对此情况为这些残疾人照顾者设计了一个小组服务方案。

### （一）问题的陈述与分析

由于残疾人主要是生理、心理和社会交往方面存在严重缺损的人，他们遭遇的困难和问题非常多，需要帮助的范围也非常广，而残疾人照顾者一般不具有与残疾人相同的生活经历，这就增加了对残疾人生活境况及心理感受的理解难度。残疾人照顾者面对他们的照顾对象时，往往面临许多问题，主要有：

1. 缺乏相应的专业护理知识，深感在护理方面力不从心，容易心烦气躁；

2. 长期的日常生活照顾、护理工作枯燥、繁重，而残疾人康复的希望却非常微小，残疾人照顾者缺乏成就感，心理压力很大；

3. 缺乏有效的资源和支持，没有专家指导，同时也不知道该如何利用社区资源。

### （二）方案设计

针对以上情况，社会工作者可以通过小组工作的方式，为这些残疾人照顾者提供相应的服务，具体方案如下：

1. 小组名称：你我在一起。

2. 小组性质：支持小组。

3. 小组成员：残疾人照顾者 10～15 名。

4. 小组目标：

（1）总目标：协助残疾人照顾者提升护理技能，学会自我调节压力，形成有效的相互支持和帮助的网络。

（2）具体目标：通过专家培训，提升残疾人照顾者的护理技能；通过小组内学习和练习，有效调节自我压力；通过小组活动，形成有效的相互支持和帮助网络。

5. 小组成员招募方式：在社区范围内张贴海报，以自愿和推荐结合的方式进行招募。

6. 小组纲要计划设计。

7. 方案执行。

（1）整合社区资源。与社区负责人共同协调小组场地、时间、物资准备等。

（2）提供具体服务。在本小组中，社会工作者扮演组织者的角色，协助成员学习基本的护理技巧，并促进小组成员彼此分享经验，建立相互支持网络。

（3）监督执行进度。在每节小组活动开始前做好准备工作，并在每一节结束后进行总结与反思，及时调整小组中不适合的部分。

（4）处理困难。小组可能面临组员流失等现象，需要做好应对工作。

8. 方案评估。

（1）小组的过程评估。由小组成员填写评估表，在小组执行过程中进行评估。

（2）小组成员满意度评估。由小组成员对小组进行成效评估。

（3）社会工作者的小组报告，以及社会工作者的反思。

### 任务识别

如果你是社会工作者，将如何进行小组纲要计划设计？

### 任务链接

## 一、残疾人个案工作方法

### （一）残疾人个案工作的概念

残疾人个案工作是针对残疾人个人状况与需求而实施的一种工作方法。残疾人社会工作者针对残疾人在基本生活、医疗卫生、康复、教育、就业、社会参与等方面存在的问题与需求，提供个案辅导、帮助与服务。

### （二）残疾人个案工作的过程

1. 接案。残疾人来机构申请帮助时，社会工作者与残疾人开始建立专业关系，进行初次会谈。访谈时，社会工作者以熟悉的会谈技巧，了解残疾人案主需要帮助解决的主要问题、个人史、家庭史及对于问题的看法等相关信息。社会工作者需拥有和善的工作态度、熟悉的会谈技巧以及耐心的服务精神，从而使残疾人案主在充满信任和安全气氛下接受机构所安排的各项处理程序。

2. 资料收集与分析。在协助残疾人案主解决问题之前，须先对问题有充分了解。因此，第二个步骤的主要工作就是收集有关资料及对问题的分析研究。在前面初次会谈的基础上拟出深度访谈提纲，与残疾人案主进行深度访谈，以达到资料收集与分析研究的目的。因此社会工作者通过对案主本人、案主家人的深度访谈，获得他们对问题的看法和诉求更为重要。通过与案主关系人（亲友、邻居、学校老师、单位同事和有关部门人员等）的访谈，获取一些相关资料，使接案工作人员对案主和他的问题有更多的了解。

3. 制订服务计划。对残疾人案主的问题性质、导致问题的原因及影响因素充分了解后，社会工作者制订服务计划，拟写服务计划书。在制订服务计划时，社会工作者与案主共同协商，以尊重残疾人案主的意见为原则，共同商讨出一套合理的解决及处理问题的方案。服务计划的内容包括服务的范围、目标、进度、措施 、步骤、方法以及运用的资源等。

4. 实施服务。社会工作者根据之前制订的服务计划，为残疾人案主提供有效的服务。服务内容主要包括生理治疗、心理治疗、经济或法律援助、教育、就业服务等。服务的方式主要包括直接介入方式和间接介入方式。直接介入，即通过社会工作者与案主直接接触，运用专业的方法、技巧，协助案主调适并发展自我人格，发挥案主自尊、自信、自强、自立精神及运用潜能以解决问题。间接介入，则是从环境着手，由改善周围环境的方式来发展个人，包括各种改善社区环境的措施，如经济救助、无息贷款、就业辅导、免费施医等。

5. 结案与评估。当残疾人案主的问题已经解决，或者已具有能力应付和解决自己的问题时，可以进入结案阶段。结案时，社会工作者肯定案主解决问题的进步与成效，坚定其自我发展的信心，提升其自我效能感，并指出其以后继续努力的方向和应注意的事项。同时，社会工作者对自己的服务进行评估。评估的主要内容包括整个工作的目标是否达到，社会工作的服务方式和方法是否恰当，社会工作者与服务对象的相互配合及其相互关系是否密切，服务对象是否满意，等等。

### 二、残疾人小组工作方法

（一）残疾人小组工作的概念

残疾人小组工作就是指在社会福利制度框架下，社会工作者奉行利他主义的宗旨，运用社会工作专业知识和方法，帮助残疾人进行能力建设并克服自身缺陷，构建社会支持系统并克服各种环境障碍，使残疾人能够全面融入社会生活并提升人类社会整体生活质量的专业活动。

基于不同的任务目标，残疾人小组工作可分为治疗小组、教育小组、自助小组和社会改变小组四大类型。在实务过程中，社会工作者可根据残疾人群的残疾类型、问题需求等因素综合考量选择相应的工作方法。

(二) 残疾人小组工作的过程

1. 第一阶段：小组前期。小组前期也称为小组筹备期，是指在残疾人小组工作正式开始之前，社会工作者筹备小组所进行的各项准备工作的阶段。包括通过分别会谈，个别了解，在自愿基础上，决定组成小组成员；确定小组名称、性质、对象；确定小组发展理念、目标、工作方案或计划和行为规则。

2. 第二阶段：小组初期。小组建立后，第一次聚会，社会工作者宣布小组正式成立，讲述小组发展理念、目标、工作方案或计划和行为规则，小组成员面对面互动，充分发表各自意见，以便做好小组工作。社会工作者是小组活动的主要设计者和组织者，应当在小组初期创建可信赖的环境，帮助组员建立信任关系，促进组员间相互了解。同时，帮助小组整合和利用社会资源，克服各种困难。

3. 第三阶段：小组中期。随着小组活动的开展次数增加，残疾人小组成员之间的情感交流和成员对小组的目标、性质的认识也在增强，从而逐步建立起亲密关系，小组趋向于整合。但同时，小组成员基于各种原因，彼此之间的摩擦也在增多，小组成员之间和成员与残疾人社会工作者之间的冲突也开始产生。残疾人社会工作者应当运用交谈、澄清与对质技巧，处理小组成员间的共同障碍和矛盾冲突，促进小组目标的实现。

4. 第四阶段：小组后期。在小组后期，残疾人小组成员达到较为理想的沟通状态，彼此之间的了解更深入，成员对小组有较高的认同感和归属感。在小组更趋向于整合的情境下，残疾人社会工作者运用激励机制，让成员更加投入与参与，以确保小组持续不断地做出成效。

5. 第五阶段：小组结束期。当小组目标实现、任务达成时，或者约定的时间已经到了，任务没有实现时，小组面临着结束。社会工作者需要做好小组结束工作。包括结案前的准备工作、结案时的工作和结案后的追踪工作。处理好残疾人小组成员的离别情绪，表达鼓励，使其对未来充满希望。

**三、残疾人社区工作方法**

(一) 残疾人社区工作的概念

残疾人社区工作是指依托社区、充分利用社区资源为残疾人服务，满足其日益增长的物质与精神需求，促进残疾人平等参与社会生活的一项工作。它是社区发展的一个重要方面，并被建构于各国的社区服务体系之中。

（二）残疾人社区工作的类型与策略

| | 地区发展模式 | 社会规划模式 | 社会行动模式 |
|---|---|---|---|
| 关注问题 | 社区发展中的一般性问题 | 贫困、社区安全、居民住房、违法问题 | 社区内弱势群体合法权益的保护问题 |
| 基本假设 | 一定区域内个体间形成利益共同体；修正现代化过程中对经济发展的过度追求，主张可持续发展基础上的生态发展模式 | 社会发展是一种有规划、有组织的过程，体现了人类理性进度，并需对社会中的个体进行一定的管理和约束 | 社会问题的出现使不同群体间产生利益冲突 |
| 目标 | 培养社区居民（残疾人）自助合作的态度以及自主从事社区内的各项建设 | 以解决社区实际问题为主要的工作取向 | 结合社区力量寻求社区权利和资源的再分配，使得处于弱势的残疾人居民能够改变自身的处境 |
| 策略 | 一起商量问题的解决方法 | 了解问题存在的真实情况，并采取有效的措施及手段予以解决 | 组织起来战胜困难 |

## 任务三  残疾人社会工作实务领域

### 任务导入

李某，17岁，某职校学生，不久前与母亲外出时，不幸遭遇车祸，导致双腿截肢。截肢后的李某变得沉默寡言，不愿主动与人交往，与父母关系日渐疏远。职校虽然表示愿意接受李某返校读书，但由于缺乏相关经验，针对李某残疾的特殊安排迟迟没有落实，因此，李某至今没有返校。母亲感到十分自责，对李某的任何要求都尽量满足，希望能够"赎罪"。父亲因为唯一的儿子成了残疾人，认为自己是世界上最"倒霉"的人，整天唉声叹气，愁眉苦脸。李某感到前途渺茫，内心十分焦虑。了解到李某的情况后，社会工作者决定介入。

### 任务识别

1. 本案例中的李某有哪些服务需求？

2. 社工可以为李某提供什么服务？

**任务链接**

残疾人康复是一项为残疾人提供服务，使其恢复和发展至从事正常生活能力的工作。康复，就是社会工作者帮助残疾人最大限度地恢复生理功能或进行功能补偿，以增强他们参与社会生活的能力。如社区康复就是动员社区资源促进残疾人康复的一项有效活动。随着科技的发展和社会的进步，通过医疗、工程、心理、社会及其他手段恢复和补偿残疾人的功能和能力已成为现实。残疾人康复社会工作就是其中的一种手段。残疾人康复社会工作把社会工作原理、方法和技巧运用到康复工作中去，协助残疾人恢复和发展他们的潜在能力，实现他们在现代生活中的社会适应功能。

### 一、残疾人医疗康复服务

医疗康复是指通过治疗，改善、恢复残疾者的各项身体功能，以减少其日常生活的障碍，为重新参与社会生活提供必要生理条件，这是全面康复最基础的一步。对于残疾人来说，在医院或康复机构中接受治疗是非常重要的。虽然就其专业性而言，医疗康复主要由医务工作者负责，但是社会工作者也可以为有效的治疗、康复做出贡献。在医疗康复活动中，社会工作者与医务工作者应密切配合。

残疾人社会工作者在提供医疗康复服务中的主要任务有：

1. 协助医护人员，观察残疾人的障碍情况，确定诊治、康复的程序。

2. 协助残疾人及其家属了解与当事人康复有关的知识，促使残疾人及其家属更好地利用康复设施。

3. 鼓励残疾人及其家属振作精神，促进其发挥自我潜能，积极开展自救自助。

4. 协助康复医疗部门有效使用各种设施。

5. 参与康复医务人员的教育、培训、推广康复工作计划，开展有关人类行为、家庭动力以及社会资源方面的知识传授活动。

6. 参与康复医疗部门重要的行政决策，参加各项康复调查研究工作，以提高康复服务的范围和水平。

7. 开发和运用社会资源，开展社区康复工作训练计划，指导社区康复工作，以充分满足残疾人及其家属的需要。

### 二、残疾人教育康复服务

教育康复指对残疾人进行社会服务性训练，帮助他们提高基本的生活能力并获得一定的谋生能力，推动实现社会秩序的保护、社会和谐的目标。残疾人教育康复服务主要内容如下：

1. 针对残疾人群体的教育康复。首先，开展人与环境互动的教育，协助残疾人认识自己的残疾现状、日常生活的环境以及自己的心理状态；通过开展社会工作个案、小组及社区服务等方法，促使残疾人的身心与环境保持和谐，积极应对残疾及其残疾的生活状态。其次，针对不同残疾人士提供差异化的"补偿性"功能训练，在学习基础文化知识、劳动技能和职业技能训练之外，还应结合其身心发展为其提供专门培训。社会工作者应与服务对象一起工作，共同参与，激发残疾人在服务过程中的主体性，达成教育、心理和功能"三位一体"的康复。

2. 针对残疾父母或监护人、家属等的工作。残疾人的家庭照顾者是残疾人教育康复过程中的关键人群。首先，社会工作者可以给予家庭照顾者及其家庭成员心理支持，缓解其精神压力。在对待残疾人的态度上，社会工作者应敏锐地观察家庭成员的心理状态和行为动态，如遇到歧视、忽视，或者过度呵护与保护的情形，应及时对这些不良的心理及行为进行矫正。其次，社会工作者应普及残疾人教育康复的相关知识，帮助提升照顾者的康复技巧。最后，帮助构建社区型社会支持系统，提升社区志愿者服务质量。

3. 针对社会组织、残疾人服务组织和各类爱心人士的工作。残疾人社会工作服务是系统的、专业化的助人工作，在实践过程中，仅凭爱心是不够的，需要与专业化的知识和实践经验紧密相连。社会工作者应加大对从事残疾人服务的组织、志愿者团队、爱心人士的宣传、教育和培训，以规范服务质量，提升其作为残疾人工作者的专业知识和技能。

### 三、残疾人就业康复服务

社会工作者可以帮助残疾人寻求更适宜的工作岗位，帮助他们自立和维护他们的合法权益；帮助有劳动能力的残疾人从事适合他们特点的工作，使他们自食其力，残而不废，为社会作出贡献。我国的残疾人事业已经开始由救济残疾人转向扶助残疾人，为残疾人参加劳动、获得社区资助提供方便，开展职业培训、咨询服务和职业推介，加强残疾人就业前的职业培训，同时针对残疾人种类，分别采取特殊措施，扶持残疾人走上工作岗位。社区尽量为残疾人提供在本社区就业的机会。

职业康复的流程包括以下四步：

1. 职业咨询。残疾和障碍对残疾人的职业活动产生影响和限制，容易使残疾人在职业选择时产生迷惘的心态。职业咨询对于解决残疾求职者的疑问与消除求职路上的孤独感有很大的作用。社会工作者需要针对每个残疾人自身的特征和就业情况进行综合分析，并提出相应的解决方案。

2. 职业评估。社会工作者需要对残疾人的工作能力和职业适应性进行评估，通过各种手段和方法对残疾人进行身体功能评估、心理测试、性格分析，涉及身体、心理和职业适应性三个方面，对残疾人的兴趣、个性、气质、价值观、态度、学习等做出科学评定，为残疾人的职业生涯规划提供依据。

3. 职业培训。社会工作者和职业指导师等专业人员应共同协作为残疾人提供就业前培训，让残疾人在就职之前接受特定职业的专业相关知识和技能培训，具备从事该职业活动所必需的能力和态度，帮助残疾人实现"有效"就业。就职前培训的开展，亦有利于残疾人提早适应实际的工作和工作环境。

4. 就业指导。社会工作者可以根据残疾人的实际情况，提供劳动市场、就业方向等信息，以及具体的就业意见和建议，根据残疾人进入职业工作领域中所出现的问题，提供跟踪指导服务。

# 项目五　矫正社会工作

## 学习目标

**知识目标：**

1. 了解什么是矫正社会工作；

2. 了解矫正社会工作的内容。

**能力目标：**

1. 学会使用矫正社会工作常用方法开展社会工作服务；

2. 掌握矫正社会工作的过程。

**素质目标：**

能够采取全面、系统的视角解决矫正对象的问题。

### 任务一　矫正社会工作的概述

## 任务导入

苏某，男，1990 年 10 月生，初中未毕业，案发前无业，住上海某区。2010 年 1 月因涉嫌寻衅滋事罪被取保候审，同年 11 月被依法判处有期徒刑 8 个月，缓刑 1 年。

目前，苏某在上海某工厂工作。苏某长得人高马大，小时候性格温和，说话轻声细气，读小学的时候尚能遵守纪律，从不和别人打架，人也很聪明，读书成绩不错，老师和同学都比较喜欢他。10 岁时父母离异，此后他一直和母亲生活在一起。母亲经常在外面打麻将，对他不管不问，他总是玩到很晚才回家，回家后，有时候吃方便面，有时候连方便面都吃不到。到初中一年级，由于成绩不好而留级，此后再也没有心思读书，终日和一帮社会闲散人员打成一片，参与打架斗殴，初中未毕业就在社会上游荡。苏某看不起母亲，更不服从母亲对他的管教，常常对母亲说："你有什么资格来教育我？"

案发后苏某畏罪逃到外地打工，后来回上海自首被判缓刑。苏某的姨妈孙女士把苏某母子接到自己办的工厂居住。为此，苏某很不满意。

苏某有一个不良的朋友圈子，大约六七个人，多数被判过刑，苏某经常和他们在一起玩。后来，苏某被孙女士送到社会工作机构进行强制矫正。

### 任务识别

请分析案例中苏某面临什么困难？哪些需求没有得到满足？

### 任务链接

## 一、矫正社会工作的定义和内容

### （一）矫正社会工作的定义

司法领域的矫正是指刑罚执行机构对犯罪或具有犯罪倾向的违法人员所进行的教育和改造，以改变罪犯或违法者不适应社会的心理结构、行为方式，重塑其人格和社会适应能力，从而使他们重新适应社会，过上正常的社会生活。矫正过程就是罪犯的重新社会化过程。

矫正社会工作是指社会工作实施于矫正体系中。它是由专业人员或志愿人士运用专业理论和技术，为罪犯或具有犯罪危险性的违法人员，在审判、服刑、缓刑、刑释或其他社会生活中提供思想教育、心理辅导、行为纠正、生活照顾等，使之消除犯罪心理结构，修正行为模式，适应社会生活的一种福利服务。

### （二）矫正对象的需求

1. 基本生存条件的保障需要。矫正对象面临困难重重的生活压力，为其提供基本生存的条件，既是基本人权的体现，也是对其实施矫正计划措施的前提。基本生存条件包括维持基本生活所需的经济收入或最低生活保障、维持基本生活所需的住房条件、维持身体健康所需的卫生医疗待遇等。

2. 教育、就业权益的保障需要。矫正社会工作的目标是帮助矫正对象能够通过自身能力来维持其基本生存条件。要通过帮助其接受良好教育以及有效就业，实现帮助其自新、自强、自立的目标。

3. 再社会化的服务需要。矫正社会工作的又一目标是通过矫正计划措施的实施，促进矫正对象恢复和重建其严重缺失的社会功能，成为社会的正常成员。

## 二、矫正社会工作的原则

### （一）接纳

社会工作最基本的信念就是相信每一个人都有与生俱来的价值和尊严，而这种价值和尊严带给每一个人不可剥夺的社会权利。因此，社会工作者对待矫正对象的基本态度应该是接纳而非批判。

（二）可塑性

社会工作者可以运用专业的方法和技巧，帮助矫正对象改变其与社会生活不相适应的思想观念、生活态度、行为方式等，达到恢复其社会功能、使矫正对象重新成为正常社会成员的目标。

（三）个别化

社会工作者要把每一个矫正对象都当作拥有不同特质和需求的个人，善于倾听和观察矫正对象的一言一行，以真正进入其内心世界。了解矫正对象问题产生的原因和处境，并运用不同的原则和方法来协助每一个矫正对象解决其问题，满足其需求。

### 三、矫正社会工作的功能

（一）针对罪犯的功能

矫正社会工作针对罪犯的功能与作用主要包括监管、矫正和服务三个方面。

1. 监管功能。矫正制度即刑罚执行制度，矫正社会工作者是刑罚执行团队中的一员。在一些国家或地区的立法和司法实践中，矫正社会工作者（如美国的缓刑官、中国香港地区的感化主任等）被法律授予依法对非监禁罪犯实施监管的职责。对非监禁罪犯实施监管的目的，一是通过限制一定程度自由的办法（如定期汇报、不可随意离开居住地等规定）对犯罪行为作一定补偿；二是通过监管预防其再犯罪。

2. 矫正功能。犯罪行为的实施有个人因素的影响，个人因素包括生理因素、心理因素、思想观念、行为特征、生活方式等。矫正社会工作者通过运用专业的理论、知识、方法和技巧，使犯罪者或具有犯罪倾向的违法人员得到生理上、心理上、思想上和行为上的矫正治疗，从而重新融入社会。

3. 服务功能。矫正社会工作从本质上讲是在司法体系中的社会福利服务，其服务对象是特殊的社会弱势群体——罪犯。矫正社会工作的服务贯穿于整个刑事司法过程。其内容涵盖生活照料，经济支持，疾病医治，就学就业指导，家庭关系调适，心理、认知、态度、行为、人际关系、社会适应辅导等方面。

（二）针对社会环境的功能

1. 营造有利于罪犯的家庭和社区环境。许多研究表明，有的人犯罪，是因为其生活的家庭及其周围的社区环境恶劣，存在许多不利于人健康成长的影响因素，如父母离异、家人酗酒、家庭教育方式失当、邻里失和、毒品泛滥、赌博盛行、偷盗猖獗，等等。这些现象的存在不利于罪犯的更新改造。矫正社会工作者的工作重心，除了针对罪犯个人的监管、教育和服务外，还应着眼于家庭和社区环境的改善，营造有利于罪犯更新以及预防犯罪的健康和睦的家庭和社区环境。

2. 促进刑罚制度的人性化和科学化发展。世界各国刑罚观念和制度大多朝着非刑罚化、非监禁化的方向发展。矫正社会工作制度既是这一发展趋势的产物，又是进一步推进这一变革的动力。矫正社会工作本着人道主义的精神，运用科学的理论和方法，从事更新改造罪犯和改善社会环境的活动，用有力的事实向世人表明，人性化、科学化的刑罚制度比报应威慑至上的严刑峻法更有利于罪犯的改造和社会的安全。

## 任务二　矫正社会工作的过程

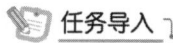 任务导入

### 一、案例背景

（一）基本资料

服务对象姓名：小张（化名）。

性别：男。

年龄：29 岁。

（二）个案背景资料

由于 2015 年××市开始推行社区矫正试点工作，某区司法所通过"政府购买的方式"向××社会工作服务中心购买社区矫正和安置帮教社会工作服务。专职社区矫正社工开始为本社区矫正人员提供专业服务。

2015 年 11 月，由于社工需与每一位矫正人员建立关系，故在司法所工作人员的转介下，社工和小张开始进行面谈并开启两年多的专业关系。在与小张的初次面谈中，社工对小张的基本情况有如下了解：

1. 家庭背景及主要生活经历：小张，未婚，是家中独子，与父母同住。高中毕业后进入社会工作，现在是个体户。父亲已退休，母亲帮助其打理店铺，小张成为家庭的主要收入来源。小张社会关系较简单，主要来往人员是亲戚和求学时期的朋友。由于经营精品产品，工作上的来往对象主要是学生，主要通过新媒体进行沟通，而且小张的工作时间较长，社会交际应酬较少。

2. 犯罪成因分析。小张自述从小爱好玩具枪，工作后，不定期会购买枪支并藏于家中。2014 年，公安人员于其家中查获大量枪支、BB 子弹、充气瓶等。小张最后因犯非法持有枪支罪，被判处有期徒刑 3 年，缓刑 3 年。社工分析，小张的主要犯罪成因是法律意识薄弱，因爱好而藏匿枪支，对枪支的法律管束相关要求不了解。

### 二、问题分析

社工与小张初次面谈时，小张入矫不久。社工能感受到小张正努力适应社区矫正

生活，但有焦虑不安情绪。社工整合分析初次面谈的资料和信息，总结出小张有以下几方面需求：

**（一）思想认识方面**

（1）法律意识薄弱，对国家法律法规了解不足，对自己所犯罪行缺乏认识。

（2）接受判决，认识到自己的错误，但对社区矫正内心感到不安，担心期间做错事情而被收监执行原判。

（3）由于这一案件而留下案底，小张对前途感到迷茫。

**（二）个人及家庭方面**

小张父亲已退休，小张母亲也即将退休，母亲现在帮助小张打理店铺。小张是家里的主要经济来源，感到经济压力大。

**（三）社会等其他方面**

小张单身，已到适婚年龄。个体户生意，工作时间较长，与外界接触较少，交际圈子比较固定。此外，较长的工作时间对其参加社区矫正服务也有影响。

📋 **任务识别**

如果你是社会工作者，谈谈你介入的过程？

📋 **任务链接**

## 一、建立专业关系

专业关系的建立有助于促进矫正对象进入矫正过程，并对矫正关系形成直接影响。

**（一）建立专业关系的任务**

1. 明确建立专业关系是一个持续性的过程。在矫正社会工作实务过程中，一方面，矫正对象可能会不断地有新的问题出现；另一方面，由于矫正社会工作的复杂性，已经建立的专业关系还有可能被破坏。因此矫正社会工作者必须注意到专业关系的建立是一个持续的过程。

2. 了解矫正对象的基本情况。由于矫正工作刑罚执行的性质，矫正对象具有被指定的性质，即这些对象并不是自己过来求助的，而是由其他司法部门决定而进入矫正系统的。在这个过程中，矫正社会工作者只有非常微弱的影响力。尽管如此，矫正社会工作者还是需要对矫正对象的基本情况有所了解，以便促进专业关系的建立。这些情况主要包括：矫正对象的来源，如在社区矫正中了解矫正对象源自何处（如是来自监狱还是法院）；矫正对象的性质；矫正对象的犯罪类型；等等。

3. 初步评估矫正对象的问题和需求。通过会谈，初步评估矫正对象面临什么问题，有什么需求没有被满足。评估问题是什么，导致问题的原因是什么。了解矫正对象的问题与需求，否则，由于双方缺乏了解，矫正对象会放弃与工作者建立专业意义上的工作关系。

4. 促使矫正对象进入角色。在对矫正对象的需求、问题进行初步评估后，矫正社会工作者需要和矫正对象一道明确各种角色，并就可能达成的目标初步形成共识。

5. 与矫正支持系统建立关系。为了巩固和持续专业关系，使针对矫正对象的工作具有成效，必须与矫正支持系统建立相应的关系。这一系统包括公安部门、司法部门、街道办、居委会、志愿者团体、矫正对象家属及亲朋好友等。

（二）建立专业关系的基本技巧

1. 订立目标。

（1）明确目标，社会工作者通过会谈，明确矫正对象的目标和期望，假如双方目标并不一致，会影响建立起良好的信任关系和后续工作的开展。

（2）制订目标。在对目标进行澄清后，社会工作者与矫正对象进行协商，然后共同制订目标。在接下来的阶段中，会对目前的问题进行进一步的分析，包括收集资料，进行分析，制订改变计划，实施计划，评估，等等。在订立目标的同时，双方也要进一步澄清彼此的角色和期望，明确彼此的分工，共同在约定的范围内开展合作。

2. 制造氛围。制造氛围也是建立关系的重要因素，它可以帮助社会工作者树立起良好的专业形象。氛围的营造首先体现在工作场所，如有一个温馨的谈话室，矫正对象在这样的环境中能够感到安全和关怀；其次是社会工作者的态度，要表现出专注和接纳；最后是社会工作者本身的专业形象，如友善、诚恳、自信、有能力等。

3. 积极主动。矫正社会工作者的积极主动有助于专业关系的建立。主动的态度表明工作者对于矫正对象的问题的关心和热情。尤其是矫正对象曾长期处于监禁和受严惩的环境中，社会工作者的主动和热情，会减缓矫正对象的紧张情绪，缓解社会工作者与矫正对象之间的关系。

**二、矫正资料的收集与分析**

（一）矫正资料的收集

1. 矫正资料收集的主要内容。矫正社会工作者应全面地收集矫正对象的资料，为此，矫正社会工作者应对需要收集的资料进行分类收集。在此，我们把所要收集的矫正对象的资料区分为矫正对象个人方面的资料、环境方面的资料、矫正对象个人与环境交互作用方面的资料三类进行分析。

第一，矫正对象个人方面的资料。

（1）个人的基本资料。如年龄、个人简历、生活经历以及重要（关键）事件、个人服刑经历、社会经济地位、周围重要的人物、相关的社会系统等。这可以帮助我们了解矫正对象本人及其社会关系等方面的情况。

（2）矫正对象对现状和问题的主观看法。包括存在怎样的问题，问题的原因是什么，问题存在多久了，矫正对象以往是如何解决他的问题的，希望如何解决他的问题等。

（3）收集解决问题的动机资料。动机是解决问题、改善现状的内驱力，也是矫正社会工作者最重要的改变现状的资源。有关动机方面的情况了解得越细，矫正社会工作者就越能够调动矫正对象的积极性，设计有助于矫正对象改变的矫正工作计划。

（4）了解矫正对象生理、心理、情感、智力等方面的情况。各类矫正对象在生活经历、犯罪类型、服刑经历、家庭背景、社会关系等方面都存在着相当大的差别，他们的生理、心理、情感等能力也呈现诸多的不同。因此，作为矫正社会工作者，必须全面收集这方面的资料，如果发现矫正对象的实际能力与表现之间出现明显的差距，矫正社会工作者也要仔细分析造成差距的原因。

第二，环境方面的资料。环境是指矫正对象生活于其中的重要社会系统，以及可以得到的各种资源系统。

社会系统主要包括家庭、亲属、邻居、学校、工作等。在了解这些不同的系统时，矫正社会工作者对物理和人文的环境都要关注，尤其要关注对于矫正工作和矫正对象有重要影响和重要关系的人，因为这些重要人物对于矫正对象的希望和支持，以及他们帮助矫正对象的能力，对矫正工作的开展都具有积极的意义。

资源系统主要包括各种可以利用的资源，如邻里关怀、志愿者、各类社会保障政策、就业岗位、各类专业服务组织可能提供的服务等。这些资源将成为矫正社会工作者制订矫正介入计划的重要依据。

第三，矫正对象个人与环境交互作用方面的资料。矫正对象个人与环境交互作用方面的资料主要包括矫正对象个人与周围环境的关系，特别是与重要人物的关系，矫正对象寻找帮助的主要方式，社会系统对个人求助的反应，其他系统互动方式对矫正对象问题的影响等方面的内容。

2. 矫正资料收集的主要方法。矫正资料收集的方法有文献法、访谈法、问卷法、观察法等。

第一，文献法。通过文献获取相关资料的方法称为文献法，文献法具有间接性、稳定性、客观性等特点。在矫正社会工作中，文献法对矫正社会工作者收集资料具有重要的意义，如矫正社会工作者可以通过法律文书了解矫正对象的基本情况，通过相关卷宗了解矫正对象的生活经历、犯罪情况等方面的资料，通过相关矫正工作记录的阅读了解矫正对象进矫正系统后的情况，等等。

第二，访谈法。矫正社会工作者通过有计划地与访谈对象进行直接的交谈来获取资料。访谈法主要以口头交谈为获取信息的主要方式，基本上是一种面对面直接的资料收集方式，所以使用访谈法能够获得更多的信息资料。

第三，问卷法。问卷法是现代社会调查中最流行的一种方法。它以书面提问的方式调查社会信息，用精心设计的问题表格测量人们的特征、行为和态度等。

第四，观察法。观察法也是资料收集的重要方法之一。它是矫正社会工作者根据调查要求，利用眼睛、耳朵等感觉器官和其他辅助工具，有目的地直接考察被矫正对象而获得资料的一种方法。

（二）矫正资料的分析

矫正社会工作者采用不同的资料收集方法收集了大量的资料后，需要对所收集的资料进行分类整理，并进行相关分析。对矫正对象的资料进行分析的过程包括资料整理、资料分析和总结三个阶段。

1. 资料整理。资料整理是把收集到的资料系统化、规范化、有序化的过程阶段，包括对原始资料进行审核、复查、分类、撰写备忘录等内容。

（1）资料的审核。资料审核是对已有资料进行审查和核实，以达到去除虚假、无用的资料，保证资料的准确性和有效性的目的。

（2）资料的复查。资料的复查是指矫正社会工作者从各个方面获得了矫正对象的相关资料后，为了保证资料的真实性和准确性，对已有的一些资料进行再次调查，检查第一次调查的质量。一般情况下，矫正社会工作者并不需要对所有资料进行复查，而只需抽取其中某些资料进行复查。

（3）资料的分类。经过审核与复查，矫正社会工作者保证了资料的真实性和准确性。但这些真实与准确的资料仍然是一堆零散的、不系统的、杂乱的资料，从这些资料中，矫正社会工作者仍然很难把握矫正对象的主要问题并以此为根据制定矫正方案。这就需要对已有的资料进行分门别类的整理。这种为了使繁杂的资料系统化、规范化、条理化，把性质相同的资料整理在一起的过程就是资料的分类过程。一般而言，矫正社会工作者把矫正对象的资料分为基本资料和背景资料两大类。

基本资料是指反映矫正对象基本情况的资料，如矫正对象的姓名、性别、年龄、文化程度、婚姻状况、家庭成员等。

背景资料主要是指反映矫正对象的家庭情况、生活经历、社会关系、经济状况等方面的资料。

（4）撰写备忘录。有三个方面的因素决定了矫正社会工作者在从事矫正工作时必须撰写备忘录。其一，矫正对象的复杂性要求矫正社会工作者在开展矫正工作时必须撰写备忘录。其二，矫正工作任务的繁重性要求矫正社会工作者在开展矫正工作时必须撰写备忘录。其三，资料整理内在地要求矫正社会工作者在开展矫正工作时必须撰写备忘录。

备忘录的内容主要包括两个方面，即描述性内容和分析性内容。描述性内容主要是对资料的记录。分析性内容是指矫正社会工作者在整理资料过程中产生的一些思考和想法。

2. 资料分析。在对矫正对象的各种资料进行分门别类的整理后，需要对资料作进一步深入的分析。需要指出的是，整理资料的过程与分析资料的过程既统一，又有区别。一般而言，矫正社会工作者在整理资料的同时，也会对资料进行分析，而在分析资料的过程中，也会对资料进行再整理，在这个意义上，资料整理和资料分析是不可分割的。然而，资料整理和资料分析又存在差别，尽管在资料整理过程中，矫正社会工作者会进行资料分析，但此时矫正社会工作者的主要任务是整理资料，分析工作只是随着资料整理的进行而部分地开展，有时，在整理资料过程中产生的一些想法可能会有很大的随机性或偶然性，这些想法是否正确、全面、系统，还有待经过资料分析给予验证。同样，在资料分析过程中，矫正社会工作者也会对资料进行再整理，但此时矫正社会工作者的中心任务是分析资料，整理资料只不过是基于分析资料的需要而已。

3. 总结。通过资料整理和资料分析，矫正社会工作者形成了关于矫正对象的认识。一方面，矫正社会工作者需要保存这些认识；另一方面，矫正社会工作者需要把这些认识传达给矫正对象及相关人员，因此，在完成资料整理和资料分析后，矫正社会工作者应对这个过程进行总结，使自己的认识系统化，并将这些认识记录下来，以适当的方式传达给矫正对象和其他相关人员。

### 三、矫正对象问题研究与诊断

研究和把握矫正对象的问题，需要掌握一些矫正对象问题研究与诊断的方法，只有这样，才能准确地对矫正对象的问题提出有针对性的矫正计划。

（一）问题分类

对矫正对象的问题进行分类是开展矫正工作的基本方法之一。这不仅有利于简化矫正对象存在的问题体系，而且有利于找到问题的根源，明确矫正思路，从而从根本上解决矫正对象的问题。

怎样对问题进行分类？首先，我们应承认某个矫正对象存在的各种问题具有一定的相互联系，这种联系使我们有可能找到问题分类的基本根据。其次，问题间的联系使各种问题存在一定的可量化的秩序关系，这种秩序关系使我们有可能依据分类对问题进行排序。如在问题深度方面可能存在表层问题、中层问题和深层问题，在危害性方面可能存在危害个人的问题、危害家庭的问题、危害社会的问题，等等。再次，根据问题序列，通过比较、归纳、综合、分析等逻辑方法确认问题之间的关系，明确哪些是主要问题、哪些是次要问题。

（二）确定问题域

确定矫正对象的问题域就是要明确矫正对象的问题属于哪个方面的问题。一般而言，我们往往把矫正对象存在的问题区分为三个方面，即矫正对象自身的问题、环境方面的问题、矫正对象与环境互动方面的问题。

（三）明确问题性质

在明确问题的问题域之后，需要明确问题的具体性质。确定问题的性质有多种角度，如可以把问题区分为根本问题和非根本问题、主要问题和次要问题；也可以把问题区分为有危害的问题和无危害的问题等。此时，进行问题诊断就要明确该问题与其他问题是怎样的关系；其他问题是否由这个问题引起；如果其他问题由该问题引起，是怎样引起的，等等。通过对这些问题的回答，我们基本上能够明确这个问题是根本问题，还是非根本问题；是主要问题，还是非主要问题；是有危害的问题，还是没有危害的问题。

（四）量化分析问题

明确问题的性质后，还需要明确问题的影响及其程度，即从量的角度进一步分析诊断问题。此时，需要明确，这个问题是否已经对矫正对象产生影响；这种影响是正面影响，还是负面影响；如果是正面影响，这种影响有多大；如果是负面影响，这种影响有多大；在整个问题系列中，这个问题对其他问题是否有影响；如果有影响，这种影响是正面影响，还是负面影响；如果是正面影响，这种影响有多大；如果是负面影响，这种影响有多大。

## 四、制订矫正计划

明确矫正对象的问题后，矫正社会工作者需要与矫正对象一起制订矫正计划。矫正计划由三部分组成：计划目的和目标、计划的对象、实施的策略和措施。

（一）计划目的和目标

目的和目标是经过资料分析和问题诊断后确定的。目的和目标表达了该矫正项目中矫正对象可以改变的方向，明确了项目中矫正工作的核心任务，因而在矫正过程中具有极其重要的作用。

确定了矫正计划的目的和目标，可以明确矫正社会工作者和矫正对象共同努力的方向；可以避免在矫正过程中的不确定性和受干扰性，有利于比较持续地执行矫正计划；可以更好地帮助社会工作者和矫正对象适当地选择介入策略和介入模式；为计划的实施提供了控制的方向；可以作为评估社区矫正工作成效的有效指标和依据。

矫正社会工作者可通过以下过程选择矫正目的和确定矫正目标：①确定矫正对象对于协商目标是否做好了准备。当我们尝试建立计划的过程是矫正社会工作者和矫正对象共同协商的过程的工作理念时，首先就要判断矫正对象对于目标协商工作的准备情况，如他是否对问题有了清楚的评估等。②解释确定目的和目标的意义。③协商讨论选择适当的目标。④清楚地定义目标。⑤决定目标的可行性并讨论可能的改变和不利结果。⑥决定目标的优先顺序。

（二）计划的对象

关注对象主要是指矫正工作要介入的焦点，一般而言，这些介入的焦点包括个人、家庭、群体组织和社区等。

（三）实施的策略和措施

对每一个关注对象的介入，都必须有相应的实施策略和措施，这里所说的策略和措施主要是指矫正社会工作者和矫正对象各自的角色和任务，以及介入的方法和技巧。

### 五、矫正社会工作介入

针对矫正对象的问题，制订矫正计划后，矫正社会工作者和矫正对象需要按照所制订的目标和措施将矫正计划付诸实施，这一实施矫正计划的过程称为矫正社会工作介入。根据社会工作的一般原理，矫正社会工作介入可从直接介入和间接介入两个方面进行。

（一）矫正社会工作的直接介入

矫正社会工作的直接介入是指针对矫正对象采取的行动和直接的服务介入。从直接介入的主要内容看，包括针对矫正对象个人的矫正介入、针对矫正对象群体的矫正介入。

（1）针对矫正对象个人的矫正介入。在矫正社会工作中，矫正对象个人面临社会适应、社会支持、社会态度、心理、行为、人际交往等诸多困惑。矫正社会工作者可以针对矫正对象面临的这些问题，运用个案社会工作的方法，开展社区矫正的直接介入工作。

（2）针对矫正对象群体的矫正介入。针对矫正对象群体性的问题，矫正社会工作者可以运用小组社会工作方法开展矫正工作。此外，矫正过程中的一些诸如集中学习、公益劳动安排等，也是社区矫正工作群体层面的主要工作内容。社会工作实践将小组当作过程也当作手段，它通过小组成员的支持，改善他们的态度、人际关系和他们应对实际生存环境的能力。这种方法强调以小组过程及小组动力去影响矫正对象的态度和行为。小组成员解决问题的能力和潜力通过成员间的分享、相互分担和相互支持而发挥出来。

（二）矫正社会工作的间接介入

矫正社会工作的间接介入主要是指对矫正对象以外的其他系统采取的介入行动。它可以包括针对矫正对象家庭环境的间接介入、针对矫正对象社区环境的间接介入、针对矫正对象社会环境的间接介入。

（1）针对矫正对象家庭环境的间接介入。矫正对象的家庭环境各不相同，不同的家庭环境对矫正对象的支持或者影响也不相同。矫正社会工作者的家庭层面的介入有多种方式。

一般而言，矫正对象的家庭环境主要有不支持型家庭环境、沟通方式失当型家庭环境、关系紧张型家庭环境、破裂型家庭环境等类型，矫正社会工作者在矫正工作过程中，应针对家庭系统、家庭结构等方面的情况，运用家庭治疗的理论和方法，有针对性地开展矫正工作。

（2）针对矫正对象社区环境的间接介入。无论是监禁矫正，还是社区矫正，矫正社会工作都会面临社区环境的问题。相对而言，监禁矫正工作开展中与社区的关联性相对较为间接，但在社区矫正中，社区环境问题更具有重大意义。社区矫正的社区层面间接介入的目标在于促进社区环境的调整与重塑。通过调整和重塑社区环境，以促进矫正对象社会功能的恢复。

通过改善社区环境来促进社区关系的调整和重塑，促进矫正对象社会功能的恢复，是社区层面矫正社会工作介入的主要内容。矫正社会工作者将面临社区矫正工作者如何建立对社区的认识、如何与社区建立关系、如何协调和改善社区内各方面的关系等问题。

（3）针对矫正对象社会环境的间接介入。社区矫正社会环境层面的间接介入主要是指落实社会福利政策，如矫正对象户口安置、办理劳动手册、提供就业岗位、争取社会保障政策、发放补助金、协调其他部门共同做好帮困解难工作等。

### 六、矫正评估与跟进

（一）矫正评估

1. 矫正评估的定义。矫正评估就是矫正社会工作者或机构对矫正过程及矫正绩效进行系统研究的过程，通过这个过程，矫正社会工作者或机构要达到评价矫正项目的过程及绩效的目的。

2. 矫正评估的过程。矫正评估的过程包括评估准备期、评估设计期、评估实施期、评估总结期四个阶段。

（1）矫正评估的准备期。矫正评估的准备期主要有几项工作：①明确评估目的；②确定评估主体；③评价评估条件。

（2）矫正评估的评估设计期。矫正评估是科学的活动，因而实施矫正评估不能凭借经验或一时的兴趣进行，而要在全面准备的基础上，经过严格、科学的设计后进行。因此，评估者在接受了评估任务后，需要设计评估方案，明确评估的问题、方法、程序等方面的问题。

矫正评估方案的主要内容应包括以下几个方面：①评估要解决的问题；②解决问题的方法和程序；③明确评估者与参与评估的各个方面的关系；④评估成果的主要表

现形式。

矫正评估内容的设计，主要有如下几个步骤：①确定需要评估的问题；②收集和分析资料；③设计评估方案。

（3）矫正评估的评估实施期。当评估方案设计完成后，评估者进入实施评估方案阶段。实施评估方案实际上是按照评估设计的基本程序具体进行评估的过程，是把评估方案化为具体的行动。因而，实施评估方案在很大程度上与评估方案设计具有一致性和交叉性。

（4）矫正评估的评估总结期。这一阶段要总结评估，形成评估报告。

（二）矫正跟进

1. 矫正跟进的定义。矫正跟进是指矫正社会工作者与矫正对象的专业关系结束后，社会工作必须对矫正对象进行一段时期的随访，并对随访期出现的情况做出一定程度的处理和回应。

2. 矫正跟进的类型。

（1）矫正项目结案后的跟进。根据矫正对象的某类需要或问题而建立的矫正项目计划实施完成后，矫正社会工作者对矫正对象需继续跟进，一方面巩固和维持因矫正项目实施而获得的效果，另一方面也可以根据矫正对象的状况，制定新的促进矫正对象改变的矫正方案。

（2）转介后的跟进。转介是指把矫正对象从现有机构转介到其他更适合的机构接受矫正或服务。转介后的跟进是指矫正对象进入其他机构后，矫正社会工作者仍需对矫正对象进行一段时间的跟进工作。

（3）矫正关系结束后的跟进。矫正关系结束后的跟进一般指矫正对象服刑期满，离开矫正系统进入到其他系统后，矫正社会工作者的跟进工作。

## 任务三　矫正社会工作实务领域

### 任务导入

老于是刑满释放人员，现年 38 岁，出狱后一直找不到工作，靠摆修鞋摊维持生活。后因道路改建，修鞋摊的生意也不得不终止。他天天到社区去吵，要求解决工作问题。

### 任务识别

1. 老于的困难是什么？

2. 社工可以为老于提供什么服务？

任务链接

## 一、司法判决前的社会工作

司法判决前社会工作的服务对象主要包括犯罪嫌疑人和犯罪嫌疑人的亲友。

（一）针对犯罪嫌疑人的社会工作介入

社会工作者介入司法过程，自司法判决前的案件审理阶段就已经开始。这时的主要工作对象是已被拘押或保释的、尚未被判定有罪的犯罪嫌疑人。矫正社会工作者在案件审理过程中的主要工作职责是通过与犯罪嫌疑人及其家属和周围社区的接触、了解，写出一份有关犯罪嫌疑人背景的调查报告，提交法庭作审判参考。判决前的调查报告包括三个部分，犯罪事实的记录、前科、本人的生活史。矫正社会工作者的调查报告所提供的罪犯的背景和性格特征等资料，有助于法庭作出适用何种刑罚处置的决定，有利于罪犯的改过自新。

（二）针对犯罪嫌疑人亲友的社会工作介入

社会工作者与犯罪嫌疑人亲友接触，帮助协调犯罪嫌疑人家庭关系，帮助其家庭成员进行心理和情绪的疏导、辅导，为其家庭成员寻找社会资源链接以应对生活困难，为失去依靠的少年儿童安排生活照料服务。

## 二、监狱场所中的社会工作

| 介入目的 | 介入措施 |
|---|---|
| 协助服刑人员适应监禁场所的生活 | 1. 帮助熟悉监狱环境；<br>2. 协助戒除不健康生活习惯；<br>3. 协助解决生活困难；<br>4. 预防犯罪观念和行为的交叉感染。 |
| 为在监服刑人员提供专业咨询服务 | 1. 公民教育；<br>2. 心理、情绪辅导；<br>3. 职业技能训练；<br>4. 人际交往意识与能力提升。 |
| 帮助在监服刑人员加强与社会的联系 | 1. 帮助了解外面社会的变化；<br>2. 帮助加强与家庭的联系；<br>3. 帮助构建支持性社会网络。 |

### 三、社区矫正中的社会工作

（一）对缓刑、假释、监外执行人员的观护

缓刑是为使被判处短期自由刑或罪行轻微的犯罪人免受入狱监禁的惩罚设立的一种社区型的刑罚措施。假释是未达到刑期届满前的释放处分，是设施内处置向设施外处置的转变。监外执行是对某些在监服刑人员因特殊原因，如年老体弱、重病、怀孕而暂予监外执行的措施。这几种刑罚措施都附有观察保护（简称观护）的规定，要求缓刑、假释和监外执行人员在观护期内遵守规定。司法当局一般聘用专职社会工作者或志愿者执行对缓刑、假释和监外执行人员的观护。

观护人要督促被观护者在观护期做到保持良好品行，不得与品行不端者来往；服从检察官和观护人的命令；接受观护人辅导；及时向观护人汇报工作、生活和居住状况；不经批准不得离开居住地等。

（二）院舍训练的组织管理

矫正社会工作领域中的院舍训练，通常是为违法犯罪人员尤其是违法犯罪青少年而设置的，主要包括中途家庭、寄养家庭、教养院、感化院。

（三）社会服务计划的执行

这是近年西方国家盛行的一种替代短期自由刑的非监禁化的社会处置措施，通过判定罪犯在社区中的社会福利机构从事规定时间的无偿劳动或服务，以此赎罪悔过的刑罚措施。通过从事公益劳动和服务，能够培养罪犯的劳动习惯和社会责任感，在服务过程中学会生产、生活技能，以增强就业能力；在社会交往中学会处理人际关系的本领，以增强社会适应能力。

### 四、刑满释放后的社会工作

刑满释放人员虽已不是罪犯，但也不同于社会中的一般人群。尤其是刚从监狱获释的人员，往往缺乏社会适应能力，又受到社会歧视、家庭拒绝、同伴疏远、就业困难、学习中断等多重压力和困扰。这部分人能否顺利度过刑满释放后的最初阶段，对于今后的生活及社会安定关系重大。

社会工作者可以为刑满释放人员提供以下服务：

（一）提供住宿场所

为暂时不被家庭接纳或无家可归的刑释人员解决安身问题，同时在住宿中提供监管和辅导服务，帮助刑释人员顺利完成由监禁环境向开放社会的过渡。

（二）提供就业、就学辅导

寻找工作或继续求学是刑释人员回归社会的重要途径和手段。社会工作机构和人员在这方面的服务包括对刑释人员进行工作技能培训、帮助联系介绍职业、帮助联系就学学校等，同时还要通过辅导帮助其养成工作和学习的意识和习惯。

### （三）提供生活辅导和医疗保健转介服务

刑释人员中有相当部分人员具有不良生活习惯，社会工作者的职责也包括为其提供生活辅导和医疗保健转介服务，帮助其养成良好的生活习惯。

### （四）提供物质援助

刑释人员往往缺乏生活工作的物质条件，为帮助其尽快建立起正常的生活、工作秩序，社会工作者应挖掘和利用社会资源对其进行物质援助。

# 项目六　家庭社会工作

### 📋 学习目标

**知识目标：**

1. 了解什么是家庭社会工作；
2. 了解家庭社会工作的工作原则和内容。

**能力目标：**

1. 掌握针对不同家庭问题采取具体的干预措施；
2. 学会使用家庭社会工作常用方法开展社会工作服务。

## 任务一　家庭社会工作的概述

### 📋 任务导入

苏某，出生在农村家庭，有一个姐姐，由于是家中唯一的男孩，家人对他格外宠溺。初中毕业之后苏某就进入社会，在外面闯荡了几年。20岁时和本村李某结婚，因未到结婚年龄，所以先在村里举行仪式，两年之后领结婚证。苏某婚后两年，妻子李某生了一对龙凤胎。苏某婚后主要在村附近的小工厂上班，妻子李某无业在家，主要负责养育孩子、照顾老人。苏某对养育孩子没有兴趣，下班回到家看电视，和别人玩牌，从来不主动看管孩子，遇到孩子哭叫，不问青红皂白就打孩子。妻子和其因为这些事情发生过很多次争吵，可是苏某没有丝毫改变，并且妻子发现最近苏某每天回家的时间越来越晚。

### 📋 任务识别

1. 作为家庭社会工作者的你，请对苏某的问题进行分析。

2. 作为家庭社会工作者，你认为该如何进行介入，请列出简要的介入策略。

3. 在为苏某一家提供服务时，家庭社会工作者应当注意些什么？

**任务链接**

社会工作在家庭方面的介入从这一职业诞生之初就已开始，伴随着专业化、职业化发展的进程，家庭社会工作成为社会工作实务的一个重要领域。探索并了解家庭社会工作的历史发展及其基本特征、相关理论和常用方法与技巧，帮助实务工作者对家庭社会工作的架构有较为全面和清晰的认识，可以更好地服务于有需要的家庭。

### 一、家庭社会工作的含义

家庭社会工作在国外通常被称为家庭服务或以家庭为中心的实践、针对家庭的社会工作实践等。而且，从专业领域来讲，通常把儿童与家庭紧密联系在一起。这些提法虽有不同，但大多是指围绕家庭所开展的社会工作，只是受不同历史时期所倡导的政策和家庭运动的影响在提法上略有差异。

目前比较有代表性的家庭社会工作的定义有以下几种。

谢秀芬在《家庭与家庭服务》[1]中提到，家庭社会工作是由公、私立的机构提供的一连串的服务，以强化家庭生活和援助家庭成员解决社会上的问题为目的。

科林斯（Collins）等提出家庭社会工作的目的在于帮助家庭更好地发挥其功能，以满足所有家庭成员的发展和情感方面的需要。家庭社会工作和家庭治疗有明显的不同，它并非是在办公室里对家庭实施系统的干预。家庭社会工作的目标在于：加强家庭的力量以做好应对未来出现的变化；为家庭治疗提供额外的支持，以促使家庭能维持其有效的家庭功能；为维持和满足日常生活之需，在家庭功能方面实现具体的改变。家庭社会工作通常是以家庭和社区为基础，不在办公室而在人们自己熟悉的家庭环境和日常生活中提供服务。

《中国社会工作百科全书》的定义是：家庭社会工作是为了帮助解决家庭问题，增进家庭福利，更好地为实现家庭功能而进行的社会工作，特指以协助整个家庭为主旨的社会工作。

从上述定义中，我们可以归纳出：家庭社会工作是以家庭为中心而进行的社会工作介入及所提供的家庭服务。其目的在于协助解决家庭问题，改善日常家庭生活，提升家庭自身解决问题的能力，促进家庭关系的和谐及家庭功能的正常发挥。

### 二、家庭社会工作的目标

家庭社会工作目标在于帮助问题家庭解决困难，改善日常家庭生活模式，培养家

---

〔1〕 谢秀芬：《家庭与家庭服务：家庭整体为中心的福利服务之研究》，五南图书出版公司1998年版。

庭自身解决问题的能力，促进家庭关系的和谐及实现家庭功能的正常发挥。具体而言，可体现在以下五个方面：

1. 帮助家庭成员之间学会更好的沟通，相互尊重、相互理解，避免负面的或破坏性的家庭互动，从而构建良好的家庭氛围。

2. 帮助家庭成员激发潜力，培养有效解决问题和应对危机的技巧，提升家庭成员共同解决问题和应对危机的能力。

3. 帮助家长学习和提升亲子方法及技巧，更好地了解孩子在不同阶段的成长过程及心理特点，加强亲子关系的良性互动，促进家庭和谐。

4. 帮助家庭成员更有效地管理家庭日常生活，发挥家庭成员的潜能，积极应对来自生活中的各种压力。

5. 帮助家庭建立起个人、家庭与社区的网络联结，提升家庭的自助和互助能力，当遭遇困境时能获得所需的支持及相应的社会资源。

### 三、家庭社会工作的服务内容

家庭社会工作的服务内容是随着时代的发展及社会需求的演变而发生变化的，主要是解决层出不穷的各种家庭问题。社会工作者可为案主家庭提供直接的援助和支持，也可以提供间接服务，即社会工作者通过转介或联系其他机构或组织为案主家庭提供服务，也可以作为个案管理者来协调其他机构的服务。

家庭社会工作的主要服务内容包括以下几个方面：

（一）家庭福利和家庭政策的倡导

社会工作者在服务于家庭的过程中，较多地接触到的都是那些处于困境中的问题家庭，这些家庭常常无法保障自身的合法权益，也不会或很难向社会发出自己的声音。社会工作者在深入调查了解这些家庭所面临的困境与问题后，可以通过社会倡导来呼吁家庭福利和家庭政策的改善，为困境家庭的问题解决做出努力。

（二）贫困家庭救助

救助是福利中的最初级形式，往往是提供给无法满足基本生活需要的群体。家庭救助对象主要是面向贫困家庭和遭遇意外灾害或生活变故而处于特殊困难时期的家庭，除了给予物品和经济上的救济和帮助外，同时提供相应的家庭服务，"授人以鱼不如授人以渔"，即在保障其基本生活水平的基础上，挖掘这些家庭的潜能，帮助这些家庭提升应对生活困境的能力，逐步改善家庭的生活品质，早日摆脱贫困境遇。

（三）家庭咨询与治疗

在日常生活中，很多家庭或多或少都会有矛盾，比如亲子关系僵硬、夫妻情感破裂、家庭关系紧张等问题或困扰，家庭咨询与治疗可以帮助这些深受困扰的家庭通过面谈咨询或家庭治疗的方式，促进家庭成员采取正确方式进行有效沟通，缓解家庭的紧张关系，有效地干预家庭危机，协助家庭成员协调各种关系，构建安宁和谐的家庭。

### （四）亲子辅导

亲子辅导主要是针对家长开展的专业辅导服务，对家长进行科学培养，传播孩子的相关理念和知识，帮助家长学习和理解有关儿童青少年发展及相应教养方面的知识，掌握应对孩子成长中面临的各种问题与挑战之方法，加强亲子沟通，改善亲子关系，更好地扮演亲子角色，帮助孩子在家庭中能够身心健康地成长。

### （五）家庭服务

家庭服务是根据家庭各类需求而提供的家庭生活服务，特别针对有老人、病人、残障人士的家庭，社会工作者通过组织社区资源或提供相应的家庭照料服务，以减轻家庭的生活和照顾压力，如送餐服务、送医上门服务、家政服务、老人或儿童托管服务等。

## 任务二　家庭社会工作的方法

### 📝 任务导入

李某，男，15 岁，高中一年级学生，父母在其 3 岁时离婚，又各自重组家庭，李某其后一直随爷爷、奶奶在老家农村生活，升入高中时因为爷爷年纪大无力照顾，所以回到城市和父亲、继母、弟弟一起生活。李某在新生军训的时候沉默不言，性格孤僻，还因为仪容仪表不合格和教官发生冲突。开学后多次以生病为由到校医室以借机逃课，迟到 3 次，经常撒谎并且不交作业。开学 3 个月后的一个下午因为其在宿舍里偷盗其他同学的钱包被学校警卫查出，连带发现之前一起教室的失窃案也是其所为。但是李某拒绝承认错误，还声称是被冤枉的，要求转学，否则就离家出走。

经过和李某的爷爷奶奶交谈了解到，父母在他年幼时就离异，使他受到很大打击。李某的父亲是个简单粗暴的人，自李某年幼时起，就经常受到父亲不分青红皂白的打骂。在李某的父亲和现在的妻子结婚有了另一个孩子后，就更少过问李某的事情。当老师向李某父亲反映问题时，李某父亲就立马对其一顿暴打。这就造成了他对父母亲都不信任，尤其对父亲内心存在畏惧。这也让李某形成了容易暴躁、偏执的性格。

自小抚养李某长大的爷爷、奶奶因为他父母的离异，尽管家庭经济条件一般，但是对这个孙子格外宠爱，因此只要孙子有任何需要，无论精神上的还是物质上的，他们都对其无条件满足，这就造成了李某固执任性、以自我为中心、一意孤行等性格弱点。

李某的生母长期在外地工作，对李某也是物质满足更多，不能在心理上给予更多的关爱。

任务识别

1. 作为家庭社会工作者，你认为该如何进行介入？请列出简要的介入策略。
2. 在为李某提供服务时，家庭社会工作者应当注意些什么？

任务链接

开展家庭社会工作同样有一些常用的方法，帮助社会工作者深入了解服务对象的需求与问题，及时地提供有针对性的服务。这里重点介绍的是家庭访问、个案辅导、小组工作、家庭治疗和社区活动及个案管理六种方法。

## 一、家庭访问

家庭访问从社会工作起源时期就已存在，那时的访问员进入家庭访贫问苦，家庭访问成为社会工作者最重要的外展工作之一。当然，从安全或其他因素考虑，家庭访问也是个颇有挑战性的工作，对于年轻的社会工作者来说更会感受到这种压力的存在。尽管如此，但家庭访问有很多独特的优势：用这种方法接触服务对象，因为他们处在自身日常的家庭生活环境中，所以不会感觉拘束，没有去社会服务机构的那种紧张和焦虑；同时去服务对象的居住地，也更加方便社会工作者对服务对象的了解，不仅如此，访问员还可以从服务对象的小区环境到邻里关系入手，这样对服务对象生态系统的预估有所帮助。如在家庭访问中家庭的相册、墙上的照片或家庭中特殊的物品，这些都将成为社会工作者预估和介入可用的线索。当然，在家庭访问中进行面谈可能受到的干扰因素较多，比如孩子可能会不时打断谈话，播放的电视节目也让人分心，抑或家人进进出出而没有正式谈话的氛围，所以需要社会工作者有专业的沟通能力，善于捕捉机会和引导谈话，这样才能获得比较真实的家庭动态情况，观察到服务对象家庭之间的真实互动。并且家庭中的孩子一般比较开放并勇于真实表达自己的想法，如果能和孩子有良好互动，他们也会积极地参与到面谈中，成为一种很好的助力。

家庭访问需要社会工作者事先做好一定的功课，既要懂得人际交往的基本礼仪，如电话预约见面的时间、准时到达、着装整洁等；也要了解所在社区的情况，比如首次入户访问的话，是否需要和居委会先行联系，以获得一些信息和帮助。对于年轻的社会工作者来说，首次访问亦可两人同行，既增添安全感，也可以协助合作。家庭访问考验社会工作者的基本能力，在深入了解服务对象家庭面临的困难和需求后，可以为进一步开展个案、小组和社区服务奠定基础，特别在社会工作还处于发展初期且大众对社会工作不甚了解的情况下，这种外展式的服务方法更有其突出的效果。

## 二、个案辅导

个案辅导是社会工作者针对有需要的服务对象及家庭开展的一对一的专业服务，

以协助服务对象及家庭解决其面临的问题，提升其解决问题的能力，更好地发挥家庭应有的功能。个案辅导也就是我们通常所说的个案工作，在家庭服务中的个案工作与其他领域的服务并没有太大的差异，只是更为强调个人与家庭的联系以及视家庭为一个整体的观点。

个案辅导中，常常也是以家庭中某个成员的问题为由而引起关注或请求专业帮助，作为家庭服务的社会工作者，不仅需要工作于个别家庭成员，更要从问题背后分析家庭内部的互动及问题成因，帮助整个家庭进行改变以至问题的根本解决。个案辅导应结合前面所述的家庭相关的理论，辅导的重点一般聚焦于家庭沟通、情绪心理调适、亲子关系、社会适应等方面。

个案辅导遵循一般介入的标准程序，包括接案、预估、计划、介入、评估、结案、跟进服务等进程。个案辅导因需针对问题制定相应的解决方案并实施，社会工作者投入的时间和精力较多，往往具有较好的效果。当然，个案辅导常常需要结合小组和社区工作一起开展，以便全方位地提供综合服务，收到更为明显的介入成效。

## 三、小组工作

小组工作和个案辅导一样，都是社会工作直接服务的基本方法之一，主要运用专业知识、技巧去帮助一群面临同样问题或困扰的个人所组成的团体，通过小组内的积极互动，达到解决问题或帮助成长的目的。

小组工作在家庭服务中得到广泛运用，因家庭问题往往具有普遍性，参与家庭在小组的分享中可以相互获得启发，比个案辅导的影响力更为广泛。社会工作者在服务于有一些特殊需求的家庭时，可以采用小组工作的方法，如单亲家庭、失独家庭、有青春期孩子的家庭、有自闭症儿童的家庭等。尤其是近年发展的多家庭小组方法，更是家庭与小组工作的独特结合。通过邀请多个家庭一起参与小组活动，以帮助这些家庭通过正向互动来学习新知识、提升应对困境和解决问题的能力。

## 四、家庭治疗

家庭治疗是家庭社会工作中最具专业性的方法，它源于心理治疗，经过几十年的发展，成为一个相对独立的领域和方法。很多西方国家专设了家庭治疗的专业和家庭治疗师的职业。家庭治疗被广泛地应用于心理咨询、精神健康和各种社会服务领域中，尤其是在家庭社会工作领域。

家庭治疗是以整个家庭为服务对象，通过与家庭的面谈来协助家庭成员改善家庭关系，建立良好的家庭互动模式，帮助解决家庭及个别成员的问题，促进家庭功能的恢复及家庭成员的身心健康发展。家庭治疗有很多理论流派，如结构学派、精神动力学派、行为学派、策略学派、系统学派、经验学派、精要学派、叙事学派等。社会工作者在运用家庭治疗方法时，应掌握其精髓，融会贯通，切忌生搬硬套。

### 五、社区活动

社会工作者在儿童与家庭领域开展工作时，家庭访问、个案辅导与小组工作固然重要，但涉及面毕竟有限，影响力也受到一定的制约，所以，社会工作者应在较为宏观的层面开展活动，这样可以具有更为广泛的影响力。社区工作通过发动广大社区居民参与来解决与家庭相关的突出问题，通过有重点的活动策划及大规模的宣传和教育来促进问题的解决和社区环境的改善。

例如在独生子女家庭中，孩子常被过分宠爱，导致缺乏独立精神和责任感。社会工作者在走访和个案中发现这样的现象比较普遍，由此策划了倡导新的家庭教育理念和教养方式的一系列社区活动，这种工作方式可以让更多家庭在活动参与中学习新观念、新知识，发生积极的改变。

### 六、个案管理

个案管理是家庭服务中的一种间接服务方法，通常可以通过整合不同机构或专业人员的服务于同一家庭或个人，以达到更好的服务效果。在机构中的个案管理者，要求在对服务家庭进行预估的基础上，根据需要联系相关的专业人员（可以是同一机构的人员，也可以是其他机构的人员）共同服务于这个家庭，并计划、协调和监控整个服务进程，以避免服务陷入碎片化和低效率的状态。

在家庭社会工作中开展的个案管理，如在机构内进行转介及合作，本机构内部的资源协调比较容易进行，同事间也不存在经费的结转问题；而跨机构跨行业的合作，目前在费用结算上尚缺乏一定的制度保障，故而现今社会服务机构间的合作机制需要进一步地拓展和落实，这样才能使个案管理方式真正得以实现。

## 任务三　家庭社会工作实务领域

### 任务导入

小红，女，出生于 1974 年 3 月 14 日，文化程度为初中，已婚，是一名普通工人，和丈夫育有一个 11 岁半的儿子，在某小学读书。小红在 4 月份的一天遭到丈夫殴打，遂报警处理，因遭受家暴，小红情绪低落，并诉说结婚十年多都遭受丈夫暴力对待。丈夫不工作，经常赌博，输钱就问自己要，自己不给钱就会被打，内心感到恐惧和愤恨，害怕会一时冲动杀掉丈夫。现在小红寻求你的帮助，想要向工厂拿到当月工资后彻底离开丈夫。

### 任务识别

1. 作为家庭社会工作者的你，请对小红的问题进行分析。

2. 作为家庭社会工作者，你认为该如何进行介入？请列出简要的介入策略。

### 任务链接

### 一、单亲家庭

单亲家庭与完整家庭相比，家庭结构不完整、部分家庭关系失调、父母性别角色缺失等因素，必然影响子女的成长、性格和行为，尤其对单亲家庭中的未成年子女的影响是巨大的。

正常家庭的支持网络既有来自家庭内部成员之间的支持，也有来自家庭外部社会上的支持，正常家庭的支持群体与单亲家庭支持群体相比，后者的支持群体的数量明显不足。特别是因离婚或在监狱服刑的单亲家庭中，家庭成员所能获得的支持会更少。因为离婚导致的夫妻之间的冲突和矛盾，往往会转嫁到其背后的家庭体系中，一些家庭在夫妻离婚后双方产生敌视、排斥现象，在位家长不允许不在位家长探望孩子，并且不在位家长的亲戚、朋友、同事也不再联系。还有的不在位家长再婚后，怕影响重组家庭的家庭关系，而主动不再与原家庭成员及子女来往，这样，单亲家庭可用的资源大多是在位家长的资源，所以，单亲家庭的社会支持网络在逐渐缩小。

正常家庭的子女照顾及日常家务是由父母双方共同协助完成的。在单亲家庭里，由于男方或女方角色的缺失，必然会影响家庭的正常生活。一般而言，对男性单亲家庭而言，不会料理家务是极大的障碍；对单亲母亲来说，家务劳动繁重而难以承受，特别是孩子的日常照顾是最大难题。由于单亲家庭的成年人必须出去工作来维持生活，所以对教养子女的时间与精力投入严重不足，如无法接送子女去幼儿园或学校，放学后子女无人照顾、无人管理，尤其是子女生病时也得不到很好的关心和护理。现实生活中常常有单亲家庭中的未成年子女因独自在家而出现危险状况，致使其生命安全受到威胁。还有一些单亲子女是在祖母、祖父和外祖母、外祖父家里寄养的，而这种隔代抚养存在许多弊端。

### 二、失和家庭

家庭失和给家庭中的每位成员的身体及心理都会造成很大的伤害。心理专家董之虹曾说，婚姻的幸福与否与人的健康息息相关，50%的疾病与家庭的负性压力有关，如高血压、糖尿病等，所以夫妻间一定要经营好自己的婚姻。当婚姻出现问题时，一定要像身体出问题一样，及时请家人、朋友或者专业人士出谋划策。有研究表明，如果夫妻之间长时间关系不和睦，会使夫妻双方经常处于抑郁、焦虑、愤怒的状态，容易引发心理失衡，导致神经衰弱、失眠、心慌、胸闷等不适病症，严重的会出现如抑郁症、精神分裂等多种疾病。

不仅如此，家庭失和对家庭成员尤其是未成年子女来说，其负面影响更是不容忽视的，父母之间的冲突、矛盾对子女的身心及人格发展会产生巨大影响。比如夫妻婚姻关系的恶劣，很大程度上会影响孩子未来的择偶观。夫妻关系不和会使子女缺乏父爱或母爱，还会影响到孩子的身体发育。有调查显示，夫妻间经常发生冲突，会使子女对家庭产生恐惧感，导致精神紧张，心理常伴随恐惧和焦虑，并引发各种疾病。不仅如此，由于夫妻关系紧张，很容易拿子女出气，使孩子的精神状态处于紧张之中，性格内向，日后容易诱发抑郁症等精神疾病。那些在夫妻关系紧张、家庭不和睦的环境中成长起来的孩子往往没有安全感，容易产生压抑、烦躁、自卑、孤僻、冷漠、仇视等变态心理，有的还会报复社会，走上犯罪道路。

家庭亲人之间的矛盾、隔阂，使家庭失去了往日的温暖，变成一个冷冰冰的环境，子女在家庭中得不到呵护，只能到社会上寻找安慰，这样容易结交不良人群，男孩极易被坏人利用走上犯罪道路，女孩更容易被欺骗感情。未成年人父母之间的关系以及教养方式对未成年人违法和犯罪有显著影响。有数据显示，父母之间关系不好的未成年人，犯罪与不犯罪的比值是父母之间关系好的未成年人犯罪与不犯罪比值的 7.45倍。家庭不和睦所带来的紧张状态会给孩子幼小的心灵留下难以抹去的阴影，甚至会影响子女的一生。

家庭失和对于家庭中其他成员尤其是家庭中的长辈来说，也是一件很不幸的事情。家庭中的老人大多操劳一辈子，老了正是安度晚年的时候，特别需要一个健康、快乐、稳定的家庭氛围，子女的孝、家庭的和睦是老年人最大的安慰。如果子女们经常闹矛盾、闹离婚，让长辈操心、劳神，他们就无法安度晚年。

### 三、身心障碍家庭

身心障碍者由于自身的障碍以及缺陷，无法像正常人一样工作、学习，更无法参与社会生活，所以大多数人心理上都会产生自卑、孤独感、焦虑等问题。特别是那些因为后天原因而成为身心障碍的人，面对自身残疾和缺陷的现实而无法接受、无法面对，在心理性格上极容易出现问题，还有的身心障碍者甚至出现自杀心理及现象，这些人的心理压力往往大于现实障碍。

对于家庭中有身心障碍儿童的家长来说，身心障碍儿童的出生给家长，尤其是母亲所带来的影响是巨大的。许多研究表明，家中有身心障碍儿童的母亲大多表现得自卑、紧张、沮丧、焦虑，认为自己是最不幸的，在生理上表现为失眠、功能失调、呼吸困难、疲倦等生理现象。

身心障碍家庭一般经济上都比较贫困，在成年人身心障碍家庭中，成年人因为障碍失去了工作的能力，使经济收入相对减少。重度身心障碍者需要长期治疗、康复，这些人主要依靠家庭成员供养和护理，不但自身无劳动能力难以就业，还影响其他家庭成员就业，使得家庭陷入贫困状态。在未成年人身心障碍家庭中，有的家长为了给子女看病不得不辞去工作，使生活经济来源难以保障，还有的家庭花去了所有的积蓄，还要到处借贷。目前，中国还有许多身心障碍家庭处于贫困之中，对于他们来说，温饱问题才刚刚解决，康复治疗就更难了，贫困使得一些可以治愈康复的疾病得不到很好的控制，只有任其发展，最后造成终生的不幸。

对身心障碍者来说，由于身体及心理的障碍失去了与人交往的能力，或者一些有交往能力的身心障碍者由于心理上的悲观、自卑，不敢与外界接触或交往，有的人对社会生活失去了兴趣，长期封闭自我，忍受孤独和寂寞。而对于身心障碍者家长来说，由于子女身心障碍，自己的大部分时间用于护理、照顾身心障碍子女，无暇顾及外面的事情。同时，生活的重担压力及心理上的打击，使得一些人对生活失去了以往的乐趣和信心。

## 四、空巢家庭

美国心理学家埃里克森的心理社会发展理论将人生划分为八大发展阶段，其中，老年时期是最后的时期，也是人生自我整合与绝望时期，这一时期出现的问题如果不能很好地处理，往往会出现一些心理危机。

一方面，空巢老年人大多数处于退休时期，也是社会角色转变的关键时期，从在职者成为退休者，从照顾者成为被照顾者，收入减少，人际关系减少，退出社会生活主要领域，这些变化使大多数老年人对人生产生失落感、无用感，再加上各类疾病缠身，无法摆脱对死亡的恐惧与焦虑，很容易造成精神空虚、孤独、寂寞、无助，心里会产生一种被遗弃的感觉。

另一方面，面对用尽一生心血培养的子女成家立业、另立门户或远在他乡的现实，"家"只是老年人守望的"空巢"。老人无法享受过去大家庭儿孙满堂的天伦之乐，整天面对的就是静悄悄、空荡荡、没有生机的家。老年夫妻共同生活的尚可，一旦老伴去世，剩下一个老人，生活更为凄惨，想找一个人聊天都很难。

## 五、家庭暴力

家庭暴力是发生在家庭内部的一种矛盾和冲突现象，它的存在会影响家庭的和睦、安宁，侵蚀着家庭的有机体，影响着受害人的身心健康。

对受害者来说，无论是身体上的伤害，还是精神上的创伤，其实质都是对人权的侵犯。家庭暴力的结果是对受害者身心上的摧残，身体上的伤害是可以衡量的，但精神上的创伤、心理上的伤害是无法弥补的。家庭暴力中的受害者大多为女性，遭受暴力的妇女由于长期生活在恐惧、紧张的生活环境下，心里常常充满恐惧、悲哀与无助感，有的对生活失去信心，有的长期心情抑郁以至于精神分裂，还有的有自杀倾向。国外有学者报告称，由家庭暴力引发的被殴打的妇女中，有19%的人试图自杀，38%的人被诊断为抑郁状态或另一种心理障碍，10%的人患有精神疾病。

家庭是孩子社会化，特别是儿童的早期社会化的主要场所。儿童的早期经历对其个性的养成及人格的发展有很大的影响，认知理论认为，如果一个孩子长期生活在家庭暴力的环境下，在父母的打骂中成长，会对他们的心灵形成永久的伤害，长大以后会形成一些心理和行为障碍。调查结果显示在儿童时代经历父母暴力伤害的女性与没有经历过家庭暴力伤害的女性相比，成年后受到丈夫暴力伤害的比例高于后者；在儿时受过家庭暴力的男性，成年后在自己的婚姻中使用暴力的比例远远高于那些没有遭受家庭暴力的男性。在家庭暴力阴影下长大的孩子由于缺少亲情和温暖，心理上会出现自卑、胆小、逆反的状态，有的还会模仿家庭中的暴力，走上犯罪的道路。

# 项目七　医务社会工作

## 学习目标

**知识目标：**

1. 了解什么是医务社会工作；
2. 了解医务社会工作的工作原则和内容。

**能力目标：**

学会使用医务社会工作常用方法开展社会工作服务。

**素质目标：**

能够采取全面、系统的视角解决患者及其家庭问题。

在现代社会，医疗、卫生和健康问题是越来越重要的社会问题，医务社会工作从人本的角度看待医疗和健康问题，对医疗卫生事业的发展做出贡献。本项目介绍医务社会工作的价值与理论基础、工作领域与实务方法。

### 任务一　医务社会工作的概述

## 任务导入

大学生小李，22岁，在一次交通事故中身体和面部都被大面积烧伤，需要进行植皮手术。听说要植皮后，小李情绪波动很大，时而激动时而抑郁，吃不下饭，睡不着觉，认为万一手术不成功以后就没法见人了。医生认为这样的状态对他的手术和康复都不利，要求医院的医务社会工作者介入。

## 任务识别

1. 小李的困境有哪些？
2. 如果你是医务社会工作者，你准备如何介入？

📖 任务链接

### 一、医务社会工作的概念

医务社会工作是社会工作专业服务的基本领域之一。自 1905 年医务社会工作正式诞生以来，医务社会工作已有百年历史。由于生活方式的转变和人类需要结构层次的提高，健康照顾服务和医务社会工作逐渐成为社会服务和社会工作专业服务中最重要的领域，医务社会工作概念日益普及。与此同时，医务社会工作的百年实践也导致其概念发生巨大变化，内涵不断丰富，外延不断扩大。医务社会工作概念内涵外延的发展变化来源于两个方面：一方面，社会工作专业不断发展，人们对社会工作专业的理解不断深化；另一方面，医疗技术和健康照顾服务体系不断发展，人们对健康照顾服务体系的理解不断深化。一般来说，人们通常从社会工作专业和健康照顾服务体系之间关系的角度界定医务社会工作，将社会工作专业和健康照顾服务有机结合起来，跨越和整合了两个专业的新领域。在这种意义上说，医务社会工作泛指医药卫生和健康照顾服务领域中的社会工作专业服务。

### 二、医务社会工作的相关概念

医务社会工作是医务与精神健康社会工作实务领域的核心概念，按照医务社会工作概念历史演变过程，最早出现的概念是"医院社会工作"，因为社会工作服务对象和服务场所均限于医院病人和医院之中。1905 年，美国马萨诸塞州总医院卡伯特医生率先雇请一位社会工作者，并在医院创立名为"医院社会服务部"的部门，凸显出医务社会工作的个案工作和"临床"社会工作传统。20 世纪 20 年代，美国已有以"医务社会工作"为名的专业训练课程。到 40 年代，因为医务社会工作对象与内容普遍超出医院范围，"医疗处境中的社会工作"应运而生，"医院社会工作"遂成为历史现象。比较而言，法语中"医务性社会服务"和"医务性社会服务工作者"是"医务社会工作"和"医务社会工作者"的较好的工作定义。

1948 年 4 月 7 日世界卫生组织（WHO）成立后，健康社会工作成为最主要和最宽泛的概念。按照世界卫生组织对健康的官方定义，健康不仅包括身体无病，而且包括心理健康和社会生活健康。20 世纪 50 年代以来，伴随"医疗处境"转变为"健康照顾处境"，"健康照顾中的社会工作""健康照顾社会工作""健康照顾中的社会工作干预"等名称涌现，由"医务社会工作"转变为"健康社会工作"的历史发展趋势明显。与此同时，鉴于身体健康无病与精神健康状态的社会文化建构特征明显，目前国际上的通行做法是，将健康与精神健康（Health and Mental Health）社会工作并列起来，例如目前国际上每三年举办一次的"健康与精神健康社会工作国际大会"。考虑到我国生物医学模式转变现状，尤其是疾病谱、死因谱的历史发展阶段和人们思想认识的现实状况，我们暂将"健康与精神健康社会工作"翻译为"医务与精神健康社会工作"，简称为"医务社会工作"。

### 三、医务社会工作概念界定的发展趋势

医务社会工作概念诞生以来，内涵不断丰富，外延不断扩大，医务社会工作概念界定呈现出引人注目的发展趋势，这些趋势是：其一，医务社会工作概念内涵外延的变化。这主要取决于经济的发展和人们对疾病、健康思维转变的深化，生理疾病（身体健康）、心理疾病（心理健康）和社会病理学（健康社会）决定着医务社会工作的概念。其二，医务社会工作概念的覆盖范围不断扩大。它由最初的医院社会工作经过医务社会工作，转变为健康社会工作；由最初的医院环境和家庭状况，经过医疗处境转变为广泛的健康处境。其三，医务社会工作概念的系统性、开放性和综合性色彩越来越浓厚。它由单纯关注疾病治疗转变为综合关注疾病的预防、治疗、康复的生理、心理、社会因素的相互作用，由单纯医务社会个案工作发展为医务社会工作、精神病社会工作、公共卫生社会工作和康复社会工作等。其四，医务社会工作概念越来越多地反映为医院之外、非医疗性和综合性的社会工作干预描述，越来越多地说明人的身心健康与社会福利之间的密切关系和内在逻辑联系，福利也成为医务社会工作的灵魂。

## 任务二 医务社会工作的方法

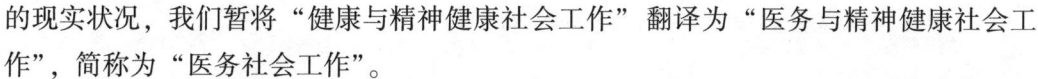 任务导入

小亮，男，18岁，上海某重点中学高三的学生，学习成绩在班内名列前茅。可是，这么优秀的学生却跳楼了。缘由追溯到自杀发生的前一天，小亮因逃学且沉迷于网吧而与父母发生激烈冲突，父母强行将小亮从网吧带回家，小亮进入家门后直奔阳台从四楼跳下，立即被父母送往当地医院急诊。经检查，小亮右下肢等多处骨折，所幸没有生命危险。父母托在上海的朋友连夜将小亮转往上海某三甲医院的骨科病房，经过一系列医学检查和专家会诊，诊断为右股骨颈骨折、耻骨骨折等，需要手术治疗。小亮父母心急如焚，反复向医生询问病情，表示不惜一切代价要治好小亮的病。当医生问及小亮跳楼的原因时，小亮父母支支吾吾，未做正面回答，在医生的再三追问下才勉强承认小亮是跳楼造成的骨折，但要求医生一定为其保密。小亮从入院起始终沉默，不与任何人交流。鉴于上述情况，从小亮的安全和治疗考虑，主治医生希望医务社会工作者进行介入。

任务识别

1. 如果你是医务社会工作者，你需要辨别哪些问题？

2. 如果你是医务社会工作者，你准备如何介入？

**任务链接**

医务社会工作就是将社会工作方法运用在医疗体系的相关单位，包括个案、小组和社区工作等方法。个案工作过程包括通过"转介单"开案、资料搜集、诊断与处置，执行过程中不断作成个案摘要并与医护人员保持密切联系，结案后若有必要得重新开案。医务社会工作者的技术包括专业权威、澄清、面质、咨询、探索前因后果、促进行动或改变、支持、运用机构组织政策与程序八种。小组工作中，医务社会工作者必须在组成小组之前，切实了解社区背景、认清医院状况、研究小组各种状况，根据小组各个阶段，运用相关工作技术，充分掌握小组的带领与实施技术。为加强公共关系方案、支持及推广社区保健计划、发掘与运用社区资源以协助有需要的患者和家属，医院社会工作者也应善用社区工作方法，促成医疗服务效果之提升。

**一、医务个案工作**

个案工作是传统的、基本的社会工作方法。社会工作实务的通用流程在医务社会工作实务中也同样适用。它包含六个阶段流程，即接案、预估、计划、介入、评估、结案。这里主要介绍接案和预估两个阶段。

（一）接案

通常案主被转介给医务社会工作者时，其来源主要有这样几个途径：①医院医生的介绍。在治疗过程中，医生发现病人情绪问题，不利于治疗和恢复，需要社会工作者介入。②护士及其他医护人员的介绍。③其他部门工作人员的介绍。④病人或其家属、亲友自行要求协助。⑤社会福利机构的转介。⑥社会工作者主动发现和介入。这几个途径中，医生的转介是最常见的。

（二）预估

接案之后，社会工作服务的首要任务是进行预估，即对案主问题进行界定或评价。

第一步就是要对服务对象进行筛选、分类。通过会谈、咨询和查阅文献资料等方式对服务对象进行分类筛选。其目的在于：①了解其有无重复且因类似症状而多次入院的记录。②入院时是否已经接受社区机构的服务，且出院时仍需转介。③服务对象是否期望获得紧急复健、立即照顾、长期照顾、安养中心、成人或儿童寄养服务、心理治疗或出院时仍需其他医院、机构的服务。④服务对象的家庭成员或病患有无在疾病的适应上遇到困难。⑤服务对象在满足基本需求上是否有困难且缺乏必要的支持系统。⑥服务对象是否存在先天异常而可能损害或阻碍成长及发育。⑦服务对象是否属于一些特殊问题人群，如药物使用；适应问题；悲伤和失落；濒临死亡；持续的神经性、神经肌肉性、代谢性、心血管性或泌尿性疾病而导致失能；判断性疑似不足，故可能无法保障自身权益，甚至对自己或他人造成伤害；疑似成人虐待（生理方面、性方面或情感方面）或疏忽的受害者；沟通障碍；运动功能问题；缺乏对自身社区资源及交通运输的常识以致难以获得资源；自杀未遂或疑有自杀意图；用药过量；重大创伤；死亡或脑死亡等。根据筛选和分类，医务社会工作者决定是否需要紧急介入，权衡自身是否有能力处理服务对象的问题，相应的服务是否符合机构的工作范围等。社会工作者据此为服务对象提供相应的服务。

第二步就是要进行预估，即问题界定。问题界定既是医务社会工作者提供服务前的准备工作，可以协助医务社会工作者了解服务对象"个体和环境"因素在问题成因和解决方面的影响和作用。同样，问题预估、界定也是服务对象和社会工作者共同参与的行动取向的表现。只有双方对问题产生共识，服务对象才能认识到其所接受的服务是改善甚至解决自己的困境和难题的有效应对措施。问题界定与预估往往是相伴而行的，预估的重要性体现在计划与介入的可行性方面。预估是服务计划制订的基础，是目标设定的依据，更是成效评估的标准。

预估主要从个体本身角度、家庭功能角度以及环境角度加以测量。主要包括：①个体疾病简史和个人功能，包括疾病成因、患病过程及治疗经验、目前状况、预后、复健或安置的可能性。这些信息为协助临床医疗工作者正确进行诊疗提供依据。同样，个体对疾病的认知行为，其沟通技巧、动机以及适应能力和社会技巧等方面的信息，也为社会工作者为其提供个性化服务提供支持。②家庭功能，包括家庭互动的质量、家庭成员间的凝聚力、家庭成员间的沟通模式、家庭应对问题的技巧或能量、家庭应对问题解决的能力、家庭中的权力分配和决策过程。另外，还包括家庭中夫妻的婚姻功能及其亲密关系的品质等。③环境功能，包括案主的社会支持网络、其学业或职业、目前的住处、家庭是否有支持力、人际关系网络、社区资源网络、宗教性的支持网络、收入状况等。通过对个体、家庭和环境的评估与测量，可以为社会工作实务的开展提供信息和资料方面的准备。

## 二、医务小组工作

医务小组工作是指运用小组工作方法，将患者或其家属组成小组，通过小组领导者的引导、教育、指导及小组成员间的经验分享、情绪支持、回馈等互动过程，使患者了解疾病的反应、疗程及预后的影响，以使患者能配合医嘱，恢复对生活的信心。

医务社会工作中的小组工作涉及面很广，类别较多，主要有教育性小组、治疗性小组、自助小组、社会改变小组等。

1. 教育性小组。小组目标在于知识的传输，通常用来协助病人准备住院、手术或其他形式的治疗（如化疗、放疗），或提供疾病健康知识、治疗过程、患者及家属配合之道（如气管切开患者的居家照顾等）。

2. 治疗性小组。小组目标在于帮助患者改善其心理状态，运用团体处理因疾病或伤害所引起的个人或家庭危机（如性侵害、意外伤害导致失能等），通过团体提供情绪支持，增进患者的现实感，并提供各种解决途径，以提升患者及其家属问题的解决能力。

3. 自助小组。由相同疾病或相似背景的患者及家属所组成，以进行行为矫治（如戒烟、减重团体）、疾病适应（如糖尿病患者团体）、情绪支持（如乳腺癌患者团体）为目标。自助小组主要强调的是由病人或家属自己组成小组，如"艾滋病患者自助小组""癌症患者自助小组"等。

4. 社会改变小组。目标是改变小组外的社会环境，寻求医院制度或社会制度的改变，以满足患者及家属的需要。如精神科病房常设的病房讨论会或罕见疾病患者及家属所组成的游说小组。

### 三、医务社区工作

自医务社会工作进入医疗领域，就与社区工作方法结合起来。由于医务社区工作涉及众多层面，医疗机构的专业性和必要性至今仍受到不同程度的质疑，因此，社区方法的使用远不如个案和小组方法更为普遍。但医务社区工作意义仍然重大，它有利于开展医院的公共关系，有利于支援及推广社区保健计划，有利于社区资源的挖掘与运用，有利于组织和发动义工开展志愿者活动。同时，它还可以和个案工作、小组工作相结合，为病人的治疗和社会康复服务提供专业的支持。

展望未来，仍然有几点问题困扰着我们。现今，医疗体系中，对医务社工是否足够重视；社会工作者如何处理医院利益和案主利益之间的碰撞；医疗团队成员如何正确对待医务社会工作者角色和功能的期待与社会工作者个人认定的专业角色之间存在的差异；随着医疗科技的日新月异，医务社会工作价值和伦理的复杂性和困难度不断提高。更加注重案主知情权、案主自决与专业判断、资源有限性与公平分配、效率与效果、结果不确定性器官予取、人工生殖与宗教人伦与社会规范、疾病的社会烙印、堕胎等议题，都是医务社会工作者面临的重大挑战。

医务社会工作者应该开拓思路。医务社会工作者可以将工作内容作调整和改变，积极开展方案。如，扩展医疗救助运用范围，协助医疗组织增进医患关系及社区关系，加强志愿服务工作之开展，拓展急诊室之社会工作，协助医疗纠纷之处理，提供发展迟缓儿童之整定。医务社会工作者可以积极参与医疗团队的运作，成为出院准备服务、安宁照顾、器官捐赠、艾滋病工作、保护性服务和社区医疗照顾等工作小组中不可或缺的一员。医务社会工作者可以不断总结本土伦理困境的应对原则，恰当解决多元伦理冲突。所有这些都将有助于医务社会工作的地位不断提高和医疗团队对社会工作专业角色的真正认同。

## 任务三　医务社会工作实务领域

### 📝 任务导入

患者李某，50 岁，企业老板，已婚，育有三名就读中学和小学的子女。患者被诊断出舌癌并接受治疗，五个月后癌症复发，舌癌合并肺转移，病人对诊断及预后状况完全了解。病人在被告知癌症末期时就想接受安宁缓和治疗，但因姐姐们的意见而同意接受标靶治疗。接下来的两个月，病人接受缓和性电疗和标靶治疗，这期间疼痛加剧。病人拒绝原医疗团队的开刀建议，一方面认为开刀并不会治愈病痛，只会削弱家中的经济，并认为这是个无底洞。另一方面想着孩子需要教育等大量经费，所以想把储蓄留给家人。

因为癌症确诊五个月后复发，病人及其妻对此非常气愤及不满，指责医院医术不济，质问医院为何癌症治疗后还会复发，为何不早点安排做检查以预防复发。病人在多次接受治疗的过程中，因疼痛难忍而有自杀意念，会用头部撞墙。经妻子描述，病人在家时会独自到角落躲藏起来，妻子因担心常跟随在旁。复发后三个月，病人表示胸口不舒服、疼痛没有改善，经常喘不过气来，无法呼吸。

患者妻子，一个独立自主的女性，结婚后配合丈夫创业，对于丈夫的病，她说"我认命，我照顾我妈妈三年，后来照顾我公公和婆婆，现在又照顾我丈夫""日子就是要过，我只想让孩子们看到我为这些长辈大人所做的事""已不眠不休照顾他很久了，身体实在受不了，跟他说要请看护来照顾，他就生气"。妻子的身心压力随着丈夫濒临死亡而逐渐加剧，医院寻求医务社工的协助。

### 📝 任务识别

1. 医务工作者该如何与癌症末期患者交流？
2. 医务工作者该如何做才能帮助患者和患者家庭？

### 📝 任务链接

#### 一、患者及家庭领域

疾病不仅是个人的，会给自身造成伤害，也会给家庭、社区带来特定的后果。如有些疾病会给家庭带来经济、家庭关系等方面的压力或困境；有些疾病也会给社区带来影响，如艾滋病、结核病等传染性疾病。在病人患病过程中，个人与家庭都有可能产生这样或那样的问题。如何协助病人及其家庭减少或消除因疾病所带来的困扰和压力，是医务社会工作的首要目标。主要包括以下几个方面的工作。

1. 针对病人而言。其一，处理病人心理、情绪上的困扰。病人因对病情缺乏认识、对治疗感到恐惧、绝望，或因疾病带来的不适应，会产生焦虑等不良心理反应。因此，社会工作者要加强病人认知，提供危机调适的技巧训练，增强其适应环境的能力，帮助其改善与环境的关系，以此来消除病人因疾病带来的不良心理情绪。其二，获取和认知与服务对象所患疾病相关的医疗信息。社会工作者给病人提供支持和服务时，除了运用社会工作专业理论和方法技巧外，对疾病相关知识和信息的了解是社会工作者与病人建立专业合作伙伴关系、提供支持和服务的目标顺利实现的重要保障。

2. 针对家庭而言。通过对专业服务资源的发掘与利用，为病人家属提供可能有帮助的社会资源，以解决病人家庭因疾病所产生的各种困难。家庭是病人主要的支持资源，家庭对病人提供的支持状况将直接影响到病人的治疗和康复。因此，协调家庭成员内部关系、协助家庭挖掘潜在资源、构建新的家庭资源支持网络、完善家庭功能等方面的工作，是社会工作者从家庭层次给予病人支持的有效途径。

3. 针对医疗过程而言。对病人提供出入院的计划安排、出院后的治疗追踪和康复计划是医疗过程完整性的重要保障。根据目前的医疗保健体系政策安排及病人病情、家庭的具体情况，为病人提供出入院的建议安排，将有利于病人得到合理而有效的治疗，也有利于节约社会资源。同时，通过对病人出院以后的连续性支援服务的关注，如协助需要康复者恢复和发展他们的潜在能力，可以更好地提高医疗质量和帮助病人的健康治疗与维护。

## 二、医疗机构领域

科技的进步促使医疗服务的方式日益复杂多样，同样，现代医学的发展使传统的生物医学模式向"生理—心理—社会"的社会医学模式转变。医院中提供的医疗服务只有通过跨专业的团队合作模式才能应对这种模式转变所带来的压力和挑战。专业团队中的成员（包括医师、护理师、社工师、营养师、药师、医检师等）以及后线各专业与行政人员等共同工作，为提升医疗服务品质而努力，来满足大众对健康及全新医疗模式的需求。专业团队的合作将是达到专业与病患、社会大众三赢的最佳途径。

1. 帮助和协助临床医生解决疾病治疗过程中病人的社会心理问题。现代医学的精细化分工使医务人员越来越专业化，而由此所产生的对病人及其家属社会心理问题的忽视，则需要专业社会工作者给予帮助和协助。医务社会工作者向医疗小组提供对病人的社会、经济及情绪因素的分析，可以使医疗小组对病人的情况有全面的认识，从而能够提出更为完整与合适的、更符合病人利益的诊疗计划。

2. 处理医患之间、医疗团队成员之间的人际关系。除了家庭支持外，良好的医疗关系在疾病诊断与治疗过程中也是极其重要的。通过医务社会工作者的有效服务，如前期会谈、咨询、专业关系的建立以及病情的预估等措施，可以在医务人员及病人之间架起沟通的桥梁，使医患关系达到良性的互动状态。针对医疗团队成员之间的人际关系，通过医务社会工作者的协调、沟通及资源整合等专业方法的运用，激励和发挥团队精神，使团队成员能够获得自我价值感。

3. 通过对临床医务社会工作实务进行实践经验总结，针对医院内政策、制度层面提出改革建议，促进医院内政策、制度、组织、工作流程等方面的转变与完善。现代医院越来越朝着大型化与科层制的方向发展，医院管理与运作对政策、制度、组织与流程的依赖性越来越强。医务社会工作者是医院政策、制度的主要传递者和实施者。在大量临床社会工作实务中，医务社会工作者实施并贯彻医院政策、制度必然会积累大量经验，这也为政策、制度的完善和转变提供依据。

4. 发展医院的社区关系，提升医院的公共形象。医务社会工作的工作范围除了在医院内部，还扩展到了加强医院与社区关系等服务范围。社会工作者开始与医生、护士和其他医疗专业人士配合，广泛参与社区组织和社区卫生规划的制订，从事公共卫生、疾病预防、健康教育和初级卫生保健等健康服务工作。医务社会工作者通过协助医院发展公共关系，使医院方面能够充分利用社会资源，与社区建立良性的互动关系，从而使医院更好地与社区相融合，有效地提升医院的公共形象。

### 三、公共卫生领域

公共卫生的概念与内涵是在不断发展的。随着社会的不断进步，特别是人类疾病谱、医学诊疗方法以及医学模式的变革，公共卫生早已超出了医学的范畴。美国公共卫生领袖人物温思络（Charles Edward A. Winslow）将公共卫生定义为：通过有组织的社区努力来预防疾病、延长寿命、促进健康与效益的科学和艺术。这些有组织的社区努力包括改善环境卫生、控制传染病、教育每个人注意个人卫生、组织医护人员为疾病的早期诊断和预防性治疗提供服务、建立社会机构来确保社区中的每个人都能达到适于保持健康的生活标准。其目的是使每个公民都能实现其与生俱来的健康和长寿权利。2003 年 7 月，时任国务院副总理兼卫生部长的吴仪在全国卫生工作会议上将公共卫生界定为：公共卫生就是组织社会共同努力，改善环境卫生条件，预防控制传染病和其他疾病流行，培养良好的卫生习惯和文明生活方式，提供医疗服务，达到预防疾病、促进人民身体健康的目的。

公共卫生建设需要政府、社会、团体、民众的广泛参与和共同努力。其中，政府主要通过制定相关法律、法规和政策，促进公共卫生事业发展；对社会、民众和医疗卫生机构执行公共卫生法律法规实施监督检查，维护公共卫生秩序；组织社会各界和广大民众共同应对突发公共卫生事件和传染病流行；教育民众养成良好的卫生习惯和健康、文明的生活方式；培养高素质的公共卫生管理人才和技术人才，为促进人民健康服务；建立健全预防疾病、促进公共卫生监测系统和信息网络系统；建立公共卫生应急反应体系，提高突发性公共卫生事件的处理能力；加大力度防治严重影响公众健康的疾病；加强防治慢性非传染性疾病的研究与实践；改革卫生监督体制，进一步改善城乡居民卫生状况。

在医务社会工作领域的社会工作者，应该始终将社会公众利益作为工作的一个重点。对公共卫生领域的介入，是医务社会工作现代性的一个体现。通过对公共卫生的研究与服务，医务社会工作从预防、社会整体的角度，来解决现代社会的疾病与健康问题。同样，在这一领域，医务社会工作也可提供多重的服务。具体有以下几个方面：①推进公共卫生政策与法规的制定和完善。社会工作者是社会政策和法规的实践者、实施者。社会工作者在实践过程中，发挥倡导者和宣传者的角色功能作用。通过参与，对公共卫生政策的制定与优化提出针对性建议，不断完善公共卫生政策与法规，这在一定程度上也更加有利于推进公共卫生政策的实施。②开发与协调各种社会资源，满足公共卫生的服务需求。社会工作者扮演资源整合者、协调者角色，帮助社区居民获得公共卫生的信息与资源，为预防疾病、有效应对疾病危机提供准备和支持。③参与公共卫生教育训练的计划与实施。公共卫生的教育训练除了生物学方面的专业知识外，还有如何应对危机、疾病所引发的生活心理压力问题等，这也为社会工作者的加入提供了空间。通过社区健康教育与健康促进，提供给人们应对危机的技巧和方法训练，增强人们适应环境的能力。④促进公共卫生和社会福利的协调与融合。协调公共卫生与社会福利行政关系是医务社会工作在公共卫生领域中的重要目标，可以确保公共卫生的重要作用得以发挥。主要工作体现在以下几个方面：一是监测人群监控状况，鉴别卫生问题；二是应对疾病暴发、流行和突发公共卫生事件；三是开展健康教育，实施疾病预防和健康促进；四是建立和维持各级政府之间、部门之间和卫生部内部的合作，动员社会成员鉴判与解决公共卫生问题；五是制订卫生政策和计划；六是保证卫生执法监督；七是保障提供综合的卫生服务；八是保障合格的公共卫生和医疗服务的人力资源；九是评估卫生服务的效率、可及性、公平性；十是相关公共卫生政策的创新性研究。

除在医院及公共卫生领域发挥作用之外，医务社会工作在精神健康领域同样也发挥着重要作用。社会工作在 20 世纪初就进入了精神健康领域，而且越来越成为这个领域最大的职业群体之一。精神健康领域的服务主要涉及心理治疗与个案管理。精神病医生和心理学家在诊断、治疗服务对象的问题时发挥专业技术特长作用，同样，社会工作者在加强服务对象与社区联系、协助服务对象争取或获取资源、参与社会变革运动及改变现状等方面，也发挥着越来越大的作用。

**图书在版编目（ＣＩＰ）数据**

社会工作概论/贺静，李国英主编. —北京：中国政法大学出版社，2022.11
ISBN 978-7-5764-0678-8

Ⅰ. ①社… Ⅱ. ①贺… ②李… Ⅲ. ①社会工作－概论 Ⅳ. ①C916

中国版本图书馆CIP数据核字(2022)第205749号

---------------------------------------------------------------------------------------------------------------------

出 版 者　　中国政法大学出版社

地　　址　　北京市海淀区西土城路 25 号

邮　　箱　　fadapress@163.com

网　　址　　http://www.cuplpress.com (网络实名：中国政法大学出版社)

电　　话　　010-58908435(第一编辑部) 58908334(邮购部)

承　　印　　北京鑫海金澳胶印有限公司

开　　本　　787mm×1092mm　1/16

印　　张　　14.25

字　　数　　290 千字

版　　次　　2022 年 11 月第 1 版

印　　次　　2022 年 11 月第 1 次印刷

印　　数　　1~4000 册

定　　价　　46.00 元